초/중/고등 개념과 원리, 실생활 활용까지 √ 밝아진다!

수학개념 대백과

감수 나카무라 다카시

모두 모였나요?
그럼 시작해 볼까요?

교육 R&D에 앞서가는
Key 키출판사

1

앞으로 어떤 내용을 공부할지 알아보자! 제1장에서는 수학의 기본이 되는 '수'와 '연산'에 대해 공부할 거야.

제1장
수와 연산

연산은 덧셈, 뺄셈 같은 거예요?

수는 수학을 말하는 건가요?

어려울 것 같아…….

2

이걸 다 더하면 얼마인지 아는 사람?

$$1+2+3+\cdots+98+99+100=$$

모르겠어요.

계산하기 싫어요!

3

음, 그럼 이 계산을 10초 만에 하는 방법을 알려 줄까? (→34페이지)

정말요? 가르쳐 주세요!

10초?!

4

재미있게 공부하면 기본이 잘 쌓이는 법! 이건 뭘까? 설마 그냥 매미라고 하진 않겠지? (→46페이지)

이 매미는 뭐예요?

등에 숫자가 있는데?

5 6

제1장을 다 공부하면 알 수 있는 내용들이야. 어때? 수학이 어렵다는 생각이 조금은 바뀌었지? 그러면 제2장으로 넘어가 보자.

이 예술 작품과 자연의 조형물에는 수학과 관련된 신기한 규칙이 숨어 있단 말씀! (→70페이지)

규칙?!

네!

1

이 세상은 도형으로 가득 차 있어. 제3장에서는 여러 가지 도형에 대해 공부할 거야.

제3장
측정   기하

와! 여러 가지 도형이 있네!

난 이 모양이 좋아!

2

이 장에서는 도형의 특징, 넓이와 부피를 구하는 방법, 다각형의 각도 등 흥미진진한 내용이 가득해!

앗, 각도기다!

3

선생님, 이건 뭐예요?

보도블록에서 볼 수 있는 여러 가지 도형이야.
(→168페이지)

4

자, 이어서 제4장으로 가 보자.

네!

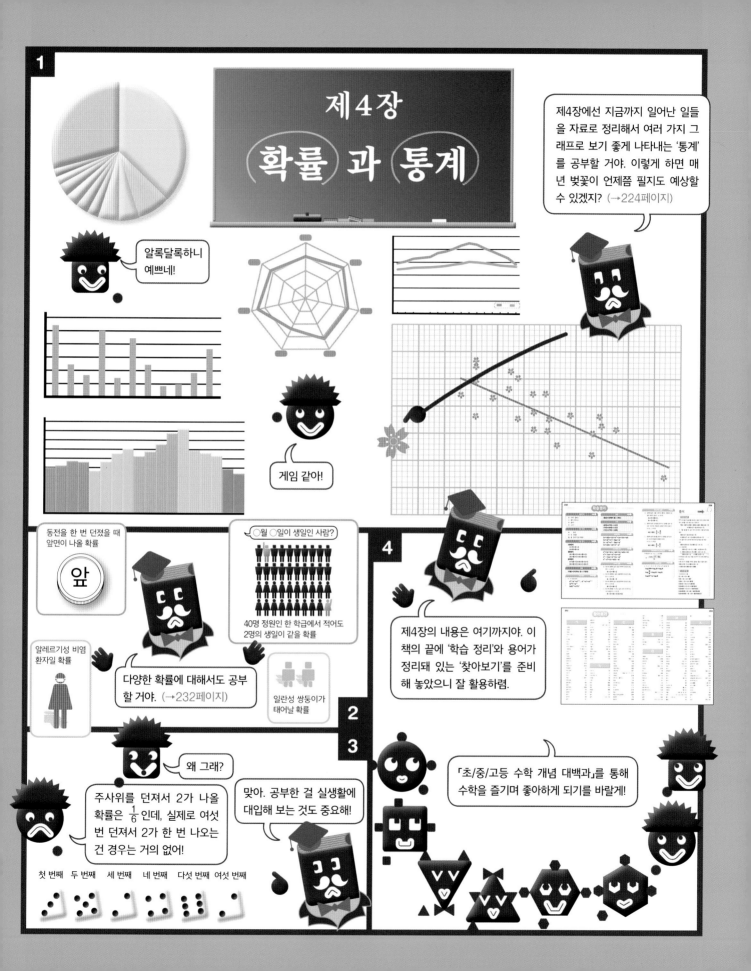

제4장

확률 과 통계

제4장에선 지금까지 일어난 일들을 자료로 정리해서 여러 가지 그래프로 보기 좋게 나타내는 '통계'를 공부할 거야. 이렇게 하면 매년 벚꽃이 언제쯤 필지도 예상할 수 있겠지? (→224페이지)

알록달록하니 예쁘네!

게임 같아!

동전을 한 번 던졌을 때 앞면이 나올 확률

앞

알레르기성 비염 환자일 확률

다양한 확률에 대해서도 공부할 거야. (→232페이지)

○월 ○일이 생일인 사람?

40명 정원인 한 학급에서 적어도 2명의 생일이 같을 확률

일란성 쌍둥이가 태어날 확률

4

제4장의 내용은 여기까지야. 이 책의 끝에 '학습 정리'와 용어가 정리돼 있는 '찾아보기'를 준비해 놓았으니 잘 활용하렴.

왜 그래?

주사위를 던져서 2가 나올 확률은 $\frac{1}{6}$ 인데, 실제로 여섯 번 던져서 2가 한 번 나오는 건 경우는 거의 없어!

맞아. 공부한 걸 실생활에 대입해 보는 것도 중요해!

2

3

「초/중/고등 수학 개념 대백과」를 통해 수학을 즐기며 좋아하게 되기를 바랄게!

첫 번째 두 번째 세 번째 네 번째 다섯 번째 여섯 번째

초/중/고등 개념과 원리, 실생활 활용까지 ✓ 밝아진다!
수학 개념 대백과

＊ 은 교육과정에서 다루지 않은 주제이지만
실생활에서 유용한 내용입니다. 잘 참고해 보세요.

제1장 수와 연산

제2장 문자와 식·함수

제1장
수와 연산

1 고대의 숫자

고대 이집트와 바빌로니아에서는 기호, 즉 숫자를 이용해서 수를 나타냈습니다. 10, 100, 1000처럼 자릿수가 올라가면 다음 그림과 같이 새로운 기호를 사용했습니다.

하지만 이 경우 큰 수를 나타낼 때마다 새로운 기호를 써야 하기 때문에 표기가 복잡해집니다. 또한 6245나 6005처럼 자릿수가 같은 수를 표기하는 방법도 통일되어 있지 않았습니다.

	1	2	3	4	5	6	7	8	9	10	100	1000
고대 이집트 숫자												
바빌로니아 숫자												
그리스 숫자 (아티카식)												

한자도 숫자를 나타내는 방법이 복잡해. 게다가 같은 자릿수끼리여도 자리 숫자 중 0이 더 많으면 글자 수가 적어져.

	1	2	3	4	5	6	7	8	9	10	100	1000
한자	一 (일)	二 (이)	三 (삼)	四 (사)	五 (오)	六 (육)	七 (칠)	八 (팔)	九 (구)	十 (십)	百 (백)	千 (천)

六千二百四十五 → 6245

六千五 → 6005

숫자란 수를 나타내는 기호입니다. 여러 문명에서 각자 고유한 숫자 표기 방법을 발전시켰습니다. 고대 숫자와 우리가 현재 사용하는 숫자를 함께 살펴봅시다.

제1장 **수와 연산**   11

2 아라비아 숫자

오늘날 우리가 사용하고 있는 0부터 9까지의 숫자를 **아라비아 숫자**라고 합니다.
인도에서 시작된 숫자라서 인도 숫자라고도 부릅니다.

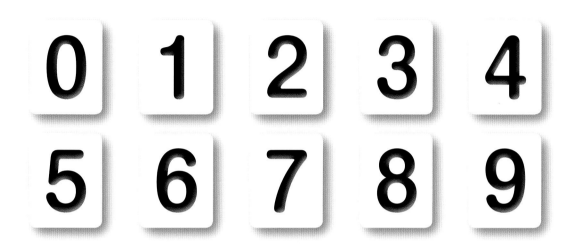

각 자리의 숫자가 10개 모이면 십, 백, 천, …과 같이 바로 위의 자릿값으로 10배씩 커져서 넘어가는 수의 표기법을
십진법이라고 합니다. **기수법**은 각 자릿값을 해당 자리의 숫자로 표시하는 방법을 말합니다.

이와 같이 아라비아 숫자는 각 자리를 적는 위치가 정해져 있어서 각 자릿수를 한눈에 확인할 수 있습니다.
게다가 계산도 편리해서 전 세계적으로 아라비아 숫자를 활용하고 있습니다.

0의 발견

0이라는 숫자(기호)의 발견은 수의 표기법에서 매우 획기적인 일이었습니다. 0은 기원전 6세기 무렵에 인도 수학자들이 처음 사용했다고 알려져 있습니다. 0을 사용함으로써 빈 자리, 즉 아무것도 없는 자리를 표현하는 것이 가능해졌지요.

1 연산기호

덧셈 기호 : 더하기 / 플러스

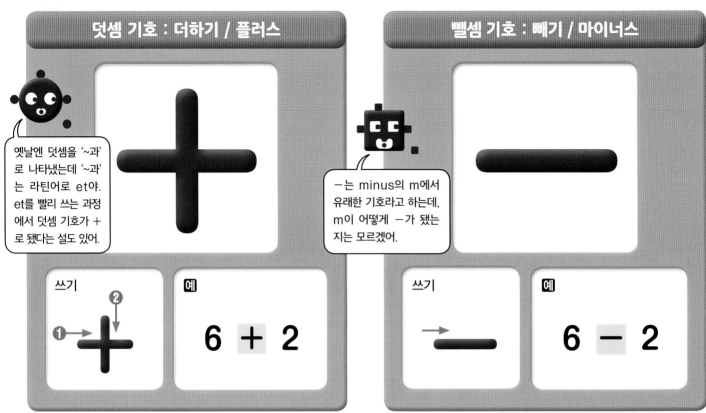

옛날엔 덧셈을 '~과'로 나타냈는데 '~과'는 라틴어로 et야. et를 빨리 쓰는 과정에서 덧셈 기호가 +로 됐다는 설도 있어.

쓰기

예   6 + 2

뺄셈 기호 : 빼기 / 마이너스

－는 minus의 m에서 유래한 기호라고 하는데, m이 어떻게 －가 됐는지는 모르겠어.

쓰기

예   6 － 2

곱셈 기호 : 곱하기

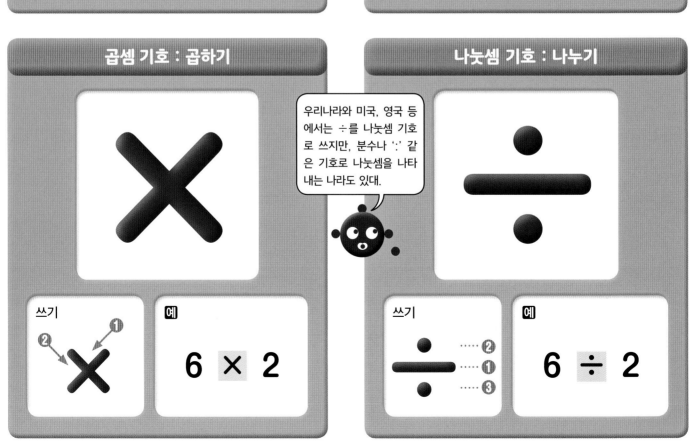

쓰기

예   6 × 2

나눗셈 기호 : 나누기

우리나라와 미국, 영국 등에서는 ÷를 나눗셈 기호로 쓰지만, 분수나 ':' 같은 기호로 나눗셈을 나타내는 나라도 있대.

쓰기

예   6 ÷ 2

식 3+2=5는 수학기호인 +, =과 숫자 2, 3, 5로 이루어져 있습니다. 이와 같이 연산기호와 식을 나타내는 기호에 대해 알아봅시다.

1장 수와 연산

13

2 식의 기호

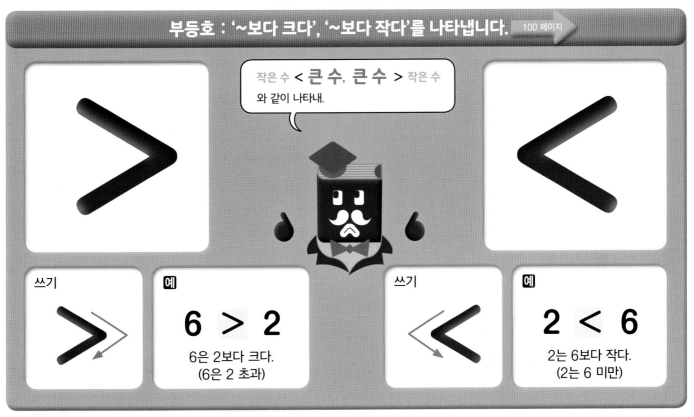

등호 : '~보다 크다', '~보다 작다'를 나타냅니다. 100 페이지

작은 수 < 큰 수, 큰 수 > 작은 수 와 같이 나타내.

쓰기 / 예

6 > 2
6은 2보다 크다.
(6은 2 초과)

쓰기 / 예

2 < 6
2는 6보다 작다.
(2는 6 미만)

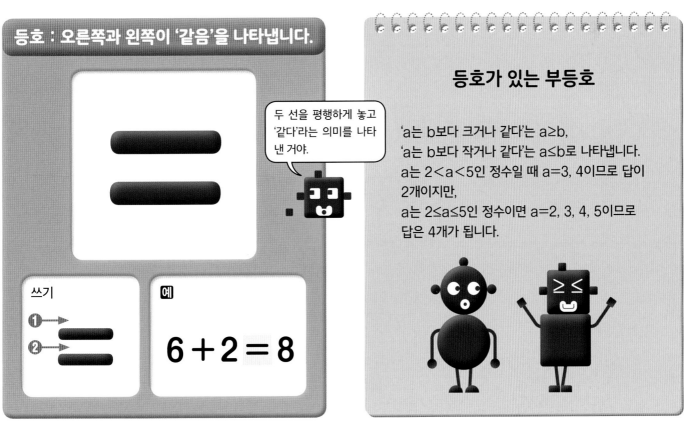

등호 : 오른쪽과 왼쪽이 '같음'을 나타냅니다.

두 선을 평행하게 놓고 '같다'라는 의미를 나타낸 거야.

쓰기 ① ② / 예

6+2=8

등호가 있는 부등호

'a는 b보다 크거나 같다'는 a≥b,
'a는 b보다 작거나 같다'는 a≤b로 나타냅니다.
a는 2<a<5인 정수일 때 a=3, 4이므로 답이 2개이지만,
a는 2≤a≤5인 정수이면 a=2, 3, 4, 5이므로 답은 4개가 됩니다.

1 덧셈의 의미

남학생 4명과 여학생 3명이 있습니다. 학생은 모두 7명입니다.

합치다

$$4 + 3 = 7$$

운동장에서 아이들 4명이 놀고 있습니다. 3명이 더 늘어나면 아이들은 모두 7명입니다.

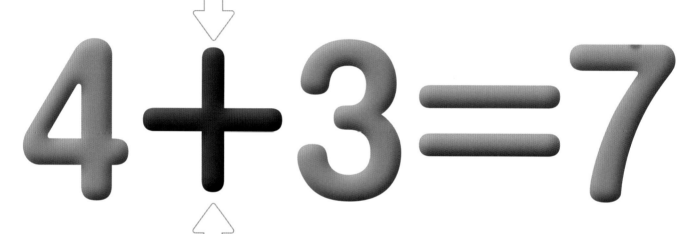

늘어나다

덧셈은 두 수를 합쳤을 때의 크기를 나타냅니다. 또한 하나의 수에 다른 수를 추가한 전체 크기를 나타내며 그 값을 **합**이라고 합니다.

둘 이상의 수를 더해서 합계를 내는 것을 덧셈, 어떤 수에서 다른 수를 없애는 것을 뺄셈이라고 합니다.
덧셈과 뺄셈의 여러 가지 의미를 살펴봅시다.

제1장 **수와 연산**   **15**

2 뺄셈의 의미

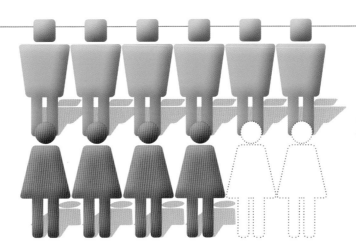

남학생 6명과 여학생 4명이 있습니다.
남학생과 여학생은 2명 차이가 납니다.

차이는?

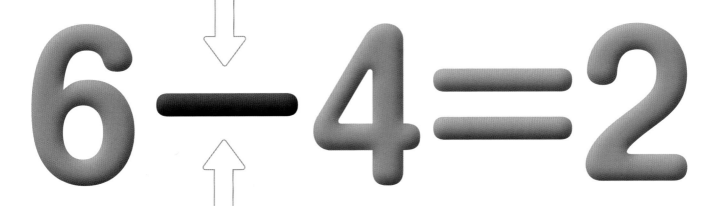

$$6 - 4 = 2$$

아이들 6명이 놀고 있습니다.

4명이 집에 돌아가면 남은 아이는 2명입니다.

**남은 아이는
몇 명?**

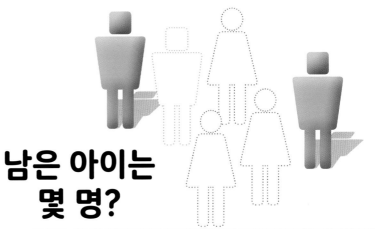

뺄셈은 두 수의 크기가 얼마나 차이 나는지를 나타냅니다. 또한 하나의 수에서 다른 수를 없앴을
때 남은 수의 크기를 나타내며 그 값을 **차**라고 합니다.

1 곱셈의 의미

네 접시에 사과가 각각 3개씩 담겨 있습니다. 사과 전체의 수를 어떻게 구할지 생각해 봅시다.

묶어서 세면 사과는 3씩 4묶음입니다.

$$3+3+3+3=12$$

 **3**씩 **4**묶음

위 식을 곱셈식으로 나타내면 다음과 같습니다.

$$3 \times 4 = 12$$

3		4		12
접시 1개에 있는 사과 수		접시 수		사과 전체의 수

곱셈은 한 묶음의 크기가 정해져 있고 그 묶음이 여러 개일 때 사용합니다.

다음 식을 보면 곱셈식이 덧셈식보다 훨씬 간단하다는 것을 알 수 있습니다.

$$3+3+3+3=\boxed{3 \times 4}=12$$

3의 **4**배

2 구구단

3×4=12를 '삼사 십이'라고 말합니다. 이런 식으로 말하다 보면 구구단도 쉽게 기억할 수 있겠지요? 자, 주문을 외우듯이 소리 내어 말해 봅시다.

구구단	×1	×2	×3	×4	×5	×6	×7	×8	×9
1단 1	일일은 일 1	일이는 이 2	일삼은 삼 3	일사는 사 4	일오는 오 5	일육은 육 6	일칠은 칠 7	일팔은 팔 8	일구는 구 9
2단 2	이일은 이 2	이이는 사 4	이삼은 육 6	이사 팔 8	이오는 십 10	이육 십이 12	이칠 십사 14	이팔 십육 16	이구 십팔 18
3단 3	삼일은 삼 3	삼이 육 6	삼삼은 구 9	삼사 십이 12	삼오 십오 15	삼육 십팔 18	삼칠 이십일 21	삼팔 이십사 24	삼구 이십칠 27
4단 4	사일은 사 4	사이 팔 8	사삼 십이 12	사사 십육 16	사오 이십 20	사육 이십사 24	사칠 이십팔 28	사팔 삼십이 32	사구 삼십육 36
5단 5	오일은 오 5	오이 십 10	오삼 십오 15	오사 이십 20	오오 이십오 25	오육 삼십 30	오칠 삼십오 35	오팔 사십 40	오구 사십오 45
6단 6	육일은 육 6	육이 십이 12	육삼 십팔 18	육사 이십사 24	육오 삼십 30	육육 삼십육 36	육칠 사십이 42	육팔 사십팔 48	육구 오십사 54
7단 7	칠일은 칠 7	칠이 십사 14	칠삼 이십일 21	칠사 이십팔 28	칠오 삼십오 35	칠육 사십이 42	칠칠 사십구 49	칠팔 오십육 56	칠구 육십삼 63
8단 8	팔일은 팔 8	팔이 십육 16	팔삼 이십사 24	팔사 삼십이 32	팔오 사십 40	팔육 사십팔 48	팔칠 오십육 56	팔팔 육십사 64	팔구 칠십이 72
9단 9	구일은 구 9	구이 십팔 18	구삼 이십칠 27	구사 삼십육 36	구오 사십오 45	구육 오십사 54	구칠 육십삼 63	구팔 칠십이 72	구구 팔십일 81

구구단의 역사

구구단은 중국에서 만들어졌습니다. 처음에 중국이나 우리나라에서의 구구단은 지금과는 반대로 '구구 팔십일'부터 시작했습니다. 그래서 구구단이라고 부르게 된 것이지요.

1 나눗셈의 의미

사탕 12개를 3명에게 똑같이 나누어 줄 때, 1명은 사탕 몇 개를 받게 되는지 생각해 봅시다.

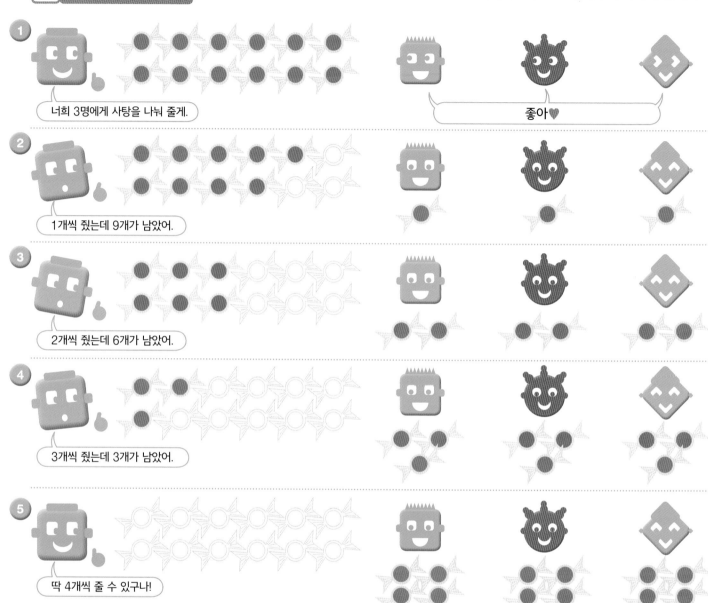

① 너희 3명에게 사탕을 나눠 줄게.　좋아♥

② 1개씩 줬는데 9개가 남았어.

③ 2개씩 줬는데 6개가 남았어.

④ 3개씩 줬는데 3개가 남았어.

⑤ 딱 4개씩 줄 수 있구나!

12÷3=4

나누어지는 수　　나누는 수

구구단을 이용하여 □×3=12의 □, 즉 1명이 받는 사탕의 개수를 구합니다. 왼쪽 식에서 12는 나누어지는 수, 3은 나누는 수라고 합니다.

나머지가 있는 나눗셈

사탕 14개를 3명에게 나누어 주면 각자 4개를 받고 2개가 남게 됩니다. 이를 나눗셈식으로 나타내면 14÷3=4…2입니다. 이와 같이 나누어떨어지지 않고 남은 양을 **나머지**라고 합니다. 나머지는 나누는 수보다 항상 작습니다.

1명이 나누어 받는 개수 또는 총 몇 묶음이 되는지 알고 싶을 때 나눗셈을 이용합니다.
나눗셈의 두 가지 의미를 살펴봅시다.

제1장 **수와 연산**　　**19**

사탕 12개를 봉지에 3개씩 나누어 담으려면 봉지는 모두 몇 장 필요한지 생각해 봅시다.

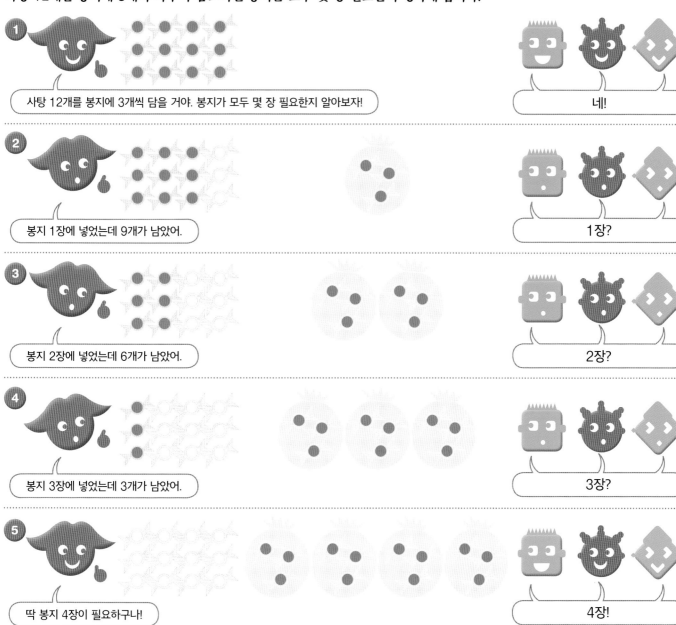

① 사탕 12개를 봉지에 3개씩 담을 거야. 봉지가 모두 몇 장 필요한지 알아보자!

네!

② 봉지 1장에 넣었는데 9개가 남았어.

1장?

③ 봉지 2장에 넣었는데 6개가 남았어.

2장?

④ 봉지 3장에 넣었는데 3개가 남았어.

3장?

⑤ 딱 봉지 4장이 필요하구나!

4장!

$12 \div 3 = 4$

구구단을 이용하여 $3 \times \square = 12$의 $\square$, 즉 필요한 봉지 수를 구합니다.

똑같이 나누었을 때 1명의 몫 또는 일정하게 묶을 때 총 몇 묶음이 되는지 알고 싶은 경우 나눗셈을 사용합니다. 이때 나눗셈의 결과를 **몫**이라고 합니다.

6 계산 방법 초 중 고

1 덧셈과 뺄셈

각 자리의 숫자를 가지런히 맞춰서 적은 다음 일의 자리부터 차례대로 계산합니다.

$$
\begin{array}{r}
3\ 4 \\
+\ 2\ 8 \\
\hline
\end{array}
$$

세로로 가지런히 맞춰서 쓴다.

$$
\begin{array}{r}
5\ 3 \\
-\ 2\ 6 \\
\hline
\end{array}
$$

세로로 가지런히 맞춰서 쓴다.

$$
\begin{array}{r}
{}^{1}\ \ \ \\
3\ 4 \\
+\ 2\ 8 \\
\hline
2
\end{array}
$$

일의 자리 계산
$4+8=1\!2$
일의 자리에서 **1** 을 받아올림 한다.

$$
\begin{array}{r}
{}^{4}\!\!/\!\!5\ \ {}^{10}3 \\
-\ \ 2\ \ 6 \\
\hline
7
\end{array}
$$

일의 자리 계산
3에서 6을 뺄 수 없으므로 십의 자리에서 **1** 을 받아내림 한다.
$13-6=7$

$$
\begin{array}{r}
{}^{1}\ \ \ \\
3\ 4 \\
+\ 2\ 8 \\
\hline
6\ 2
\end{array}
$$

십의 자리 계산
1 을 더해서 계산하면
$\mathbf{1}+3+2=6$

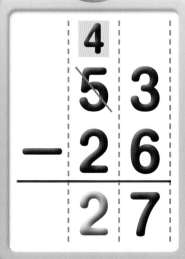

십의 자리 계산
1 을 빼서 계산하면
$\mathbf{4}-2=2$

2 곱셈과 나눗셈

곱셈은 각 자리의 숫자를 가지런히 맞춰서 적은 다음 일의 자리부터 차례대로 계산합니다.

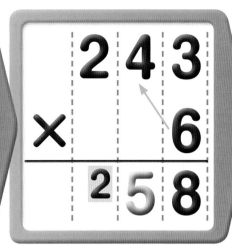

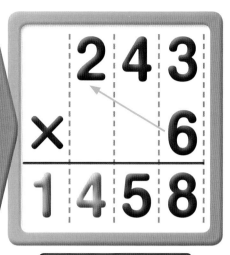

일의 자리 계산

육삼 **18**에서
1을 받아올린다.

십의 자리 계산

육사 24에 **1**을 더하면 **2**5
2를 받아올린다.

백의 자리 계산

육이 12에 **2**를 더하면
14

나눗셈은 큰 자리의 숫자부터 차례대로 계산합니다.

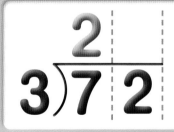

7 ÷ 3의 몫인 **2**를 위에 적는다.

'위에 적는다', '곱한다', '뺀다', '내린다' 순서로 계산하면 돼.

3에 2를 곱하면 **6**
7에서 **6**을 빼면 **1**
2를 내려서 **12**

12 ÷ 3의 몫인 **4**를 위에 적는다.
3에 **4**를 곱하면 **12**
12에서 **12**를 빼면 **0**

1 교환법칙

덧셈과 곱셈의 교환법칙

계산 순서를 바꿔도 결과가 달라지지 않습니다.

$$A + B = B + A \qquad A \times B = B \times A$$

$$3 \times 4 = 4 \times 3$$

3씩 4묶음

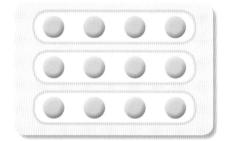

4씩 3묶음

2 결합법칙

덧셈과 곱셈의 결합법칙

세 수 중 어떤 두 수를 먼저 계산하더라도 결과는 같습니다.

$$(A + B) + C = A + (B + C) \qquad (A \times B) \times C = A \times (B \times C)$$

$$(3 \times 2) \times 4 = 3 \times (2 \times 4)$$

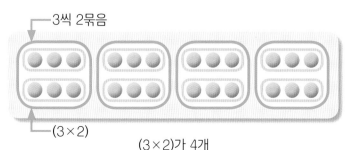

3씩 2묶음

(3×2)

(3×2)가 4개

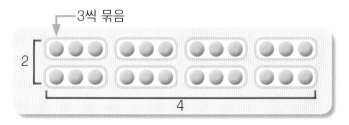

3씩 묶음

2

4

3씩 묶음이 (2×4)개

3 분배법칙

분배법칙

$$A \times (B+C) = A \times B + A \times C \qquad (A+B) \times C = A \times C + B \times C$$

$$3 \times (4+5) = 3 \times 4 + 3 \times 5$$

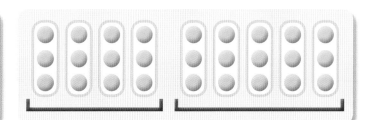

3씩 묶음

3씩 묶음이 (4+5)개

3씩 묶음이 4개   3씩 묶음이 5개

계산 법칙은 모든 수에 대해서 성립해.

계산 순서

● 괄호가 있는 식은 괄호 안을 한 덩어리로 보고 먼저 계산합니다.

$$400 - (100 + 50) = 400 - 150 = 250$$

① ②

● +, −, ×, ÷가 섞여 있는 식에서는 ×, ÷를 먼저 계산합니다.

$$10 \times 4 + 30 \div 5 = 40 + 6 = 46$$

① ② ③

1 십의 자리의 숫자가 같고 일의 자리의 숫자가 5인 두 수의 곱셈

이번에는 계산을 빠르게 하는 방법을 소개하겠습니다. 빠른 계산이 가능한 몇 가지 곱셈을 살펴봅시다.

> 25×25, 35×35처럼 십의 자리의 숫자가 같고 일의 자리의 숫자가 5인 두 수의 곱셈은 순식간에 할 수 있어.

> 어떻게요? 가르쳐 주세요!

$$15 \times 15 = 225$$
$$2 \times 1$$

$$35 \times 35 = 1225$$
$$4 \times 3$$

$$25 \times 25 = 625$$
$$3 \times 2$$

$$45 \times 45 = 2025$$
$$5 \times 4$$

> 이와 같이 25를 뒤에 쓰고 그 앞에 {(십의 자리의 숫자)+1}×(십의 자리의 숫자)의 값을 붙인 것이 바로 답이야. 다음 그림을 보면 왜 이렇게 되는지 알 수 있어.

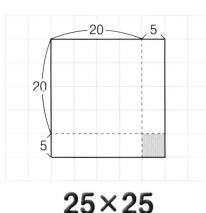

$$25 \times 25$$

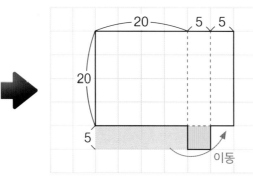

$$30 \times 20 + 5 \times 5 = 625$$

노란색 직사각형

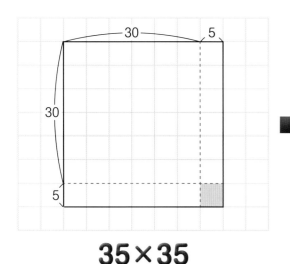

$$35 \times 35$$

$$40 \times 30 + 5 \times 5 = 1225$$

노란색 직사각형

자릿수가 많은 수끼리의 계산은 시간이 오래 걸립니다.
이번에는 계산을 빠르게 할 수 있는 방법을 소개합니다.

제1장 **수와 연산**   **25**

2 십의 자리의 숫자가 같고 일의 자리의 숫자를 더하면 10이 되는 두 수의 곱셈

'십의 자리의 숫자가 같고 일의 자리의 숫자를 더하면 10이 되는 두 수의 곱셈'도 1과 비슷한 방법으로 쉽게 구할 수 있습니다.

17×13, 32×38 을 계산해 보겠습니다.

└ 더하면 10 ┘   └ 더하면 10 ┘

$17 \times 13 = 221$ $32 \times 38 = 1216$

└ 2×1 ┘ ↑ 7×3 └ 4×3 ┘ ↑ 2×8

> 일의 자리의 숫자끼리 곱한 값을 뒤에 쓰고 그 앞에 {(십의 자리의 숫자)+1}×(십의 자리의 숫자)의 값을 붙이면 되는구나.

> 친구들한테 퀴즈로 낸 다음에 이 방법을 가르쳐 주면 깜짝 놀랄 거야.

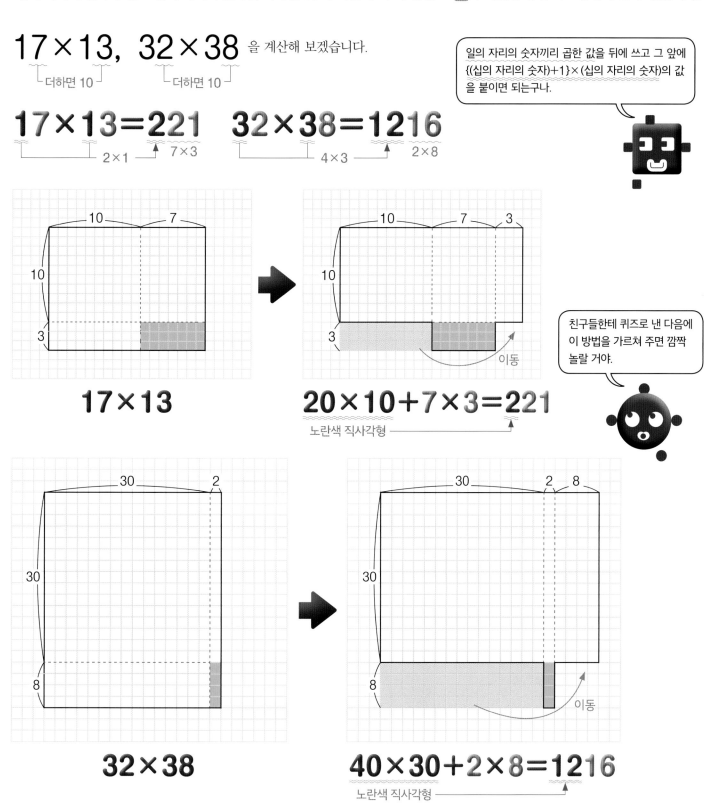

17×13 $20 \times 10 + 7 \times 3 = 221$

노란색 직사각형 ————————→

32×38 $40 \times 30 + 2 \times 8 = 1216$

노란색 직사각형 ————————→

1 수직선

수직선은 수를 시각적으로 이해하기 위한 도구 중 하나입니다.
오른쪽으로 갈수록 수가 커지기 때문에 수의 대소나 순서 등을 직관적으로 파악할 수 있습니다.

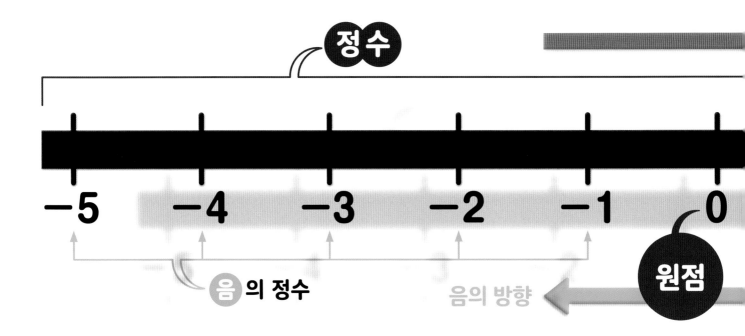

2 양수와 음수

0을 기준으로 해서 그보다 작은 수는 음의 부호 −를 사용해 나타냅니다.

−1, −3.5와 같이 0보다 작은 수를 **음수**라고 하고, 5, $\frac{1}{2}$과 같이 0보다 큰 수를 **양수**라고 합니다.

음수는 반드시 음의 부호 −를 붙여서 나타내지만, 양수는 양의 부호 +를 생략해서 나타내기도 합니다.

수직선에서 0에 해당하는 점을 **원점**이라 하고, 원점에서 오른쪽 방향을 양의 방향, 왼쪽 방향을 음의 방향 이라고 합니다.

양의 방향

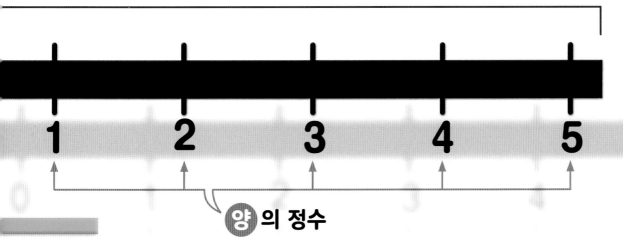

양의 정수

---

3 정수

0과 양의 정수(1, 2, 3, ⋯), 음의 정수(−1, −2, −3, ⋯)를 통틀어 **정수**라고 합니다.
양의 정수(1, 2, 3, ⋯)를 **자연수**라고도 합니다.
0은 자연수에 포함되지 않습니다.

정수

$$0, \ -3, \ -8, \ \cdots$$

자연수 (양의 정수)

$$1, \ 4, \ 10, \ 120, \ 3050, \ \cdots$$

$$-12, \ -100, \ -40720, \ \cdots$$

절댓값

수직선에서 수를 나타내는 점과 원점(0) 사이의 거리를 그 수의 **절댓값**이라고 합니다. 예를 들어 +3은 원점에서 3만큼 떨어져 있으므로 절댓값은 3이고, −3도 원점에서 3만큼 떨어져 있으므로 절댓값은 3입니다. 또한 0의 절댓값은 0입니다.

1 **정수의 덧셈과 뺄셈** 정수의 덧셈과 뺄셈은 수직선을 이용해서 계산합니다.

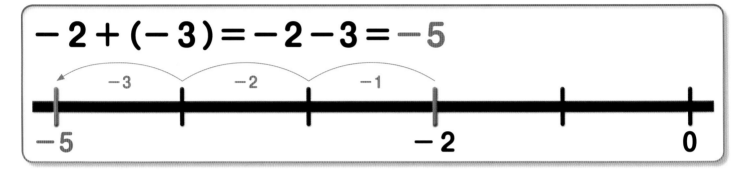

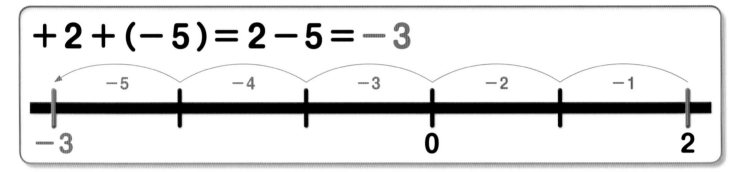

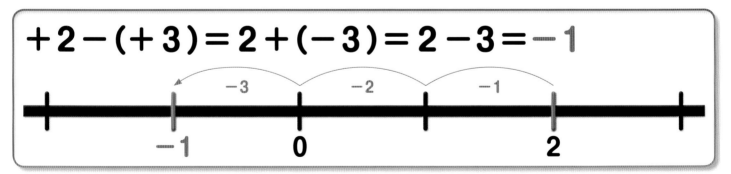

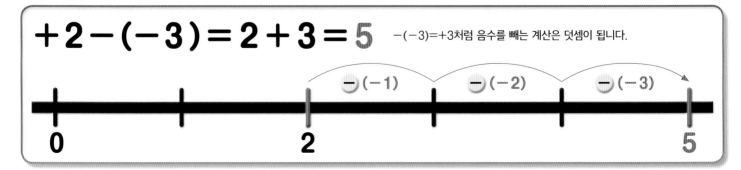

−(−3)=+3처럼 음수를 빼는 계산은 덧셈이 됩니다.

양수는 0보다 큰 수, 음수는 0보다 작은 수입니다.
음수를 포함하는 덧셈과 뺄셈, 곱셈과 나눗셈은 어떻게 계산해야 할까요?

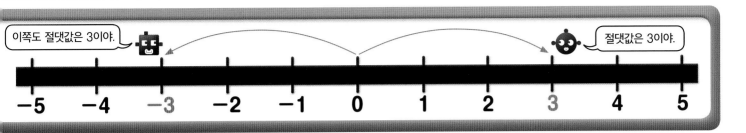

이쪽도 절댓값은 3이야.

절댓값은 3이야.

$$-5 \quad -4 \quad -3 \quad -2 \quad -1 \quad 0 \quad 1 \quad 2 \quad 3 \quad 4 \quad 5$$

2 정수의 곱셈과 나눗셈   두 수의 곱셈과 나눗셈은 먼저 답의 부호를 정한 다음 절댓값을 계산합니다.

$$4 \times 3 = 12$$
$$-4 \times (-3) = 12$$
$$6 \div 2 = 3$$
$$-6 \div (-2) = 3$$

부호가 같은 두 수의 곱셈, 나눗셈의 결과에는 +부호가 붙습니다.

$$+ \times + $$
$$- \times - $$
$$+ \div + $$
$$- \div - $$

$$= +$$

$$4 \times (-3) = -12$$
$$-4 \times 3 = -12$$
$$6 \div (-2) = -3$$
$$-6 \div 2 = -3$$

부호가 다른 두 수의 곱셈, 나눗셈의 결과에는 −부호가 붙습니다.

$$+ \times - $$
$$- \times + $$
$$+ \div - $$
$$- \div + $$

$$= -$$

−가 짝수 개 있는 곱셈과 나눗셈의 결과에는 +부호,
−가 홀수 개 있는 곱셈과 나눗셈의 결과에는 −부호가 붙습니다.
예를 들어 −2 × (−3) × (−4) = −24입니다.

2로 나누어떨어지는 정수를 짝수,
2로 나누어떨어지지 않는 정수를 홀수라고 해.

1 수열과 항

> 차례로 늘어놓은 수의 열을 **수열**이라고 합니다. 이때 수열을 이루는 각각의 수를 **항**이라고 합니다.

수열의 첫째항을 제1항, 둘째항을 제2항, …이라고 합니다.

$$1, \quad 4, \quad 7, \quad 10, \quad 13, \quad \cdots$$

제1항　　제2항　　제3항　　제4항　　제5항

2 여러 가지 수열

수열을 알기 위해서는 그 규칙을 찾는 것이 가장 중요합니다.
지금부터 소개하는 수열에는 어떤 규칙이 있는지 살펴봅시다.

이 수열들에 규칙이 있긴 한 거야?

① $1, 4, 7, 10, 13, \cdots$

② $5, 3, 1, -1, -3, \cdots$

③ $1, 2, 4, 8, 16, \cdots$

④ $1, 4, 9, 16, 25, \cdots$

⑤ $2, 3, 5, 8, 12, 17, \cdots$

무슨 퀴즈 같아……

① **1, 4, 7, 10, 13, …**
　+3　+3　+3　+3

② **5, 3, 1, −1, −3, …**
　−2　−2　−2　−2

①은 3씩 늘어나고, ②는 2씩 줄어듭니다.
이와 같이 각 항과 바로 다음 항의 차이가 일정한
수열을 **등차수열**이라고 하며, 그 일정한 차이를
공차라고 합니다.

③ **1, 2, 4, 8, 16, …**
　×2　×2　×2　×2

③은 바로 앞의 항에 2를 곱한 수의 배열입니다.
이와 같이 각 항에 특정한 수를 곱하면 바로 다음
항을 얻을 수 있는 수열을 **등비수열**이라고 하며,
그 특정한 수를 **공비**라고 합니다.

④ **1, 4, 9, 16, 25, …**

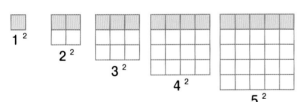

1^2　2^2　3^2　4^2　5^2

④는 자연수를 제곱한 수의 배열입니다.
이처럼 같은 수를 두 번 곱한 수를 **제곱수**라고
합니다. 그림과 같이 정사각형의 넓이를 이용하
여 제곱수의 수열을 나타낼 수도 있습니다.

⑤ **2, 3, 5, 8, 12, 17, …**
　+1　+2　+3　+4　+5

⑤는 첫째항부터 차례대로 +1, +2, +3, …을
더한 것입니다.
이와 같이 그대로는 규칙을 알기 힘들지만
(다음 항)−(앞의 항)을 보면 규칙이 보이는
수열을 **계차수열**이라고 합니다.

1 피보나치수열 수열 1, 1, 2, 3, 5, 8, 13, 21, 34, …의 규칙을 찾아봅시다.

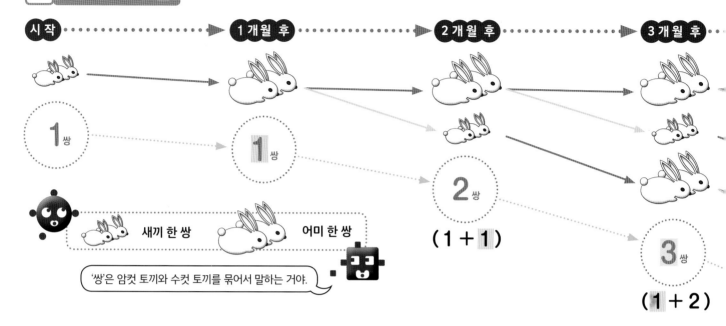

시작 ······▶ 1개월 후 ······▶ 2개월 후 ······▶ 3개월 후 ······

1쌍   1쌍   2쌍 (1+1)   3쌍 (1+2)

새끼 한 쌍   어미 한 쌍

'쌍'은 암컷 토끼와 수컷 토끼를 묶어서 말하는 거야.

위 그림은 이탈리아 수학자 피보나치가 생각한 '토끼 문제'입니다.

● 토끼 한 쌍이 태어난 지 2개월 후부터 매달 한 쌍의 새끼를 낳는다.

● 토끼가 죽는 일은 없다.

이 규직으로 모든 토끼가 새끼를 낳는다면 1년 후에 토끼는 모두 몇 쌍이 될까요?

자연 속에 숨어 있는 피보나치 수

나무의 성장에도 피보나치 수를 찾을 수 있습니다.

❶ 나무는 성장기에 2개의 가지로 분화한다.

❷ 분화한 가지에는 영양분이 정확히 이등분되지 않고 어느 한쪽에 더 많이 몰린다.

❸ 그래서 다음 성장기가 오면 영양분이 많이 간 쪽의 가지가 ❶과 같이 2개로 분화하며 영양분이 적은 쪽의 가지는 분화하지 않는다.

❹ 분화하지 않았던 가지는 다음 성장기에 반드시 분화한다.

이 규칙에 따라 가지가 분화하면 나무는 그림처럼 성장합니다. 나무의 가지 수가 피보나치수열을 이루고 있지요.

이 외에도 꽃잎의 수 71 페이지 ▶, 솔방울의 나선의 수,

해바라기 씨의 배열 등 자연 곳곳에 피보나치 수가 숨어 있답니다.

여러분도 신비한 피보나치 수를 주변에서 찾아보기 바랍니다.

13

8

5

다음 성장기에 분화한다.

3

가지가 분화하지 않는 쪽 → ← 가지가 분화한 쪽

2

1

1

수열은 어떤 규칙에 따라 수를 나열한 것입니다.
이번에 소개하는 수열은 우리 주변에서도 발견할 수 있는 수열입니다.

제1장 **수와 연산**   **33**

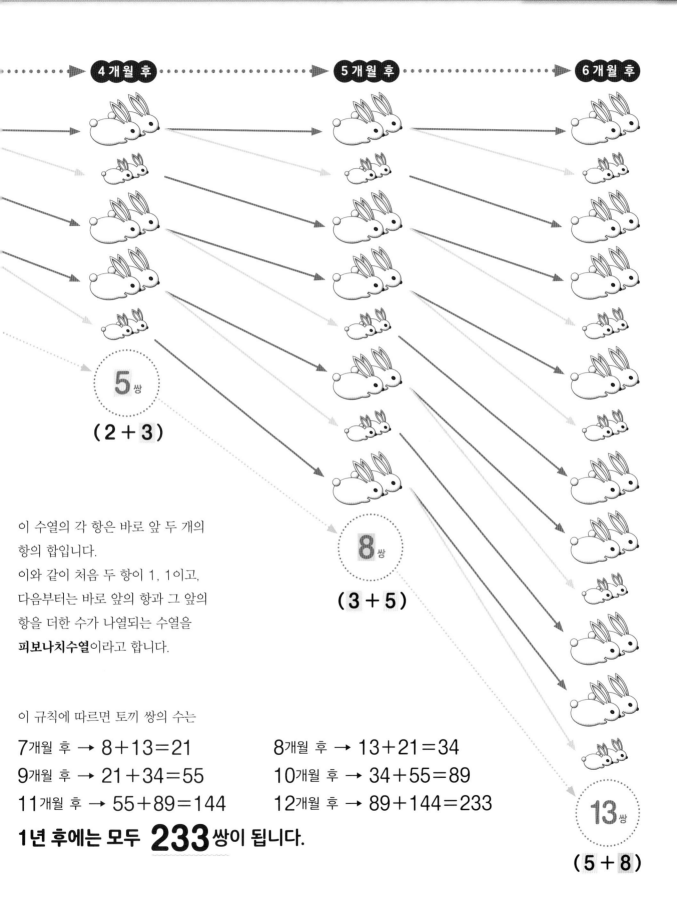

이 수열의 각 항은 바로 앞 두 개의
항의 합입니다.
이와 같이 처음 두 항이 1, 1이고,
다음부터는 바로 앞의 항과 그 앞의
항을 더한 수가 나열되는 수열을
피보나치수열이라고 합니다.

이 규칙에 따르면 토끼 쌍의 수는

7개월 후 → 8＋13＝21   8개월 후 → 13＋21＝34
9개월 후 → 21＋34＝55   10개월 후 → 34＋55＝89
11개월 후 → 55＋89＝144   12개월 후 → 89＋144＝233

1년 후에는 모두 233쌍이 됩니다.

1 자연수의 합을 구하는 방법

1부터 100까지의 자연수의 합, 즉 1+2+3+⋯+100의 값을 구하는 방법을 생각해 봅시다.

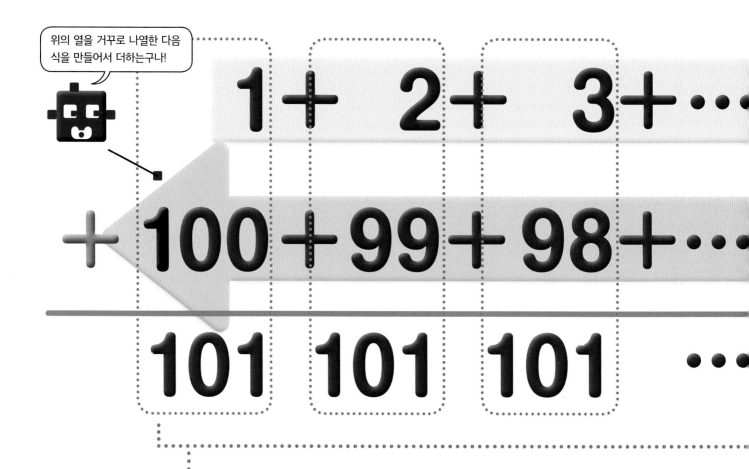

위의 열을 거꾸로 나열한 다음 식을 만들어서 더하는구나!

$$1+ 2+ 3+\cdots$$

$$+100+99+98+\cdots$$

$$101 \quad 101 \quad 101 \quad \cdots$$

$$101 \times 100(개) = 10100 \cdots$$

이 계산 방법을 이용하면 모든 등차수열 31 페이지 의 합을 구할 수 있습니다.

$$2+ 4+ 6+\cdots\cdots+46+48+50 = ?$$

52가 25쌍 생긴다.

$$2+ 4+ 6+\cdots\cdots+46+48+50 = \square$$

$$+ 50+48+46+\cdots\cdots+ 6+ 4+ 2 = \square$$

$$52 \quad 52 \quad 52 \quad \cdots\cdots \quad 52 \quad 52 \quad 52$$

$$52 \times 25 = 1300 \quad 1300 = 2 \times \square \quad \square = 650$$

1+2+3+…과 같이 수를 더해 나갈 때, 평범한 방법으로는 그 합을 계산하기 매우 힘듭니다.
자연수의 합을 쉽게 계산하는 방법을 소개합니다.

제1장 **수와 연산**   **35**

1+2+3+…+100을 일일이 더하면 시간이 오래 걸릴 뿐더러 계산도 번거롭습니다.

좀 더 쉽게 합을 계산하기 위해 다음과 같은 방법으로 구해 보겠습니다.

101이 100개 있는 꼴이야.
이 값은 □의 2배와 같아.

$\cdots+98+99+100=□$

$\cdots+3+2+1=□$

101 101 101

거꾸로 나열한 식을 만들어서 답이 같아지도록 한 발상이 놀랍지?

$10100=2×□$ $□=5050$

위대한 수학자 가우스

가우스는 초등학생 때 이미 이 계산 방법을 알고 있었습니다.
어느 날 선생님이 수업 시간에 이 문제를 내자 금방 답을 맞힌 것입니다. 또 불과
19세일 때 컴퍼스와 자만으로 정십칠각형을 작도해냈다고 합니다. 가우스는 현대
수학의 여러 분야뿐만 아니라 물리학 등에서도 훌륭한 업적을 남겼습니다.

1 삼각수 1+2+3+⋯+10의 값을 도형으로 나타내어 구해 보겠습니다.

그림과 같은 정삼각형 모양으로 ● 를 나열하면 자연수의 합 1+2+3+⋯+10의 값은 나열된 ● 의 총 개수라고 생각할 수 있습니다.

이러한 형태의 수의 합을 **삼각수**라고 합니다.

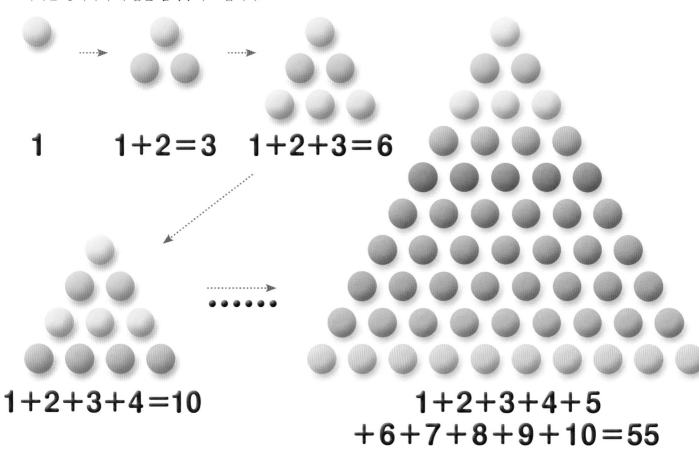

1   **1+2=3**   **1+2+3=6**

1+2+3+4=10

**1+2+3+4+5
+6+7+8+9+10=55**

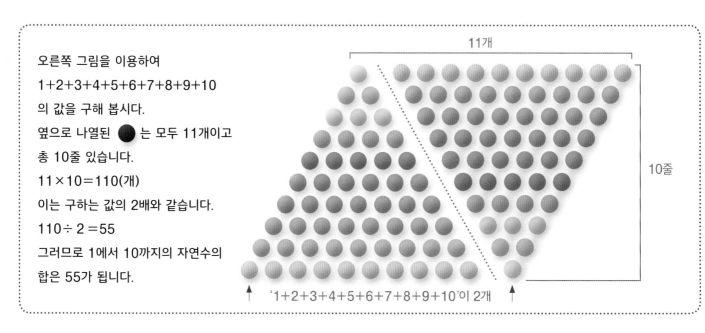

오른쪽 그림을 이용하여
1+2+3+4+5+6+7+8+9+10
의 값을 구해 봅시다.
옆으로 나열된 ● 는 모두 11개이고
총 10줄 있습니다.
11×10=110(개)
이는 구하는 값의 2배와 같습니다.
110÷2＝55
그러므로 1에서 10까지의 자연수의
합은 55가 됩니다.

11개

10줄

↑ '1+2+3+4+5+6+7+8+9+10'이 2개 ↑

2 사각수　　1+3+5+7+9+11의 값을 도형으로 나타내어 구해 봅시다.

그림과 같은 정사각형 모양으로 ● 를 나열하면 홀수의 합 1+3+5+7+9+11의 값은 나열된 ● 의 총 개수라고 생각할 수 있습니다.

이러한 형태의 수의 합을 **사각수**라고 합니다.

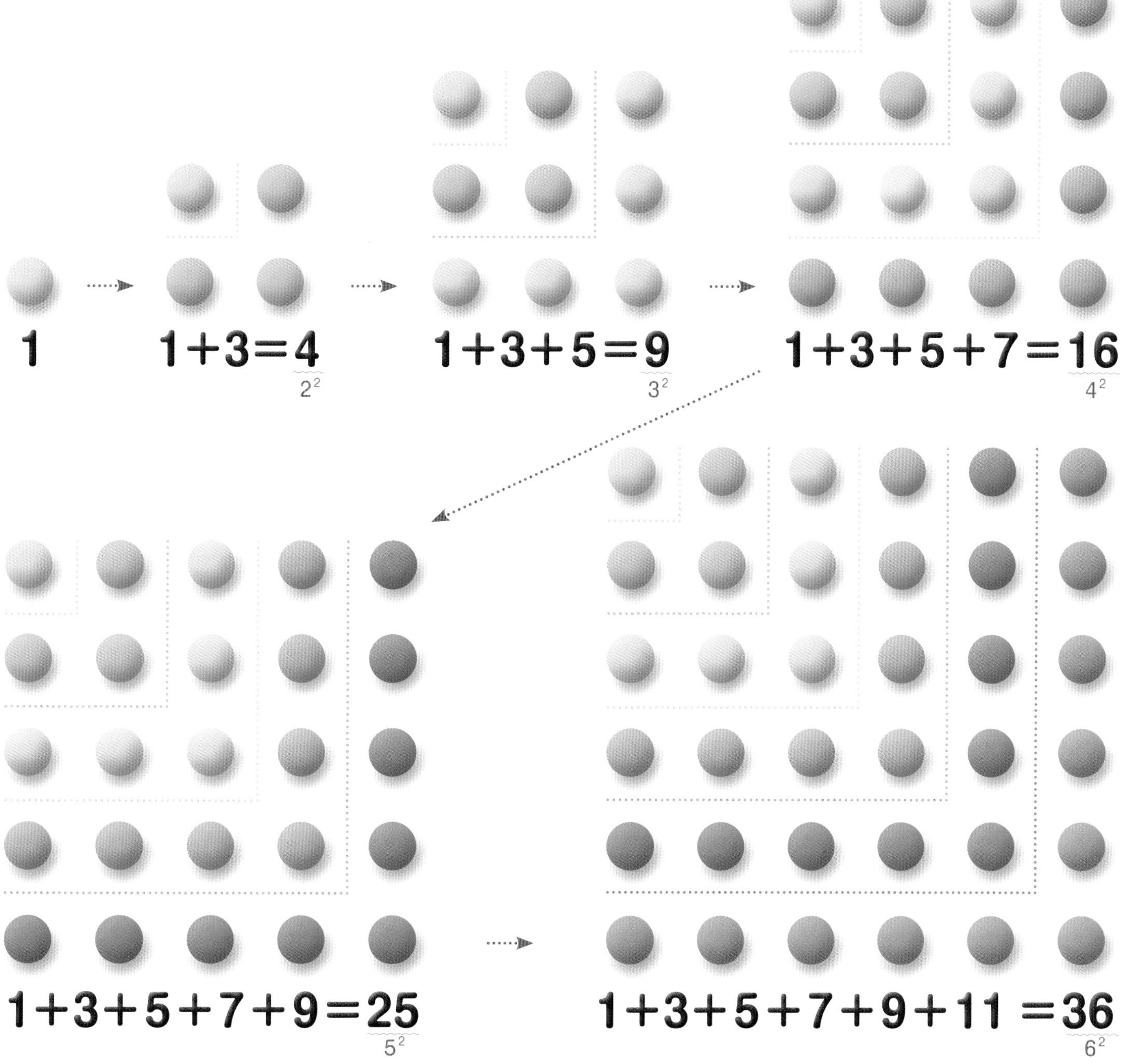

1　　　**1+3=4**　　　**1+3+5=9**　　　**1+3+5+7=16**
2^2　　　　　3^2　　　　　4^2

1+3+5+7+9=25　　　　　**1+3+5+7+9+11=36**
5^2　　　　　　　　　　　　6^2

사각수의 값은 (한 변에 나열된 ● 의 개수)^2 82 페이지 으로 구할 수 있습니다.

그러므로 1+3=4(=2^2), 1+3+5=9(=3^2), 1+3+5+7=16(=4^2), 1+3+5+7+9=25(=5^2),
1+3+5+7+9+11=36(=6^2)이 됩니다.

이와 같이 어떤 정수의 제곱으로 나타낼 수 있는 수를 **제곱수** 31 페이지 라고도 합니다.

1 계산기 놀이

시키는 대로 계산기를 눌렀을 뿐인데 마음속으로 생각해 놓았던 숫자가 나왔어요.
전혀 가르쳐 준 적이 없는데…… 어떻게 된 일일까요?

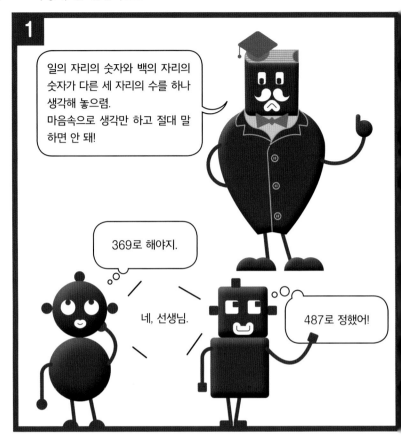

1

일의 자리의 숫자와 백의 자리의 숫자가 다른 세 자리의 수를 하나 생각해 놓으렴.
마음속으로 생각만 하고 절대 말하면 안 돼!

369로 해야지.

네, 선생님.

487로 정했어!

2 신기한 계산

계산기로 다음 계산을 해 봅시다.

$$1 \times 8 + 1 =$$
$$12 \times 8 + 2 =$$
$$123 \times 8 + 3 =$$
$$1234 \times 8 + 4 =$$
$$12345 \times 8 + 5 =$$

$$123456 \times 8 + 6 =$$
$$1234567 \times 8 + 7 =$$
$$12345678 \times 8 + 8 =$$
$$123456789 \times 8 + 9 =$$

 239 페이지

987,654,321

123456789×8+9를 하니까 9876554321이 나왔네.

숫자 순서가 반대가 됐어!

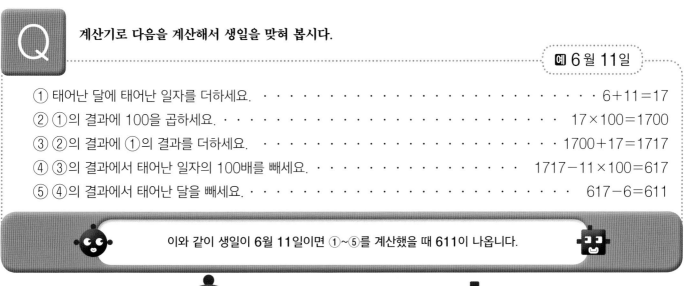

Q 계산기로 다음을 계산해서 생일을 맞혀 봅시다.

예 6월 11일

① 태어난 달에 태어난 일자를 더하세요. · · · · · · · · · · · · · · · · · · 6+11=17

② ①의 결과에 100을 곱하세요. · · · · · · · · · · · · · · · · · 17×100=1700

③ ②의 결과에 ①의 결과를 더하세요. · · · · · · · · · · · · · · 1700+17=1717

④ ③의 결과에서 태어난 일자의 100배를 빼세요. · · · · · · · 1717−11×100=617

⑤ ④의 결과에서 태어난 달을 빼세요. · · · · · · · · · · · · · · · · 617−6=611

이와 같이 생일이 6월 11일이면 ①~⑤를 계산했을 때 611이 나옵니다.

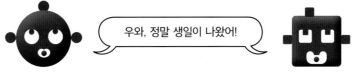

우와, 정말 생일이 나왔어!

1 어림수

대강 짐작으로 잡은 수를 어림수라고 합니다. 어림수는 '약 ●●'라고 표현합니다.

A시의 인구 162356명과 B시의 인구 168418명을 어림수로 표현해 보겠습니다.
두 도시의 인구는 약 몇 만 명이라고 말할 수 있을까요?

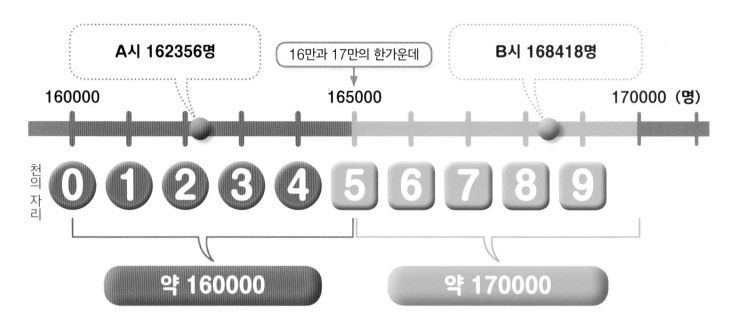

두 도시의 인구를 어림하면

A시는 약 16만 명   B시는 약 17만 명

몇 만 명인지 구해야 하므로 만의 자리의 바로 아래 자리, 즉 천의 자리에 주목합니다.

16 2 356   16 8 418
만의 자리 천의 자리   만의 자리 천의 자리

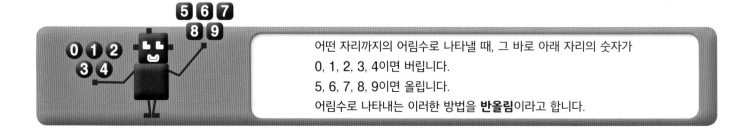

어떤 자리까지의 어림수로 나타낼 때, 그 바로 아래 자리의 숫자가
0, 1, 2, 3, 4이면 버립니다.
5, 6, 7, 8, 9이면 올립니다.
어림수로 나타내는 이러한 방법을 **반올림**이라고 합니다.

인구나 정부 예산 같은 큰 수는 어림하여 그 값과 가까운 수로 간단하게 나타내는 경우가 있습니다.
이렇게 대강 짐작하는 수를 표현하는 방법과 그 계산에 대해 살펴봅시다.

제1장 **수와 연산**   **41**

어림수의 범위

어림수의 범위를 다음과 같이 나타냅니다.

초과 '160000 초과'는 160000보다 큰 수이며, 160000은 포함하지 않습니다.

이상 '160000 이상'은 160000과 같거나 그보다 큰 수입니다.

이하 '160000 이하'는 160000과 같거나 그보다 작은 수입니다.

미만 '160000 미만'은 160000보다 작은 수이며, 160000은 포함하지 않습니다.

2 어림수의 계산

자릿수가 큰 수의 계산이나 복잡한 계산을 할 때에는 어림수를 이용해서 답을 어림하기도 합니다.

만의 자리까지의 어림수로 구하는 방법	제일 큰 자리의 어림수로 구하는 방법

61986 + 36435

천의 자리에서 반올림

약 6만   약 4만

$$60000 + 40000 = 100000$$

약 100000

각각의 수를 만의 자리까지의 어림수로 만들어서 계산하는 방법이야.

736 × 286

두 번째로 큰 자리에서 반올림

700   300

$$700 × 300 = 210000$$

약 210000

각각의 수를 제일 큰 자리의 어림수로 만들어서 계산하는 방법이야.

 어림수로 계산하는 방법은 물건을 살 때 등과 같이 실생활에 도움이 많이 되는 내용이야.

1 배수와 공배수

어떤 수를 1배, 2배, 3배, …한 수를 그 수의 배수라고 합니다.

3 의 배수는 3 으로 나누어떨어지는 수야.

두 수의 공통인 배수를 공배수라고 하며, 공배수 중 가장 작은 수를 최소공배수라고 합니다.

3 의 배수

3 6 9
15 18
21 27 …

3 과 4 의 공배수

최소공배수
↓
12
12
24
⋮

4 의 배수

4 8 16
20 28 …

3 과 4 의 최소공배수는 12야.

당구와 공약수

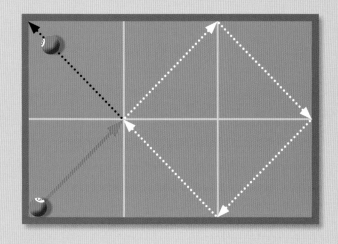

정사각형 몇 개를 바닥에 깔아서 직사각형을 만들고, 이 직사각형의 왼쪽 위 꼭짓점에서 정사각형의 대각선을 따라 선을 긋습니다.

바깥쪽 벽에 부딪치면 45° 반사시키면서 직사각형의 네 꼭짓점 중 한 곳에 도착할 때까지 그어야 합니다.

이때 직사각형의 가로, 세로에 있는 정사각형의 수와 선이 통과한 정사각형의 수를 살펴봅시다.

오른쪽 그림처럼 가로, 세로에 있는 정사각형의 수의 공약수가 1뿐일 경우에는 선이 모든 정사각형을 통과하며, 1 이외의 공약수가 있는 경우엔 선이 통과하지 않는 정사각형이 생깁니다. 선이 통과하지 않는 정사각형이 있는 경우, 선이 지나가는 정사각형의 수는

(가로)×(세로)÷(가로와 세로의 최대공약수)

가 됩니다.

어떤 수에 정수를 곱한 수나 어떤 수를 나누어떨어지게 하는 수를 생각해 봅시다.
또 이러한 수들의 성질에 대해서 살펴봅시다.

제1장 **수와 연산**

43

2 약수와 공약수

어떤 수를 나누어떨어지게 하는 수를 그 수의
약수라고 합니다.

두 수의 공통인 약수를 공약수라고 하며, 공약수 중
가장 큰 수를 최대공약수라고 합니다.

모든 정사각형을 통과할 경우

가로 3, 세로 2

가로 5, 세로 3

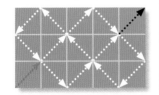

가로 4, 세로 3

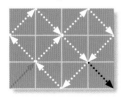

가로 5, 세로 4

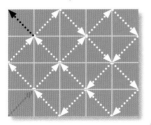

통과하지 않는 정사각형이 있는 경우

가로 4, 세로 2

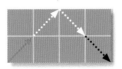

통과하는 정사각형의 개수

$$4 \times 2 \div 2 = 4$$

가로　세로　최대공약수

가로 6, 세로 3

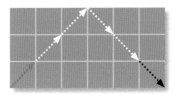

통과하는 정사각형의 개수

$$6 \times 3 \div 3 = 6$$

가로　세로　최대공약수

1 소수(素數)

2, 3, 5, 7, …처럼 1과 자기 자신만을 약수로 가지는 수를 소수(素數)라고 합니다.
이때 1은 소수가 아닙니다.

소수를 찾는 방법 중의 하나인 '에라토스테네스의 체'를 소개하겠습니다. 이 방법으로 1부터 36까지의 자연수 중에서 소수를 모두 찾아봅시다.

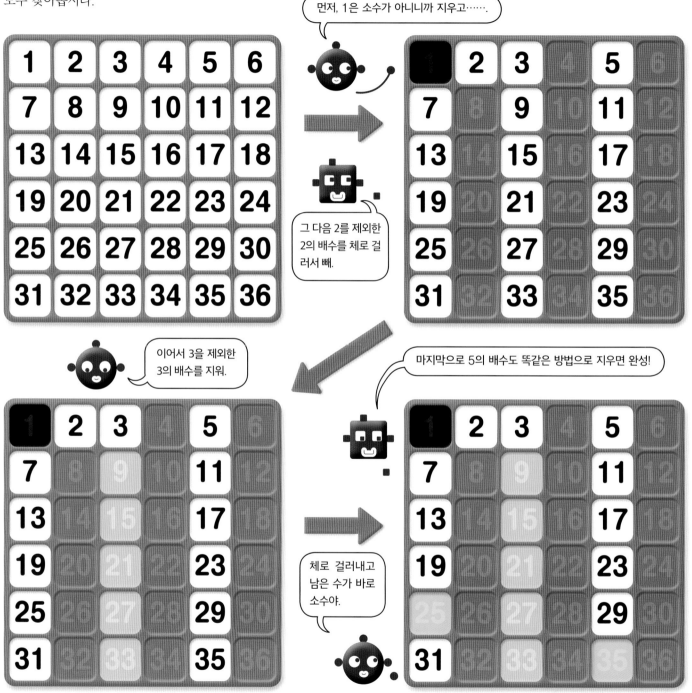

남은 수인 2, 3, 5, 7, 11, 13, 17, 19, 23, 29, 31이 36까지의 자연수 중 소수입니다. 어떤 수까지의 소수를 모두 찾고 싶을 때엔 그 수의 제곱근 66 페이지 을 넘지 않는 소수에 대하여 이 과정을 시행하면 됩니다. 여기에서는 36의 제곱근인 6을 넘지 않는 소수, 즉 5까지의 소수에 대하여 그 배수를 걸러 냈습니다.

2 **소인수분해**   60을 곱셈으로 나타내 보겠습니다.

60=6×10입니다. 이때 6과 10을 60의 **인수**라고 합니다.

60을 6×10보다 더 작은 수의 곱으로 나타내 봅시다.

$$60 = 2 \times 2 \times 3 \times 5$$
$$= 2^2 \times 3 \times 5$$

이와 같이 자연수를 소수인 인수(**소인수**)만의 곱으로 나타낼 때 그 수를 **소인수분해**한다고 합니다.

3 **소인수분해하는 방법**   다음과 같이 소수로 계속 나누어서 소인수분해할 수 있습니다.

$$
\begin{array}{r}
2\,)\,\underline{60} \\
30
\end{array}
\quad\longrightarrow\quad
\begin{array}{r}
2\,)\,\underline{60} \\
2\,)\,\underline{30} \\
15
\end{array}
\quad\longrightarrow\quad
\begin{array}{r}
2\,)\,\underline{60} \\
2\,)\,\underline{30} \\
3\,)\,\underline{15} \\
5
\end{array}
$$

5는 소수이므로 더 이상 나눌 수 없습니다.

$$60 = 2^2 \times 3 \times 5$$

에라토스테네스

고대 그리스 수학자인 에라토스테네스는 천문학, 물리학 등에서도 여러 업적을 남겼습니다.

하지 정오에 태양빛이 시에네라는 마을의 우물 바닥을 비춘다는 이야기를 들은 에라토스테네스는 그 시각에 시에네의 정북 방향에 있는 마을인 알렉산드리아로 가서 태양이 머리 위에서 몇 도만큼 기울어져 있는지 조사했습니다. 그리고 그 각도와 시에네, 알렉산드리아 사이의 거리를 바탕으로 지구의 대략적인 둘레를 구했다고 합니다.

1 주기매미

여름이 되면 이곳저곳에서 매미 우는 소리를 들을 수 있습니다.
이 중 주기매미에 대해 알아보며 그 속에 숨어 있는 소수의 원리를 찾아봅시다.

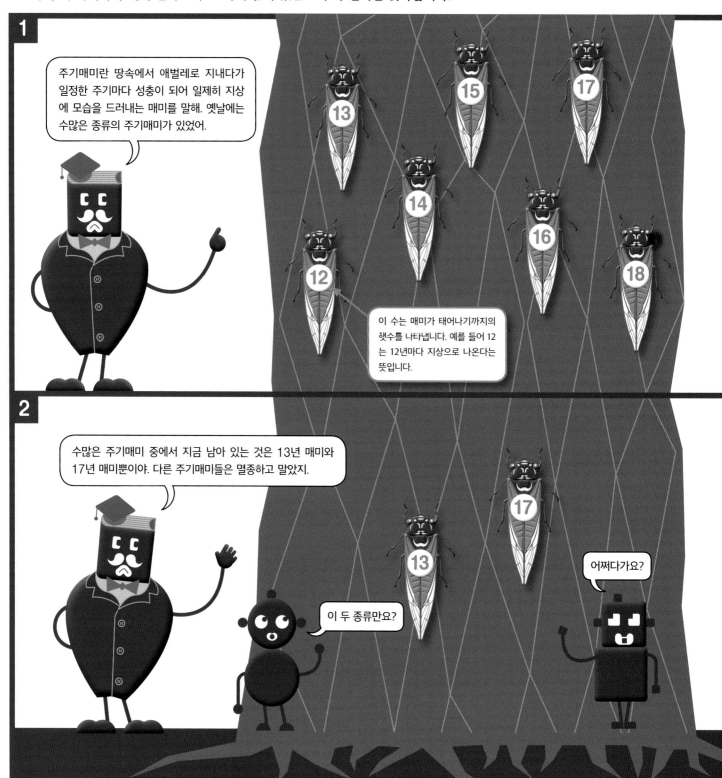

우리 주변의 생각지도 못한 곳에서 소수나 소인수분해의 원리를 발견하는 경우가 있습니다.
이러한 사례 중 하나를 소개하겠습니다.

미국에는 우리나라 매미와는 다른 특징을 가진 매미가 있습니다. 예를 들어 우리나라 매미 중 참매미는 약 6~7년을 땅속에서 살다가 지상으로 올라와서 껍질을 벗고 어른벌레가 되는데(이를 우화라고 합니다), 미국에 있는 주기매미는 13년 또는 17년을 주기로 우화합니다. 2004년 여름에 뉴욕 주변에서 이 매미를 대량으로 발견했다는 뉴스가 있었습니다.

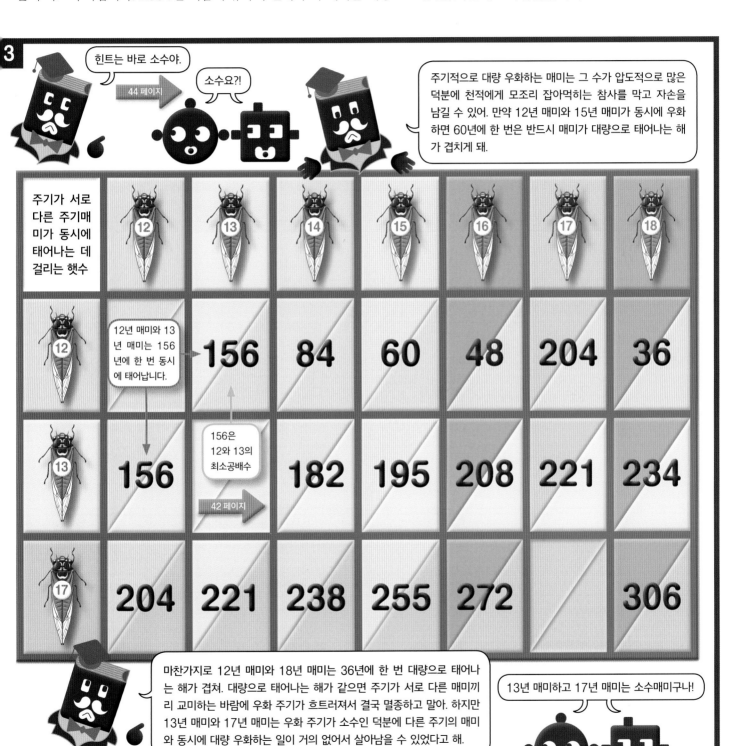

3

힌트는 바로 소수야.

44 페이지

소수요?!

주기적으로 대량 우화하는 매미는 그 수가 압도적으로 많은 덕분에 천적에게 모조리 잡아먹히는 참사를 막고 자손을 남길 수 있어. 만약 12년 매미와 15년 매미가 동시에 우화하면 60년에 한 번은 반드시 매미가 대량으로 태어나는 해가 겹치게 돼.

주기가 서로 다른 주기매미가 동시에 태어나는 데 걸리는 햇수	12	13	14	15	16	17	18
12		156	84	60	48	204	36
13	156		182	195	208	221	234
17	204	221	238	255	272		306

12년 매미와 13년 매미는 156년에 한 번 동시에 태어납니다.

156은 12와 13의 최소공배수

42 페이지

마찬가지로 12년 매미와 18년 매미는 36년에 한 번 대량으로 태어나는 해가 겹쳐. 대량으로 태어나는 해가 같으면 주기가 서로 다른 매미끼리 교미하는 바람에 우화 주기가 흐트러져서 결국 멸종하고 말아. 하지만 13년 매미와 17년 매미는 우화 주기가 소수인 덕분에 다른 주기의 매미와 동시에 대량 우화하는 일이 거의 없어서 살아남을 수 있었다고 해.

13년 매미하고 17년 매미는 소수매미구나!

참고 문헌 : 요시무라 진 『소수매미의 수수께끼』, 요시무라 진 『소수매미의 비밀을 파헤친다!』

1 분수의 뜻

다음 그림은 원을 10등분한 것입니다.

이와 같이 전체를 똑같이 나눈 것 중에 일부분의 양을 표현할 때 분수를 사용합니다.

분자

••• 부분의 양, 즉 조각 수를 나타냅니다.

분모

••• 전체를 몇 조각으로 나누었는지를 나타 냅니다.

$\dfrac{1}{10}$ 은 10분의 1이라고 읽으며 전체를 똑같이 10조각으로 나눈 것 중 1조각의 양을 나타냅니다.

약분과 통분

분모와 분자에 0이 아닌 같은 수를 곱하거나 0이 아닌 같은 수로 나누어도 분수의 크기는 달라지지 않습니다.

분모와 분자를 그들의 공약수로 나누어 간단히 하는 것을 **약분한다**고 합니다.

또한 분모를 똑같이 맞추면 계산이 편해지고 알아보기도 쉬운 경우가 많습니다.

분모가 다른 분수의 분모를 같게 하는 것을 **통분한다**고 합니다.

각 분모의 최소공배수 42 페이지 를 공통분모로 하여 통분을 하면 계산이 더욱 편해집니다.

$$\frac{4}{10} \overset{\div 2}{\underset{\div 2}{=}} \frac{2}{5}$$

$$\frac{1}{5} \overset{\times 4}{\underset{\times 4}{=}} \frac{4}{20} \qquad \frac{1}{4} \overset{\times 5}{\underset{\times 5}{=}} \frac{5}{20}$$

분수는 두 수의 비를 나타내는 방법 중 하나입니다.
분수를 이용하면 생각의 폭을 넓힐 수 있어서 매우 편리하지요. 분수에 대해 알아봅시다.

➡ 54 페이지
분수와 소수

2 분수의 종류

분수는 형태에 따라 3가지 종류로 나눌 수 있습니다.

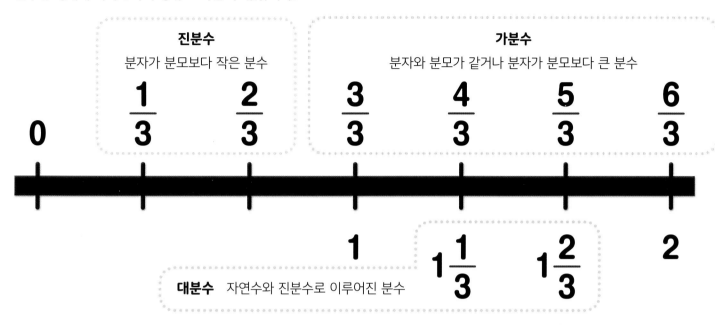

진분수
분자가 분모보다 작은 분수

가분수
분자와 분모가 같거나 분자가 분모보다 큰 분수

대분수 자연수와 진분수로 이루어진 분수

가분수 → 대분수

가분수를 대분수로 바꿀 때에는 분자를 분모로 나눕니다.

$\frac{7}{3}$ 의 경우 7 ÷ 3의 몫이 2이고 나머지가 1이므로

$\frac{7}{3}$ 에서 자연수 2를 빼면 나머지는 $\frac{1}{3}$ 입니다.

$$7 ÷ 3 = 2 \cdots 1$$

$$\frac{7}{3} = 2\frac{1}{3}$$

대분수 → 가분수

대분수를 가분수로 바꿀 때에는 대분수의 자연수 부분과 분모를 곱한 후 이 값에 분자를 더하여 가분수의 분자를 구합니다.

$$2 × 3 + 1 = 7$$

$$2\frac{1}{3} = \frac{7}{3}$$

가분수에서 대분수로 바꾸거나 대분수에서 가분수로 바꿔도 처음 분수의 크기는 변하지 않아.

1 분수의 덧셈과 뺄셈
분모가 같은지 또는 다른지에 따라 분수의 덧셈과 뺄셈 방법이 달라집니다.

분모가 같은 분수의 덧셈과 뺄셈

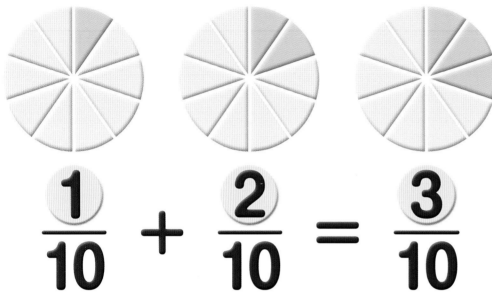

분모가 같은 분수의 덧셈과 뺄셈은 분모는 그대로 두고 분자만 계산합니다.
대분수는 가분수로 바꿔서 계산합니다.

$$\frac{1}{10} + \frac{2}{10} = \frac{3}{10}$$

분모가 다른 분수의 덧셈과 뺄셈

분모가 다를 때엔 반드시 통분을 해야 해.

분모가 다른 분수의 덧셈과 뺄셈은 먼저 통분 48 페이지 해서 분모를 같게 한 후 계산합니다.

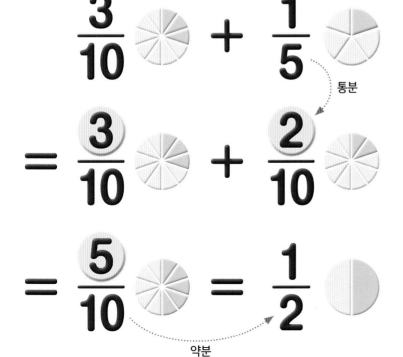

$$\frac{3}{10} + \frac{1}{5}$$
통분
$$= \frac{3}{10} + \frac{2}{10}$$
$$= \frac{5}{10} = \frac{1}{2}$$
약분

분수의 덧셈과 뺄셈

대분수는 가분수로 바꾼다.

↓

분모를 같게 만든다. (통분)

↓

분자끼리 계산한다.

↓

약분이 가능할 때에는 약분한다.

2 분수의 곱셈과 나눗셈

(분수)×(자연수)

$$\frac{1}{2} \times 3 = \frac{1}{2} + \frac{1}{2} + \frac{1}{2} = \frac{3}{2} = 1\frac{1}{2}$$

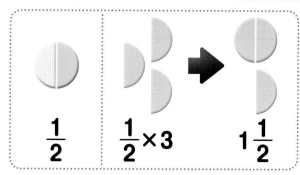

$$\frac{1}{2} \qquad \frac{1}{2} \times 3 \qquad 1\frac{1}{2}$$

(분수)×(분수)

$$\frac{1}{2} \times \frac{3}{4} = \frac{1 \times 3}{2 \times 4} = \frac{3}{8}$$

어떤 수에 분수를 곱하는 것은 어떤 수의 몇 분의 몇에 해당하는 수를 구하는 것입니다.

분수의 곱셈은 분모는 분모끼리, 분자는 분자끼리 곱합니다.

대분수는 가분수로 바꿔서 계산합니다.

(분수)÷(자연수)

$$\frac{1}{3} \div 2 = \frac{1}{3} \times \frac{1}{2} = \frac{1 \times 1}{3 \times 2} = \frac{1}{6}$$

2로 나누는 것은 $\frac{1}{2}$을 곱하는 것과 같습니다.

2와 $\frac{1}{2}$처럼 서로 곱해서 1이 될 때 한 수를 다른 수의 **역수**라고 합니다.

분수를 자연수로 나눌 때에는 자연수를 역수로 고친 다음 곱하면 됩니다.

곱셈과 나눗셈은 따로 통분
하지 않아도 돼.

(분수)÷(분수)

$$\frac{2}{3} \div \frac{3}{4} = \frac{2}{3} \times \frac{4}{3} = \frac{2 \times 4}{3 \times 3} = \frac{8}{9}$$

분수끼리의 나눗셈은 나누는 수인 분수를 역수로 고친 다음 곱하면 됩니다.

분수의 곱셈과 나눗셈

대분수는 가분수로 바꾼다.

↓

나눗셈은 역수를 곱하는 곱셈으로 만든다.

↓

분모와 분자를 각각 곱한다.

↓

약분이 가능할 때에는 약분한다.

1 소수(小數)

소수(小數)란 소수점으로 나타낸 수, 즉 일의 자리보다 작은 자릿값을 가진 수를 말합니다.

소수점 이 점을 기준으로 **왼**쪽이 정수 부분 **오른**쪽이 소수 부분

15.387

정수 부분은 **15**

소수 부분은 **0.387**

3 → 소수 첫째 자리 ($\frac{1}{10}$ 자리)

8 → 소수 둘째 자리 ($\frac{1}{100}$ 자리)

7 → 소수 셋째 자리 ($\frac{1}{1000}$ 자리)

소수도 정수와 마찬가지로 10을 곱할 때마다 자리가 하나씩 올라가고, 10으로 나눌 때마다 자리가 하나씩 내려가는 십진법을 따릅니다.

10을 곱하면 소수점은 오른쪽으로 1칸, 10으로 나누면 소수점은 왼쪽으로 1칸 이동하는구나.

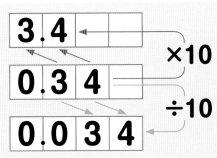

십진수와 접두사

큰 수나 작은 수를 쓸 때, 10의 거듭제곱을 나타내는 접두사를 붙여서 표기하는 경우가 있습니다. 예를 들어 10의 3제곱인 1000은 킬로, 10의 6제곱인 1000000은 메가라는 접두사로 나타낼 수 있습니다.

표는 1보다 작은 수를 나타내는 표기법의 일부입니다.

승수	십진수 표기	접두사
10의 0제곱	1	
10의 −1제곱	0.1	데시
10의 −2제곱	0.01	센티
10의 −3제곱	0.001	밀리
10의 −6제곱	0.000001	마이크로
10의 −9제곱	0.000000001	나노

0과 1 사이의 수많은 수와 같이 일의 자리보다 작은 자릿값을 가진 수를 소수라고 합니다.
소수의 구조와 계산 방법을 살펴봅시다.

➡ 54 페이지
분수와 소수

제1장 **수와 연산**

53

② **소수의 계산**   소수도 정수처럼 계산이 가능합니다. 소수점이 없다고 생각하고 계산한 다음 답에 소수점을 붙이면 됩니다.

소수의 덧셈과 뺄셈

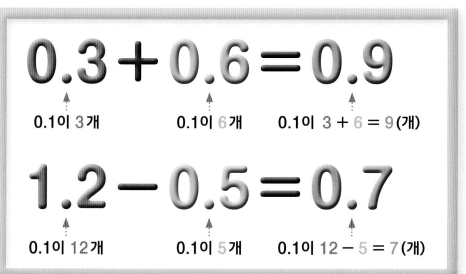

$$0.3 + 0.6 = 0.9$$

0.1이 3개   0.1이 6개   0.1이 3 + 6 = 9(개)

$$1.2 - 0.5 = 0.7$$

0.1이 12개   0.1이 5개   0.1이 12 − 5 = 7(개)

소수점을 기준으로 자리를 맞추어 쓴 다음 정수와 같은 방법으로 계산하고 소수점을 그대로 내려 찍습니다.

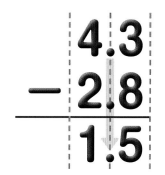

$$\begin{array}{r} 4.3 \\ -\ 2.8 \\ \hline 1.5 \end{array}$$

소수의 곱셈과 나눗셈

곱셈의 경우 일단 소수점이 없다고 생각하고 자연수의 곱셈처럼 계산합니다. 그 다음 두 수의 소수점 아래 자릿수의 합만큼 오른쪽에서부터 세어서 소수점을 찍습니다.

나눗셈의 경우 나누는 수가 자연수가 되도록 나누는 수와 나누어지는 수의 소수점을 같은 자릿수만큼 오른쪽으로 옮겨 계산합니다. 몫의 소수점은 나누어지는 수의 옮겨진 소수점과 가지런히 맞춰서 찍습니다.

1.27 × 8.5

1.2**7** ➡ ② 자리

× 8.**5** ➡ ① 자리

6 3 5

1 0 1 6

② + ① = ③

10.**7 9 5** ⬅ ③ 자리

7.56 ÷ 6.3

$$\begin{array}{r} 1.2 \\ 6.3\,)\overline{7.5.6} \\ 6\,3 \\ \hline 1\,2\,6 \\ 1\,2\,6 \\ \hline 0 \end{array}$$

1 **분수와 소수** 분수, 소수, 자연수는 수직선 위에 동시에 나타낼 수 있습니다.

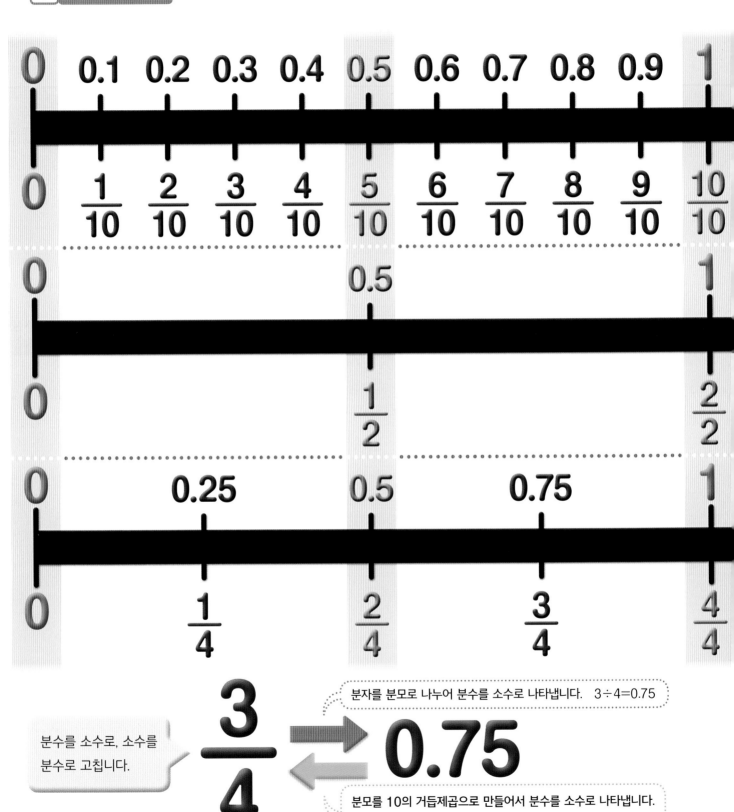

분수를 소수로, 소수를 분수로 고칩니다.

분자를 분모로 나누어 분수를 소수로 나타냅니다. 3÷4=0.75

$$\frac{3}{4} \rightleftarrows 0.75$$

분모를 10의 거듭제곱으로 만들어서 분수를 소수로 나타냅니다.

$0.75 = \frac{75}{100}$이고, 이를 약분하면 $\frac{3}{4}$입니다.

가분수를 대분수로도 나타낼 수 있어. $\frac{11}{10} = 1\frac{1}{10}$

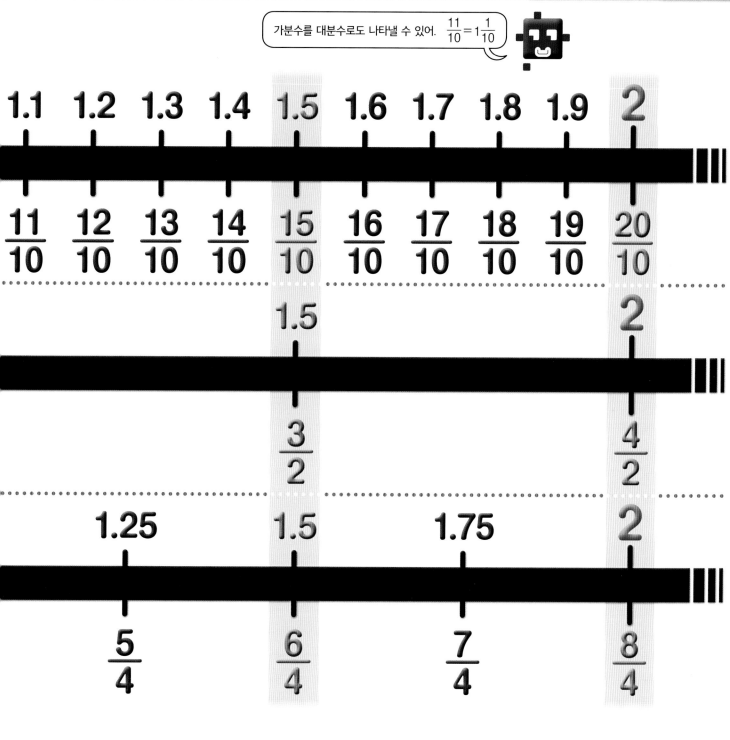

분수와 소수는 표현 방법은 달라도
같은 수를 나타내고 있어.

소수로 정확히 나타낼 수 있는 분수가 있고,
소수로 나타낼 수 없는 분수도 있구나.

$\frac{1}{3} = 1 \div 3 = 0.3333\cdots$

68 페이지 →

1 **비** 두 수를 비교할 때 비를 사용합니다.

> 드레싱 2인분 만들어 봅시다.
> 먼저 식초 2큰술에 대해 샐러드유 3큰술을 넣고 잘 섞어 주세요.

식초 2큰술과 샐러드유 3큰술의 비는 2와 3의 비와 같습니다.

> 2 : 3은 2 대 3이라고 읽어.

2와 3의 비를 기호 :을 사용하여 2 : 3으로 나타냅니다.

비의 값

비 a : b에서 기호 :의 왼쪽에 있는 a는 **비교하는 양**이고, 오른쪽에 있는 b는 **기준량**입니다.
이때 비교하는 양을 기준량으로 나눈 값, 즉 a를 b로 나눈 값을 **비의 값**이라 하며 비의 값이 같으면 두 비를 2 : 3=4 : 6과 같은 **비례식**으로 나타낼 수 있습니다.

---

2 **비율** 비율은 비의 값과 같은 말입니다.

비율을 구하는 방법

$$(비율) = (비교하는 양) \div \underset{1로 본 것}{(기준량)} = \frac{(비교하는 양)}{\underset{1로 본 것}{(기준량)}}$$

따라서 샐러드유의 양을 기준량으로 한 비 2 : 3을 비율로 나타내면 $2 \div 3 = \dfrac{2}{3}$

어떤 초등학교에서 급식 때 음식물 쓰레기에 대한 조사를 했는데, 1학년과 6학년에서 다음과 같은 결과가 나왔습니다.

1학년과 6학년의 학생 수는 같으므로 음식물 쓰레기의 양이 적은 1학년이 급식을 덜 남기며 잘 먹는 편이라고 생각할 수 있습니다.
한편 이런 의견이 있을 수 있습니다.

학년	1 학년	6 학년
인원	110명	110명
음식물 쓰레기	4800g	6000g
급식	24000g	40000g

4800g과 6000g이라는 음식물 쓰레기의 양만으로 6학년이 급식을 더 많이 남기고 있다고 단정해도 되는 걸까?

6학년은 1학년보다 급식의 양이 많으니까 급식의 양을 기준량으로 해서 비율을 구해 보자.

급식의 양을 1로 놓았을 때의 음식물 쓰레기의 양을 1학년은 □, 6학년은 △로 놓고 계산해 보겠습니다.
음식물 쓰레기의 양을 기준량인 급식의 양으로 나누면 비율을 구할 수 있습니다.

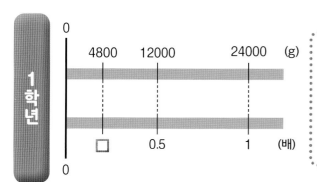

$$4800 \div 24000 = 0.2$$
급식의 양을 1로 놓았다.

$$\square = 0.2$$

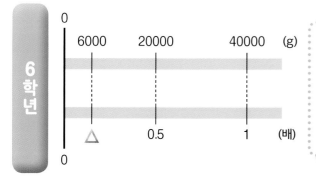

$$6000 \div 40000 = 0.15$$
급식의 양을 1로 놓았다.

$$\triangle = 0.15$$

급식의 양을 1로 놓으면 음식물 쓰레기의 양은 1학년이 0.2, 6학년이 0.15가 됩니다.
단순히 음식물 쓰레기의 양만 보면 6학년이 1학년보다 급식을 더 많이 남긴 것처럼 보이지만, 급식의 양을 1로 보면 음식물 쓰레기의 양의 비율은 6학년이 1학년보다 적음을 알 수 있습니다.

이와 같이 기준량이 1인 비율로 나타내면 두 수의 양을 좀 더 명확하게 비교할 수 있습니다.

1 백분율

비율 **56 페이지** 을 나타내는 0.01을 1퍼센트라 하고 1%라고 씁니다.
이와 같이 비율에 100을 곱한 값을 백분율이라고 합니다.

비율을 나타내는 수와 백분율의 관계는 다음 그림과 같습니다.

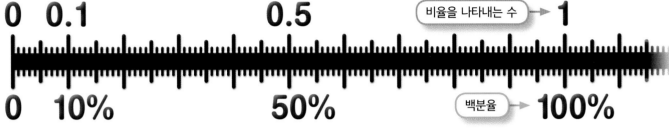

0.1을 **1할**, 0.01을 **1푼**, 0.001을 **1리**라고 나타내는 경우가 있습니다.
이와 같은 비율을 **할푼리**라고 합니다.

$$0.325 \Longleftrightarrow 3할\ 2푼\ 5리$$

비율을 나타내는 수와 할푼리, 백분율의 관계는 오른쪽 표와 같습니다.

비율을 나타내는 수	1	0.1	0.01	0.001
할푼리	10할	1할	1푼	1리
백분율	100%	10%	1%	0.1%

강수 확률

일기예보에서 안내하는 강수 확률은 특정 지역에서 특정 시간대에 비가 내릴 확률로서 과거 날씨 기록을 바탕으로 비가 내릴 가능성이 어느 정도인지를 백분율로 나타낸 것입니다.
예를 들어 강수 확률 10%는 같은 예보가 100회 나오면 그중 10회는 비가 내릴 것으로 예상된다는 뜻입니다.

비율은 비교하는 양이 기준량의 얼마만큼에 해당되는지를 나타낸 수입니다.
이번에는 비율의 여러 표현 방법을 살펴보겠습니다.

2 백분율과 기준량

백분율은 기준량이 100일 때의 비율을 나타내는 방법입니다.

같은 비율이라도 기준량이 다르면 비교하는 양이 달라집니다.

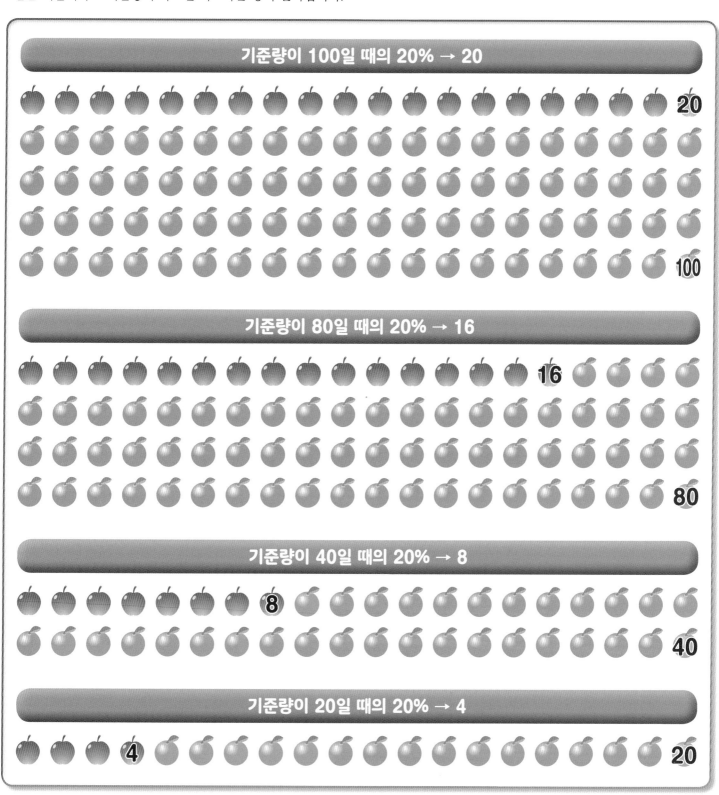

생활 속의 비율

1 할인　●% 할인된 상품의 가격은 어떻게 구하는지 알아봅시다.

1

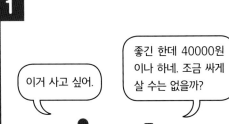

이거 사고 싶어.

좋긴 한데 40000원이나 하네. 조금 싸게 살 수는 없을까?

2

선생님에게 쿠폰이 두 장 있는데 이 상품을 살 때 둘 중 한 장만 쓸 수 있어.

Ⓐ 10000원 할인 쿠폰

₩10000 OFF

Ⓑ 20% 할인 쿠폰

20% OFF

3

어느 쿠폰을 사용해야 더 싸게 살 수 있는지 알아맞힌다면 선생님이 쿠폰 한 장을 너희에게 줄게!

앗, 정말요?!

4

Ⓐ 쿠폰을 사용하면

$$40000_{(원)} - 10000_{(원)} = 30000_{(원)}$$

10000원 싸게 사네.

이 쿠폰으로는 8000원 싸게 살 수 있어.

Ⓑ 쿠폰을 사용하면

20% 할인을 비율로 생각해서 기준이 되는 가격을 1로 놓을 때 (1−0.2=)0.8의 가격으로 살 수 있다는 뜻이므로

$$40000_{(원)} \times 0.8 = 32000_{(원)}$$

5

답은 Ⓐ 쿠폰이요!

정답이야!

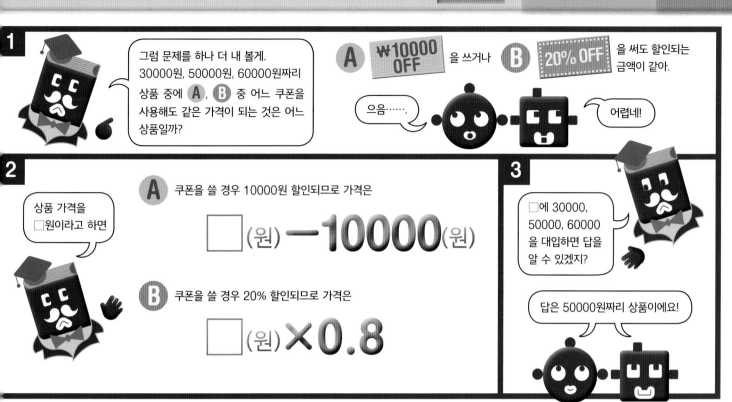

2 부가가치세

물건을 살 때에는 그 가격에 일정한 비율을 곱한 부가가치세를 냅니다.
현재 우리나라의 부가가치세는 10%입니다.
만약 이 비율이 15%로 오른다면 어떻게 될지 생각해 보겠습니다.

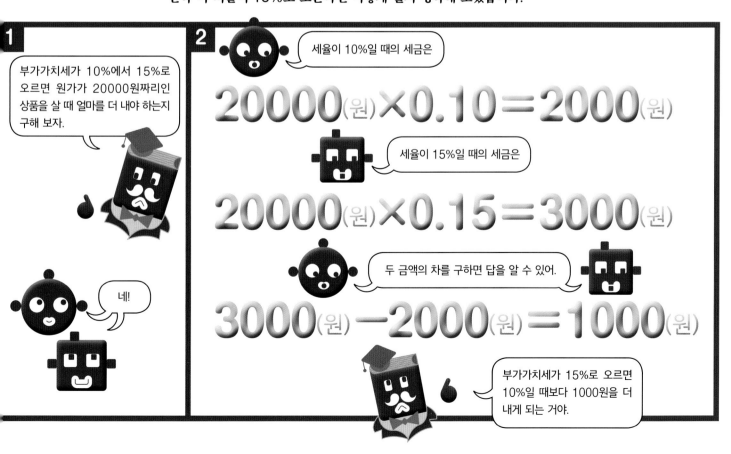

1 유자차와 비율

유자청과 물의 비율을 이용하여 유자차를 만드는 데 필요한 유자청의 양을 구해 봅시다.

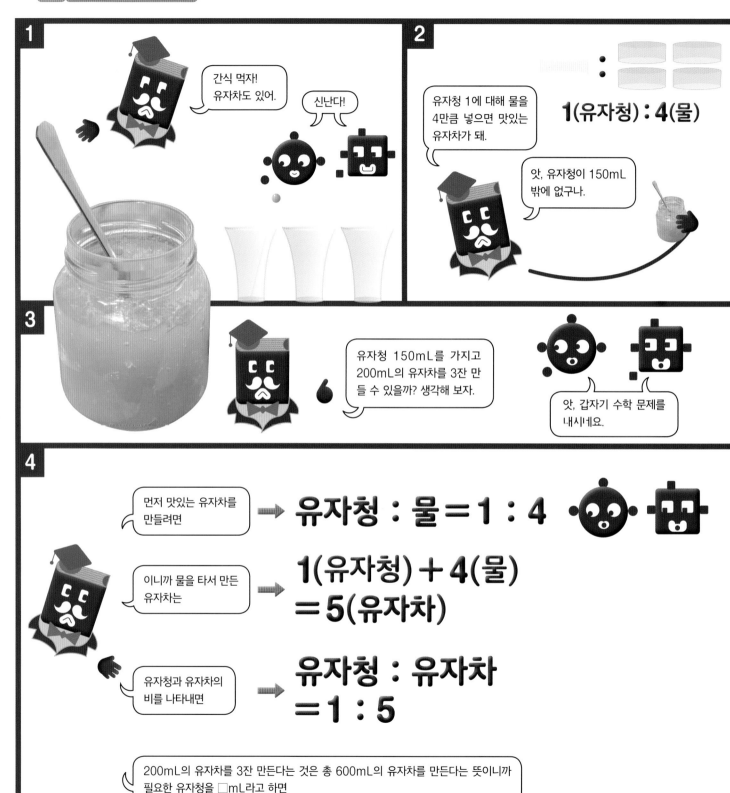

비례식은 비의 값, 즉 비율이 같은 두 비를 등식으로 나타낸 식입니다.
실생활에서 비례식이 유용한 경우를 생각해 봅시다.

➡ 56 페이지
비와 비율

제1장 수와 연산　　63

5

$$\square : 600 = 1 : 5$$

$$\square \times 5 = 600 \times 1$$

$$\square = 600 \div 5$$

$$\square = 120$$

필요한 유자청은 120mL 이니까 150mL를 가지고 유자차 3잔을 만들 수 있겠구나.

잘 먹겠습니다!

비례식의 성질

비례식에서 바깥쪽에 있는 두 항을 **외항**, 안쪽에 있는 두 항을 **내항**이라 하고
(내항)×(내항)=(외항)×(외항)
이 성립합니다.

예
2:3=4:6의 경우
(내항)×(내항) → 3×4=12
(외항)×(외항) → 2×6=12

2　텔레비전과 비율　비율을 통해 오늘날과 과거의 텔레비전의 화면 크기를 비교해 봅시다.

1

왼쪽이 요즘에 나오는 텔레비전이야. 화면 크기의 가로와 세로 비율이 16:9이지. 오른쪽은 과거에 나왔던 아날로그 텔레비전인데 가로와 세로의 비율이 4:3이었어.

16 : 9

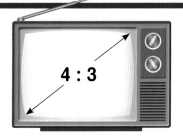

4 : 3

최신 텔레비전은 가로로 길쭉하고, 옛날 텔레비전은 정사각형에 가까웠구나.

2

아날로그 텔레비전으로 보던 시절에 방영한 방송을 요즘 텔레비전으로 보면 화면의 세로 길이에 맞춰서 방송되기 때문에 이런 식으로 좌우에 검은 띠가 생기고는 해. 이때 화면에 나오는 영상의 가로 길이를 구해 보자.

□ : 9

$$4 : 3 = \square : 9$$

$$4 \times 9 = 3 \times \square$$

$$\square = 36 \div 3$$

$$\square = 12$$

가로가 16인 화면인데 영상은 12만큼만 나오는군요.

1 이진법

우리는 0부터 9까지 10개의 숫자를 조합해서 수를 나타냅니다. 9 다음에 10이 되면서 왼쪽으로 한 자리가 올라갑니다.
10에서 위의 자리로 전진하므로 이렇게 수를 표기하는 방법을 십진법 11 페이지 이라고 합니다.

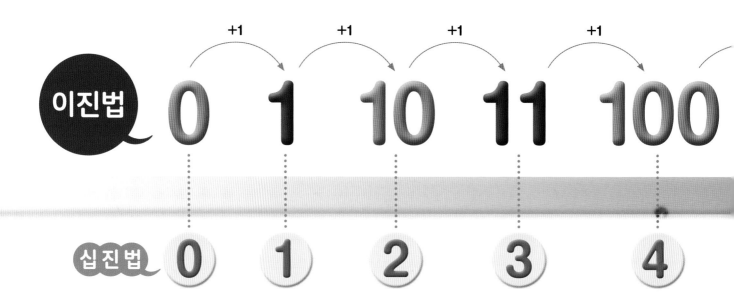

2 이진법으로 나타내는 방법
11개인 ⚪의 양을 표현하기 위해 2개씩 묶어 봅시다.

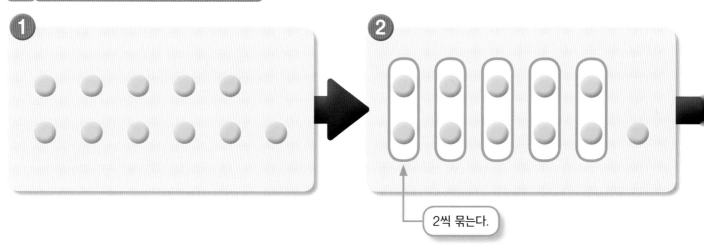

2씩 묶는다.

모든 묶음 과정을 마친 4 를 보면 가장 큰 8씩 묶음 이 1개, 두 번째로 큰 4씩 묶음 은 8씩 묶음 안에 들어가 있으므로 0개,
세 번째로 큰 2씩 묶음 이 1개, 그리고 ⚪가 1개 남았습니다.

우리는 평소에 수를 다룰 때 십진법을 사용합니다.
이번에는 컴퓨터의 언어라고 할 수 있는 이진법을 소개합니다.

제1장 **수와 연산**   **65**

이진법은 0, 1의 2개의 숫자만으로 수를 나타냅니다.

이진법에서 1 다음은 10(=2)입니다. 즉, 2에서 위의 자리로 전진합니다.

특히 이진법은 컴퓨터에 활용되고 있어서 오늘날 매우 중요한 역할을 합니다.

이진법은 숫자가 0과 1뿐이므로 매우 단순합니다.
반면 값이 커질수록 수의 길이가 점점 길어져서 써야 하는 숫자가 많아진다는 단점이 있습니다.

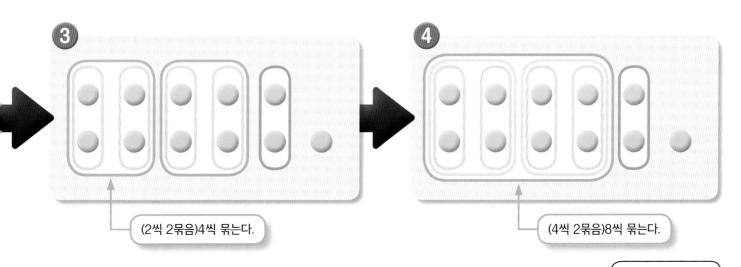

(2씩 2묶음)4씩 묶는다.

(4씩 2묶음)8씩 묶는다.

따라서 십진법의 수 11을 이진법으로 표현하면 $1011_{(2)}$입니다.

$$11_{(10)} = 1 \times 2^3 + 0 \times 2^2 + 1 \times 2 + 1 = 1011_{(2)}$$

십진법임을 나타낸다.

이진법임을 나타낸다.

수를 표현하는 방법은 여러 가지가 있구나.

1 제곱근 — 어떤 수 x를 제곱하여 a가 되는 수, 즉 $x^2=a$을 만족하는 x를 a의 제곱근이라고 합니다.

예를 들어 $3^2=9$, $(-3)^2=9$이므로 9의 제곱근은 3, −3입니다.
또 0의 제곱근은 0뿐입니다.

양수 a의 제곱근 2개 중 양수인 것을 **양의 제곱근**, 음수인 것을
음의 제곱근이라 하고 각각 $\sqrt{a}$, $-\sqrt{a}$ 와 같이 나타냅니다.
이 기호 $\sqrt{}$ 를 **근호**라 하며 $\sqrt{a}$ 를 '제곱근 a' 또는 '루트 a'라고
읽습니다.

$$\sqrt{9}=3$$

근호 안의 수는 제곱근을 제곱한 수야.

a가 양수일 때, 다음이 성립합니다.

> 1 $\sqrt{a^2}=a$, $\sqrt{(-a)^2}=a$
> 2 $(\sqrt{a})^2=a$, $(-\sqrt{a})^2=a$

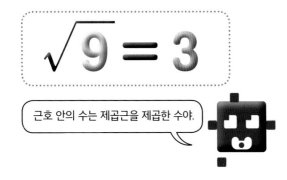

1, 2를 이용하여 다음과 같이 제곱근을 계산할 수 있습니다.

$\sqrt{25}=\sqrt{5^2}=5$
$\sqrt{48}=\sqrt{16\times 3}=\sqrt{4^2\times 3}=4\sqrt{3}$
$(\sqrt{7})^2=7$, $(-\sqrt{7})^2=7$

자주 사용하는 제곱근

$\sqrt{1}=1$
$\sqrt{4}=2$
$\sqrt{9}=3$
$\sqrt{16}=4$
$\sqrt{25}=5$
$\sqrt{36}=6$
$\sqrt{49}=7$
$\sqrt{64}=8$
$\sqrt{81}=9$
$\sqrt{100}=10$
$\sqrt{121}=11$
$\sqrt{144}=12$
$\sqrt{169}=13$

한 변의 길이가 2인 정사각형의 넓이는 4입니다. 그렇다면 넓이가 2인 정사각형의 한 변의 길이는 얼마일까요?
이와 같이 제곱해서 2가 되는 수를 2의 제곱근이라고 합니다.

제1장 **수와 연산**   **67**

2 제곱근의 크기

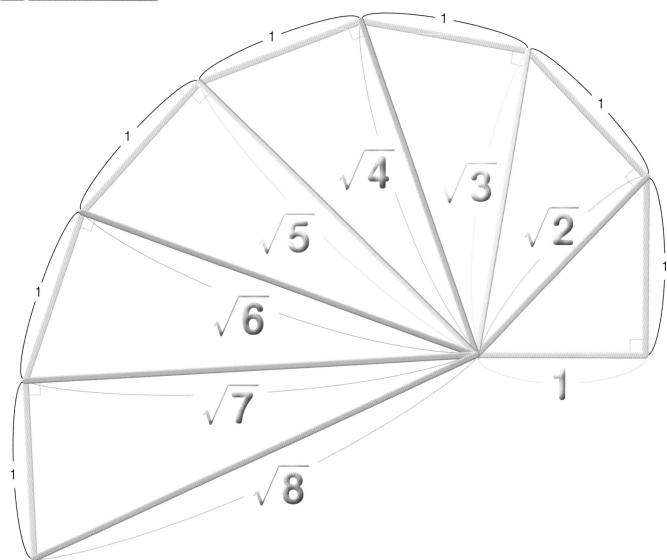

높이를 1로 고정하고 직각삼각형을 이어서 그리면 빗변 131 페이지 의 길이가 각각 $\sqrt{2}$, $\sqrt{3}$, $\sqrt{4}$, …가 됩니다.

직각삼각형이 커질수록 빗변의 길이도 길어지므로 $\sqrt{2}$, $\sqrt{3}$, $\sqrt{4}\,(=2)$, …의 순서로 값이 커짐을 알 수 있습니다.

즉, 두 양수 a, b에 대하여 다음이 성립합니다.

$\dfrac{1}{2}$ 은 $\dfrac{1}{3}$ 보다 크니까
$\sqrt{\dfrac{1}{2}}$ 은 $\sqrt{\dfrac{1}{3}}$ 보다 크겠구나.

제곱근의 크기

a>0, b>0일 때

1 a<b이면 $\sqrt{a} < \sqrt{b}$

2 $\sqrt{a} < \sqrt{b}$이면 a<b

1 유리수와 무리수

$\frac{4}{5}$, $-\frac{2}{3}$처럼 정수 p와 0이 아닌 정수 q에 대하여 $\frac{p}{q}$ 꼴로 나타낼 수 있는 수를 **유리수**라고 합니다.

3은 $\frac{3}{1}$으로, 0은 $\frac{0}{2}$으로 나타낼 수 있듯이 정수 또한 유리수임을 알 수 있습니다.

한편 $\sqrt{2}=1.414\cdots$, $\sqrt{5}=2.236\cdots$과 같은 제곱근 66 페이지 이나 원주율 $\pi=3.141\cdots$ 148 페이지 은 $\frac{p}{q}$ 꼴로 나타낼 수 없습니다.

이처럼 분수로 나타낼 수 없는 수를 **무리수**라 하고 유리수와 무리수를 통틀어 **실수**라고 합니다.

정수가 아닌 유리수를 소수로 나타내면 $\frac{3}{4}=0.75$처럼 나누어떨어지는, 즉 유한소수가 되는 경우와 $\frac{1}{3}=0.3333\cdots$처럼 나누어떨어지지 않고 무한히 계속되는, 즉 무한소수가 되는 경우가 있습니다.

예를 들어 $\frac{1}{7}$을 소수로 나타내면

$$\frac{1}{7} = 0.\underline{142857}\,\underline{142857}\cdots$$

과 같이 소수점 아래의 첫째 자리부터 1, 4, 2, 8, 5, 7의 숫자가 한없이 되풀이됩니다. 이와 같은 무한소수를 **순환소수**라고 하며 한없이 되풀이되는 일정한 숫자의 배열을 **순환마디**라고 합니다. 순환소수는 순환마디 양 끝의 숫자 위에 • 을 찍어 다음과 같이 간단히 나타냅니다.

$$\frac{1}{3} = 0.\dot{3} \qquad \frac{1}{7} = 0.\dot{1}4285\dot{7}$$

유한소수와 순환소수는 분수로 나타낼 수 있으므로 모두 유리수입니다.
반면 무리수는 순환하지 않는 무한소수가 됩니다.

(무리수)=(유리수)가 되는 신기한 식

$\pi=3.141\cdots$은 순환하지 않는 무한소수이므로 무리수입니다.
무리수는 정수로 나누어도 무리수이므로 $\frac{\pi}{4}$도 무리수인데 다음과 같은 식이 성립합니다.

무리수와 유리수가 등호로 연결되는 신기한 식이야.

$$\frac{\pi}{4} = 1 - \frac{1}{3} + \frac{1}{5} - \frac{1}{7} + \frac{1}{9} - \frac{1}{11} + \cdots$$

오른쪽은 유리수를 더하거나 뺀 식이므로 유리수입니다. 즉, 왼쪽은 무리수, 오른쪽은 유리수인 신기한 식이지요.
이 식은 매우 어려워서 고등학교에서도 다루지 않는 '라이프니츠 공식'이라는 것입니다.

수에는 자연수, 정수 이외에도 분수로 나타낼 수 있는 유리수가 있습니다.
이번에는 분수로 나타낼 수 있는 수와 나타낼 수 없는 수를 살펴보겠습니다.

제1장 **수와 연산**   **69**

2 수 체계

실수

유리수 (분수로 나타낼 수 있는 수)

정수 (27 페이지) →

양의 정수(자연수) 1, 12 등

0

음의 정수 −2, −123 등

정수가 아닌 유리수 (48 페이지) →

유한소수 $\frac{3}{4}$, 1.5, 0.88 등

순환소수 $0.\dot{3}$, $0.\dot{1}4285\dot{7}$ 등

무리수 (분수로 나타낼 수 없는 수)

순환하지 않는 무한소수

$\sqrt{3}$, $-\sqrt{2}$, $\frac{\sqrt{5}}{2}$, π 등

황금비는 사람의 눈에 가장 아름답게 보이는 비율로 알려져 있습니다. 여러 예술 작품과 자연 속 아름다운 조형물에서 이 비율을 찾아볼 수 있습니다.

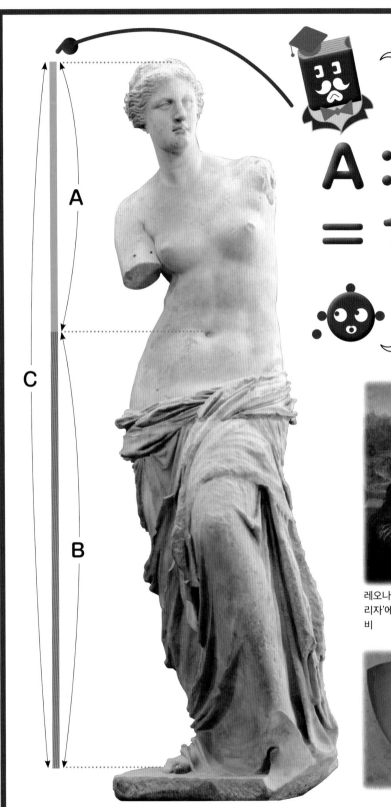

황금비는 선분 C를 A : B = B : C가 되도록 A, B(A<B)의 길이로 배분했을 때의 비 A : B를 뜻해. 식으로 나타내면 다음과 같아.

$$A : B = B : C = 1 : 1.618\cdots$$

밀로의 '비너스상'에서 배꼽을 중심으로 상반신과 하반신의 길이의 비도 황금비래.

수많은 예술 작품과 자연 속에 황금비가 숨어 있구나!

레오나르도 다 빈치가 그린 '모나리자'에서 얼굴의 가로와 세로의 비

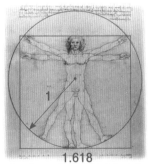

레오나르도 다 빈치의 '인체 비례도'에서 원의 반지름과 정사각형의 한 변의 길이의 비

chris73

한 변의 길이가 1.618배인 정사각형을 옆에 붙여 나가면 똑같은 모양이 반복됩니다. 자연에서 소라는 이렇게 황금비를 따르며 성장합니다.

버스 카드, 컴퓨터의 모니터, 텔레비전 화면 등의 가로와 세로의 비는 거의 일치합니다. 이 비에 대해 살펴봅시다.

제1장 **수와 연산**

71

2 황금각

각도를 황금비로 계산한 것이 바로 황금각입니다. 황금비와 마찬가지로 황금각도 자연에서 자주 찾아볼 수 있습니다.

1

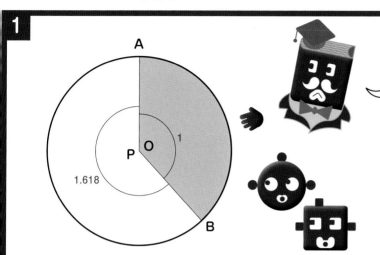

그림과 같이 원의 중심을 기준으로 360°를 황금비인 1 : 1.618…로 배분하면 ∠AOB의 크기는 약 137.5°가 돼. 이 각도를 **황금각**이라고 한단다.

$$\angle AOB : \angle APB$$
$$= 1 : 1.618$$
$$\angle AOB \fallingdotseq 137.5°$$

2

꽃잎은 자연에서 황금각을 볼 수 있는 대표적인 예야.

이 꽃잎이요?!

Aka

3

확인해 보자. 먼저 ①에서 꽃잎을 137.5° 움직여서 ②로 보내고 다시 137.5° 움직여서 ③으로 보내고…….

이 과정을 반복하면 이렇게 예쁜 꽃이 돼! 설명한 방법처럼 배치된 꽃잎이 가장 효율적으로 햇빛을 흡수한다고 하는구나.

예쁘면서

실용적!

※ 꽃잎의 수는 피보나치 수를 이룰 때가 많습니다. 황금비, 황금각과 함께 피보나치 수도 자연 속에 숨어 있는 신비한 수치이지요. 피보나치 수는 32 페이지 를 참고하기 바랍니다.

생활 속의 금강비

1 금강비 비 $1 : \sqrt{2}$ (약 $1 : 1.4$)를 금강비라고 합니다.

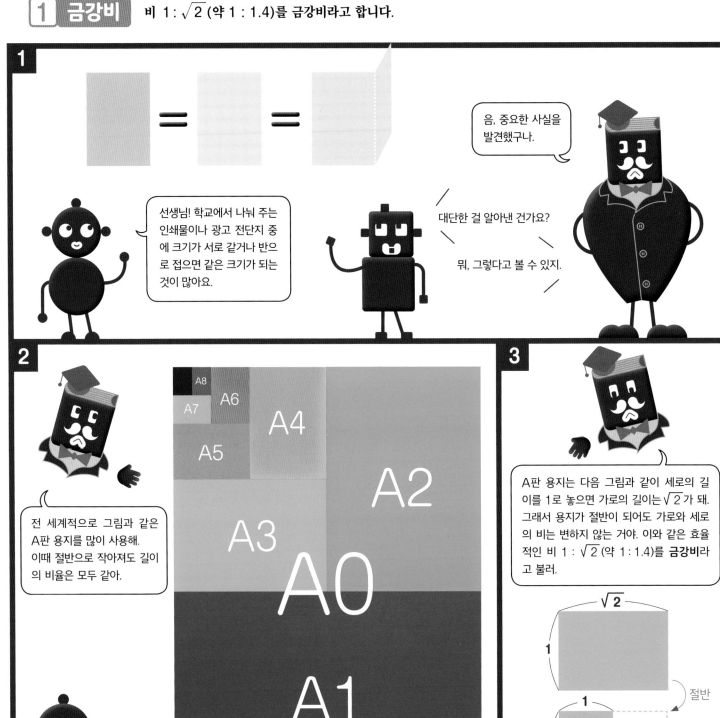

1

음, 중요한 사실을 발견했구나.

선생님! 학교에서 나눠 주는 인쇄물이나 광고 전단지 중에 크기가 서로 같거나 반으로 접으면 같은 크기가 되는 것이 많아요.

대단한 걸 알아낸 건가요?

뭐, 그렇다고 볼 수 있지.

2

전 세계적으로 그림과 같은 A판 용지를 많이 사용해. 이때 절반으로 작아져도 길이의 비율은 모두 같아.

3

A판 용지는 다음 그림과 같이 세로의 길이를 1로 놓으면 가로의 길이는 $\sqrt{2}$가 돼. 그래서 용지가 절반이 되어도 가로와 세로의 비는 변하지 않는 거야. 이와 같은 효율적인 비 $1 : \sqrt{2}$ (약 $1 : 1.4$)를 **금강비**라고 불러.

실생활에서 자주 등장하는 황금비는 전 세계의 미의 기준이기도 합니다.
이번에 소개하는 금강비도 먼 옛날부터 아름다움의 기준으로 여겨졌답니다.

제1장 **수와 연산**

73

2 생활 속의 금강비   일상 속에 숨어 있는 금강비를 살펴봅시다.

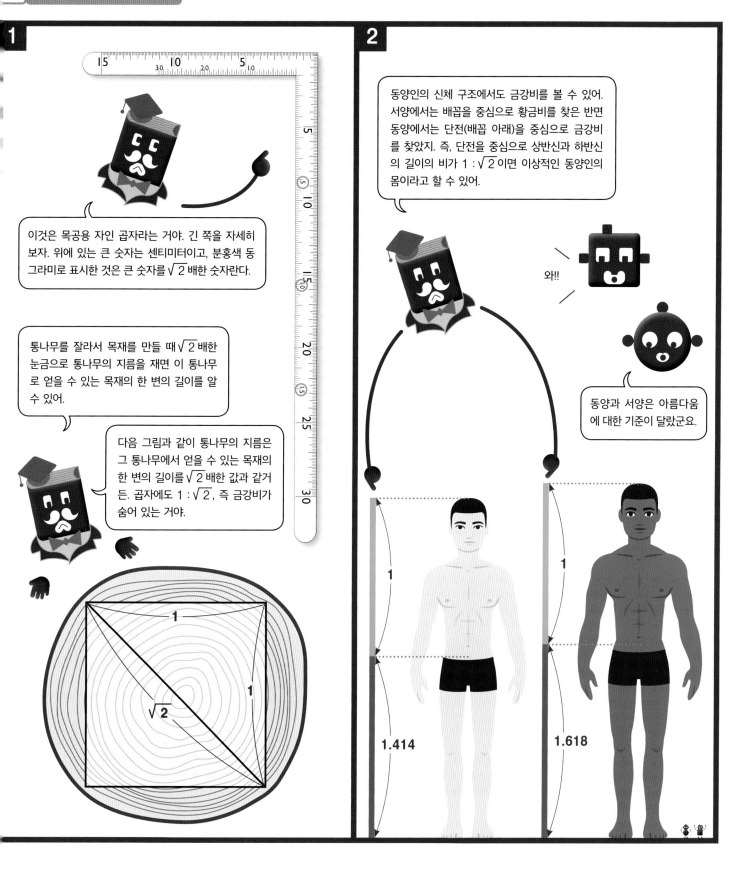

이것은 목공용 자인 곱자라는 거야. 긴 쪽을 자세히 보자. 위에 있는 큰 숫자는 센티미터이고, 분홍색 동그라미로 표시한 것은 큰 숫자를 $\sqrt{2}$ 배한 숫자란다.

통나무를 잘라서 목재를 만들 때 $\sqrt{2}$ 배한 눈금으로 통나무의 지름을 재면 이 통나무로 얻을 수 있는 목재의 한 변의 길이를 알 수 있어.

다음 그림과 같이 통나무의 지름은 그 통나무에서 얻을 수 있는 목재의 한 변의 길이를 $\sqrt{2}$ 배한 값과 같거든. 곱자에도 1 : $\sqrt{2}$, 즉 금강비가 숨어 있는 거야.

동양인의 신체 구조에서도 금강비를 볼 수 있어. 서양에서는 배꼽을 중심으로 황금비를 찾은 반면 동양에서는 단전(배꼽 아래)을 중심으로 금강비를 찾았지. 즉, 단전을 중심으로 상반신과 하반신의 길이의 비가 1 : $\sqrt{2}$ 이면 이상적인 동양인의 몸이라고 할 수 있어.

와!!

동양과 서양은 아름다움에 대한 기준이 달랐군요.

1 복소수와 복소평면

복소수

3 + 2i

제곱을 하면 −1이 되는 새로운 수를 생각하고 이것을 기호 i로 나타냅니다. 즉, $i^2 = -1$이고, 이때 i를 **허수단위**라고 합니다.

3+2i, 3−2i처럼 두 실수 a, b에 대하여 a+bi 꼴로 나타내어지는 수를 **복소수**라고 합니다. 복소수 a+bi에서 b=0이면 a+bi=a이므로 실수도 복소수이고, b≠0이면 a+bi는 **허수**가 됩니다.

b≠ 0은 b가 0이 아님을 나타내는 거야.

복소수 a + bi

실수 (b = 0)   허수 (b≠ 0)

복소평면

실수를 수직선 위의 점으로 나타내는 것처럼 복소수는 평면 위의 점으로 나타냅니다.

평면 위의 점을 좌표 86 페이지 로 나타내듯이 점 (a, b)가 복소수 a+bi를 나타낸다고 생각합니다. 이때 가로축을 실수축, 세로축을 허수축, 이 평면을 복소평면이라고 합니다.

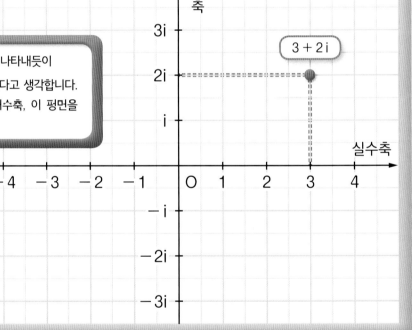

복소수의 활용

복소수를 이용하면 '회전'이라는 조작을 곱셈으로 표현할 수 있습니다. 그래서 회전 개념이 들어가는 문제에 복소수가 활용될 때가 많다고 합니다.

예를 들어 기계 공학이나 전기 공학 등에서 여러 가지 계산에 복소수가 이용됩니다.

실수의 범위에서는 제곱을 했을 때 음수가 되는 수는 없습니다.
이번에는 제곱을 하면 음수가 되는 수를 생각하여 수의 범위를 더욱 넓혀 보겠습니다.

제1장 수와 연산 **75**

② 복소평면과 회전

실수의 경우

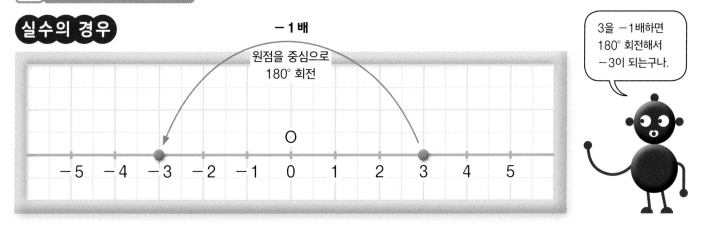

실수는 전부 수직선 위에 나타낼 수 있습니다. 수직선 위에서 3을 -1배하면 3을 나타내는 점이 원점을 중심으로 $180°$ 회전하여 -3을 나타내는 점으로 이동한다고 생각할 수도 있습니다.

복소수의 경우

복소평면의 세로축은 허수이고 3을 i배하면 $3i$이므로 이 경우 복소평면 위에서 3을 나타내는 점이 원점을 중심으로 $90°$ 회전하여 $3i$를 나타내는 허수축 위의 점으로 이동한 셈이 됩니다.

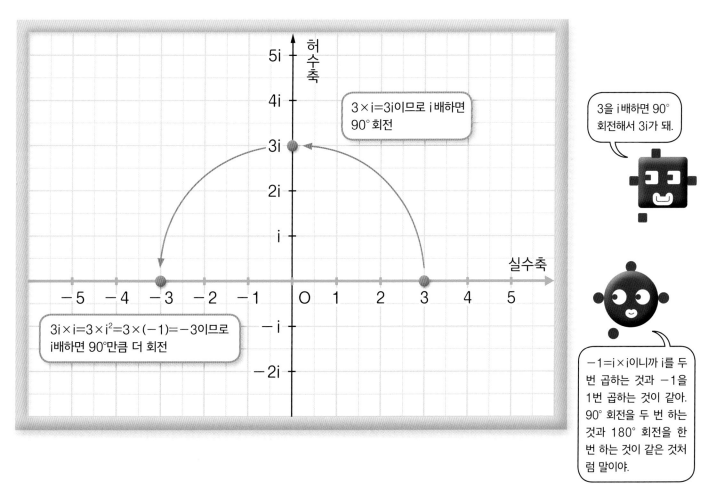

제 2 장
문자와 식 · 함수

1 문자를 사용한 식

x, y, a, b 등의 문자를 사용하여 식을 나타낼 수 있습니다. 문자를 사용하면 주어지지 않은 수량이나 일반적인 수를 나타낼 때 간단히 표현할 수 있어서 편리합니다.

문자를 사용한 식을 나타내는 방법

① 곱셈 기호 ×는 생략합니다.

② 수와 문자 사이의 곱에서는 수를 문자 앞에 씁니다.

$$60 \times a = 60a \qquad x \times 3 = 3x$$

×는 생략한다.　　　　　　　수를 앞에 적는다.

③ 같은 문자의 곱은 거듭제곱 [82 페이지] 을 사용하여 나타냅니다. 이때 문자를 곱한 횟수가 지수 [82 페이지] 입니다.

$$b \times b = b^2 \quad \text{지수} \qquad y \times y \times y = y^3$$

④ 나눗셈은 나눗셈 기호 ÷를 쓰지 않고 분수 꼴로 나타냅니다.

$$x \div 5 = \frac{x}{5}$$

$\frac{x}{5}$ 는 $\frac{1}{5}$x라고 쓸 수도 있어.

2 단항식과 다항식

60a, 3x처럼 수 또는 문자의 곱의 형태로 표시되는 식을 단항식이라고 합니다.

단항식에서 곱해진 문자의 개수를 그 식의 **차수**, 문자 이외의 수 부분을 **계수**라고 합니다.

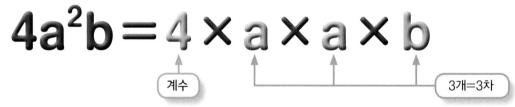

$$4a^2b = 4 \times a \times a \times b$$

계수　　　　　　　　　　　　3개=3차

100+20x, a²−3b+5처럼 단항식의 합으로 이루어진 식을 다항식이라고 합니다.

단항식 하나하나를 그 다항식의 **항**이라고 하며 각 항의 차수 중 가장 큰 것이 다항식의 차수가 됩니다.

항 중에서 특히 수만으로 이루어진 항을 **상수항**이라고 합니다.

항　　　　항　　　　항

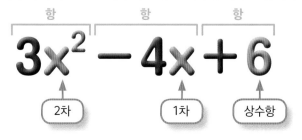

$$3x^2 - 4x + 6$$

2차　　　1차　　　상수항

이 식은 차수가 제일 큰 항의 차수가 2이니까 이차식이라고 해.

x, y와 같은 문자를 사용해서 두 수의 관계를 하나의 식으로 나타내는 경우가 있습니다.
문자를 사용해서 여러 가지 수량을 표현하는 방법을 살펴봅시다.

제2장 **문자와 식·함수**　79

3 식의 계산 ── 식 $4x-7y+2x+3y$에서 $4x$와 $2x$, $-7y$와 $3y$ 같이 문자와 차수가 같은 항들을 그 문자에 대한
동류항이라고 합니다.

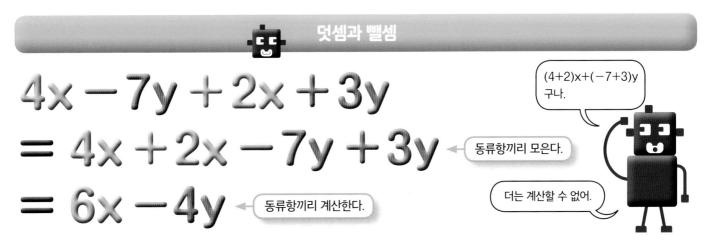

덧셈과 뺄셈

$$4x - 7y + 2x + 3y$$
$$= 4x + 2x - 7y + 3y$$ ← 동류항끼리 모은다.
$$= 6x - 4y$$ ← 동류항끼리 계산한다.

$(4+2)x+(-7+3)y$ 구나.

더는 계산할 수 없어.

곱셈

$$5x \times 6y$$
$$= 5 \times x \times 6 \times y$$
$$= 5 \times 6 \times x \times y$$
$$= 30xy$$ ← 문자의 곱 앞에 계수의 곱을 쓴다.

나눗셈

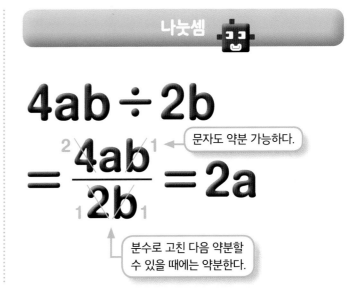

$$4ab \div 2b$$
$$= \frac{\overset{2}{\cancel{4}}a\overset{1}{\cancel{b}}}{\underset{1}{\cancel{2}}\underset{1}{\cancel{b}}} = 2a$$

문자도 약분 가능하다.

분수로 고친 다음 약분할 수 있을 때에는 약분한다.

식의 값

식에서 문자 대신 수를 넣는 것을 **대입**이라고 합니다.
또한 문자에 수를 대입하여 계산한 결과를 **식의 값**이라고 합니다.

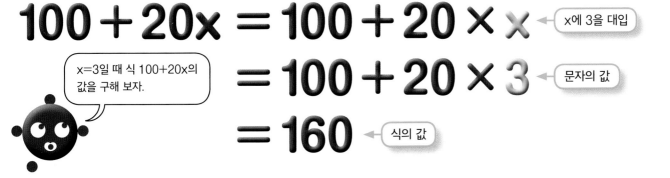

$$100 + 20x = 100 + 20 \times x$$ ← x에 3을 대입
$$= 100 + 20 \times 3$$ ← 문자의 값
$$= 160$$ ← 식의 값

x=3일 때 식 100+20x의 값을 구해 보자.

1 곱셈 공식

다항식들의 곱을 계산해서 하나의 다항식으로 나타내는 것을 전개한다고 합니다.

다항식 78 페이지➡ 의 곱으로 이루어진 식을 전개할 때 사용하는 몇 가지 공식을 알아봅시다.

(x+a)(x+b)의 전개

$$(x+a)(x+b) = x^2 + (a+b)x + ab$$

$(x+a)(x+b)$
$= x^2 + bx + ax + ab$
$= x^2 + (a+b)x + ab$

합 (a+b)

$$(x+3)(x+4) = x^2 + 7x + 12$$

곱 (ab)

곱셈 공식(1)

$$(x+a)^2 = x^2 + 2ax + a^2$$
$$(x-a)^2 = x^2 - 2ax + a^2$$

$(x+a)^2$
$= (x+a)(x+a)$
$= x^2 + (a+a)x + a^2$
$= x^2 + 2ax + a^2$

2배 (2a)

$$(x+5)^2 = x^2 + 10x + 25$$

제곱 (a^2)

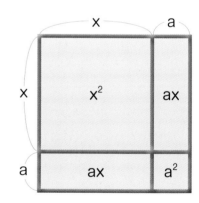

다항식의 곱셈을 빠르고 효율적으로 계산할 수 있는 공식을 소개합니다.
또한 이 공식을 역으로 이용해서 몇 가지 식을 곱셈 형태로 나타내 봅시다.

제2장 문자와 식·함수   81

곱셈 공식(2)

$$(x+a)(x-a) = x^2-a^2$$

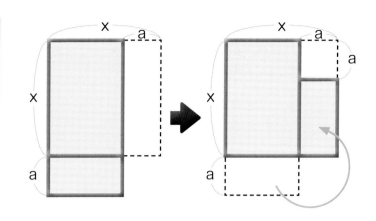

$(x+a)(x-a)$
$= x^2 - ax + ax - a^2$
$= x^2 - a^2$

2 인수분해

$(x+3)(x+4)$을 전개하면 $x^2+7x+12$가 됩니다.
반대로 $x^2+7x+12$를 $(x+3)(x+4)$와 같은 곱셈 형태로 나타내는 것을
인수분해라고 합니다.

이때 $x+3$과 $x+4$를 $x^2+7x+12$의 **인수**라고 합니다.

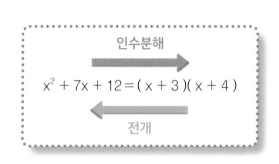

인수분해

$x^2 + 7x + 12 = (x+3)(x+4)$

전개

다항식의 각 항에 공통으로 들어 있는 인수가 있으면 그 공통인수로 묶어내어 인수분해할 수 있습니다.

$$6x^2 + 15x = 3x \times 2x + 3x \times 5$$
$$= 3x(2x+5)$$

공통인수 $3x$

인수분해 공식

1 $x^2+(a+b)x+ab = (x+a)(x+b)$
2 $x^2+2ax+a^2 = (x+a)^2$ $x^2-2ax+a^2 = (x-a)^2$
3 $x^2-a^2 = (x+a)(x-a)$

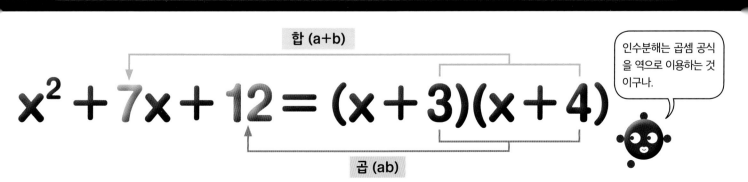

합 $(a+b)$

$$x^2 + 7x + 12 = (x+3)(x+4)$$

곱 (ab)

인수분해는 곱셈 공식을 역으로 이용하는 것이구나.

1 거듭제곱

5×5, 5×5×5와 같이 같은 수를 여러 번 곱한 것을 그 수의 거듭제곱이라고 합니다.

$$5 \times 5 = 5^2$$ 5의 제곱

$$5 \times 5 \times 5 = 5^3$$ 5의 세제곱

m^2은 제곱미터, m^3은 세제곱미터야.

곱한 개수를 나타내는 오른쪽 위 작은 수를 거듭제곱의 지수라고 합니다.

3개

$$5 \times 5 \times 5 = 5^3$$

지수

2 지수법칙

거듭제곱을 계산할 때에는 다음과 같은 규칙을 따라야 합니다.

$2 + 3 = 5$

$$4^2 \times 4^3 = (4 \times 4) \times (4 \times 4 \times 4) = 4^5$$

$5 - 2 = 3$

$$4^5 \div 4^2 = \frac{4 \times 4 \times 4 \times 4 \times 4}{4 \times 4} = 4^3$$

$2 \times 3 = 6$

$$(4^2)^3 = (4 \times 4) \times (4 \times 4) \times (4 \times 4) = 4^6$$

같은 수를 여러 번 곱하는 곱셈에 대해 알아보겠습니다.
이와 같은 곱셈에 의해 폭발적으로 커지는 수의 크기를 가늠해 봅시다.

➡112 페이지
지수함수

제2장 **문자와 식·함수**

83

지수법칙

m, n이 자연수일 때 다음 지수법칙이 성립합니다.

1 $a^m \times a^n = a^{m+n}$, $a^m \div a^n = a^{m-n}$

2 $(a^m)^n = a^{mn}$

3 $(ab)^m = a^m b^m$

$a^2 \times a^3 \neq a^{2 \times 3}$처럼 계산하지 않도록 조심해.

$$(4x^2y^3)^2 = 4^2 \times (x^2)^2 \times (y^3)^2 = 16x^4y^6$$

종이를 계속 접을 수 있다면?

두께가 0.1mm인 종이를 계속 접으면 두께가 얼마나 될지 생각해 보겠습니다.

종이를 여러 번 접을 때의 두께는 단순히 종이 여러 장을 겹칠 때의 두께와 늘어나는 차원이 다릅니다.

두께가 0.1mm인 종이를 6장 겹칠 때 그 두께는

$$0.1 \times 6 = 0.6$$

즉, 0.6mm입니다.

하지만 0.1mm인 종이를 6회 접을 때 그 두께는

$$0.1 \times 2 \times 2 \times 2 \times 2 \times 2 \times 2 = 0.1 \times 2^6 = 6.4$$

즉, 6.4mm가 됩니다.

종이를 한없이 접을 수 있다고 가정했을 때 그 두께는 오른쪽 표와 같습니다. 거듭제곱의 값이 얼마나 커지는지 알 수 있지요.

0.1×2^{42}을 계산하면 약 43만km입니다. 따라서 이론적으로는 두께가 0.1mm인 종이를 42회 접으면 지구에서 달까지의 거리인 38만km를 넘게 되는 것이지요.

14회 접으면 사람의 키 정도가 된다.

20회 접으면 높이가 100m를 넘긴다.

25회 접으면 백두산(2744m)보다 높아진다.

종이를 접는 횟수와 그 두께

횟수	mm	m
0	0.1	0.0001
1	0.2	0.0002
2	0.4	0.0004
3	0.8	0.0008
4	1.6	0.0016
5	3.2	0.0032
6	6.4	0.0064
7	12.8	0.0128
8	25.6	0.0256
9	51.2	0.0512
10	102.4	0.1024
11	204.8	0.2048
12	409.6	0.4096
13	819.2	0.8192
14	1638.4	1.6384
15	3276.8	3.2768
16	6553.6	6.5536
17	13107.2	13.1072
18	26214.4	26.2144
19	52428.8	52.4288
20	104857.6	104.8576
21	209715.2	209.7152
22	419430.4	419.4304
23	838860.8	838.8608
24	1677721.6	1677.7216
25	3355443.2	3355.4432
26	6710886.4	6710.8864

1 로그

$5 \times 5 \times 5 = 5^3 = 125$와 같이 같은 수를 곱하는 곱셈은 지수 82 페이지 를 사용해서 나타냈습니다.
이것은 '5를 125로 만드는 지수는 3이다'라고 말할 수 있습니다.

위 문장을 '3은 5를 125로 만드는 지수이다'로 바꿔서 다음과 같이 표현합니다.

$$125 = 5^3 \iff 3 = \log_5 125$$

이때 3을 5를 **밑**으로 하는 125의 **로그**라고 하며 125를 $\log_5 125$의 **진수**라고 합니다.

$$M = a^p \iff p = \log_a M$$

로그는 지수의 형태를 바꾼 거야.

로그 / 밑 / 진수

몇 자리의 수인지 알 수 있는 상용로그

10을 밑으로 하는 로그를 **상용로그**라고 합니다.
상용로그 $\log_{10} M$을 이용하면 M이 몇 자리의 수인지 알 수 있습니다. 그 원리를 살펴봅시다.
세 자리의 정수는 100~999이고, 네 자리의 정수는 1000~9999입니다. 이를 부등호 13 페이지 로 나타내면
세 자리의 정수 X는 $100 \leq X < 1000$, 네 자리의 정수 Y는 $1000 \leq Y < 10000$이 됩니다.
100은 10^2, 1000은 10^3, 10000은 10^4이므로

$$10^2 \leq X < 10^3 \qquad\qquad 10^3 \leq Y < 10^4$$

으로 나타낼 수도 있습니다.
각 변에 모두 상용로그 $\log_{10}$을 씌워 보겠습니다. $\log_{10}$을 씌워도 대소 관계는 변하지 않으므로

$$\log_{10} 10^2 \leq \log_{10} X < \log_{10} 10^3 \qquad \log_{10} 10^3 \leq \log_{10} Y < \log_{10} 10^4$$

입니다. $\log_{10} 10^2$의 의미는 '10을 몇 제곱하면 10^2이 되는가?'이므로 $\log_{10} 10^2 = 2$입니다.
마찬가지로 $\log_{10} 10^3 = 3$, $\log_{10} 10^4 = 4$이므로

$$2 \leq \log_{10} X < 3 \qquad\qquad 3 \leq \log_{10} Y < 4$$

가 됩니다. 이때 **3**자리의 정수 X에 $\log_{10}$을 씌운 $\log_{10} X$의 값은 2 이상 3 미만이고,
4자리의 정수 Y에 $\log_{10}$을 씌운 $\log_{10} Y$의 값은 3 이상 4 미만임을 알 수 있습니다.
이를 일반화하면 '$n-1 \leq \log_{10} M < n$일 때 M은 **n**자리의 정수가 된다'는 사실을 유추할 수 있습니다.

거듭제곱은 값이 매우 커져서 계산이 쉽지 않습니다. 이번에 소개하는 로그를 이용하면 큰 수의 계산이나 값을 좀 더 빠르게 구할 수 있습니다.

➡️ 116 페이지
로그함수

제2장 **문자와 식·함수** **85**

2 로그의 활용

다음 로그의 성질을 이용해 몇 세대 전으로 내려가면 조상이 몇 명이 되는지 생각해 봅시다.

로그의 성질

$$\log_a M^p = p \log_a M$$

예 $\log_5 125 = \log_5 5^3 = 3\log_5 5 = 3 \times 1 = 3$

어느 가문의 조상이 각 세대마다 30세에 아이를 낳았다고 가정해 봅시다.

그러면 2010년에 태어난 아이의 부모는 1980년생이고, 부모의 부모는 1950년생이 됩니다.

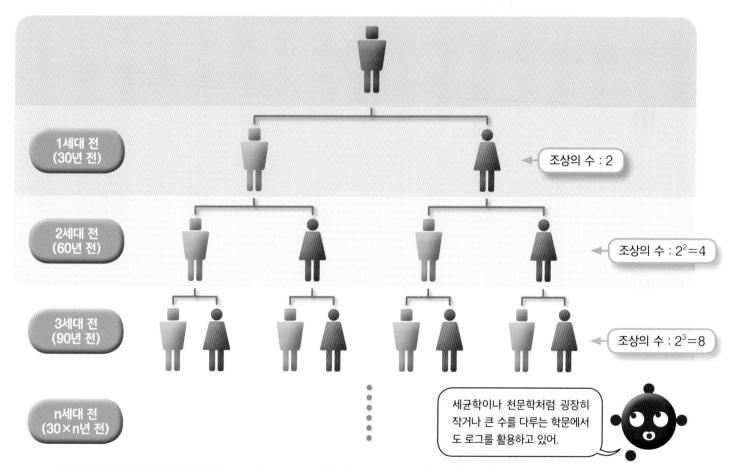

1세대 전
(30년 전)

조상의 수 : 2

2세대 전
(60년 전)

조상의 수 : $2^2 = 4$

3세대 전
(90년 전)

조상의 수 : $2^3 = 8$

n세대 전
(30×n년 전)

세균학이나 천문학처럼 굉장히 작거나 큰 수를 다루는 학문에서도 로그를 활용하고 있어.

년	2010년으로부터	거슬러 올라간 세대 수	조상의 수
1980	30년 전	1	$2^1 = 2$
1800	210년 전	7	$2^7 = 128$
1500	510년 전	17	2^{17}
600	1410년 전	47	2^{47}
0	2010년 전	67	2^{67}

로그를 이용해 2^{17}이 얼마나 큰 값인지 생각해 봅시다.

$\log_{10} 2 = 0.3010$을 이용하면 로그의 성질에 의해

$\log_{10} 2^{17} = 17 \times \log_{10} 2 = 17 \times 0.3010 = 5.117$

즉, $5 < \log_{10} 2^{17} < 6$

앞의 상용로그 이야기를 읽어 보면 2^{17}은 여섯 자리의 정수임을 알 수 있습니다. 약 500년 전 이 가문의 조상은 모두 수십만 명이나 되는 셈입니다.

1 순서쌍과 좌표

직선 위에 점을 나타내려면 수직선 26 페이지 **, 평면 위에 점을 나타내려면 xy평면을 사용합니다.**

수직선은 직선 위에 기준이 되는 점 O(원점)와 1에 대응하는 점 E를 정하여 두 점 O, E를 바탕으로 눈금을 찍은 것입니다.

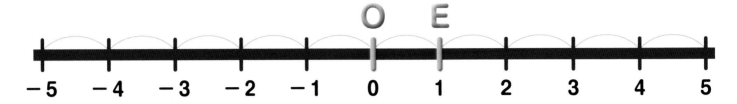

평면 위에 각 원점이 직각으로 만나도록 두 수직선을 그립니다. 이 두 수직선을 **좌표축**이라고 하며, 가로축을 **x축**, 세로축을 **y축**이라고 부릅니다. 또 이 평면을 **좌표평면**이라고 합니다.

좌표평면 위의 임의의 점 P에서 x축, y축에 내린 수선 170 페이지 이 각각 x축, y축과 만나는 점을 나타내는 수를 a, b라고 하면 **순서쌍** (a, b)가 하나 정해집니다. 이 순서쌍 (a, b)를 점 P의 **좌표**라 하고 기호로 P(a, b)와 같이 나타냅니다.

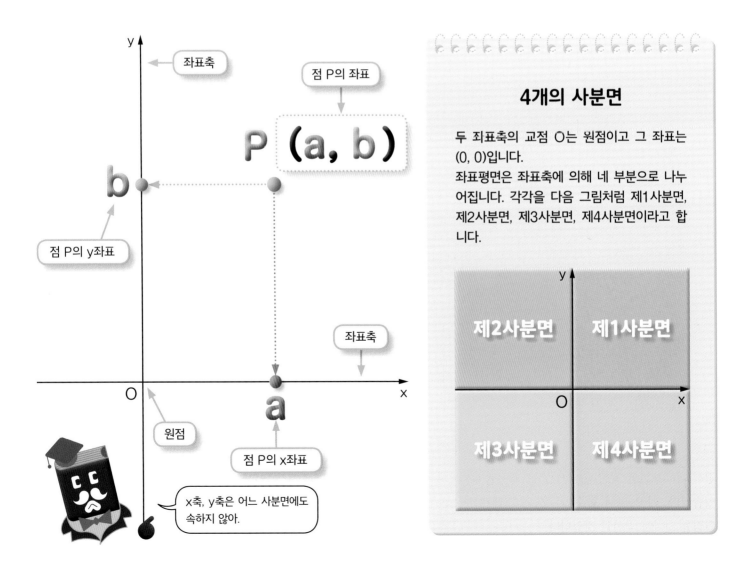

점 P의 좌표

P (a, b)

좌표축

점 P의 y좌표

원점

점 P의 x좌표

x축, y축은 어느 사분면에도 속하지 않아.

4개의 사분면

두 좌표축의 교점 O는 원점이고 그 좌표는 (0, 0)입니다.

좌표평면은 좌표축에 의해 네 부분으로 나누어집니다. 각각을 다음 그림처럼 제1사분면, 제2사분면, 제3사분면, 제4사분면이라고 합니다.

제2사분면 | 제1사분면

제3사분면 | 제4사분면

수학자들은 점의 위치를 정확히 표현하기 위해 오래 전부터 여러 방법을 연구해 왔습니다.
이번에는 점의 위치를 나타내는 순서쌍, 즉 좌표에 대해 알아봅시다.

제2장 문자와 식·함수   87

2 함수의 그래프

x의 값이 정해지면 그에 따라 y의 값이 오직 하나씩 정해질 때, y를 x의 함수라고 합니다.

일반적으로 y를 나타내는 x의 식을 f(x)라고 씁니다.

함수 y=f(x)에 대해 순서쌍 (x, y)를 좌표로 하는 모든 점을 좌표평면 위에 나타낸 것을 이 **함수의 그래프**라고 합니다.
순서쌍을 좌표평면 위에 나타내면 함수의 특징을 파악하기 쉬워집니다.

함수 y=2x의 그래프

다음 표와 같이 함수 y=2x에 대하여 x의 값에 대응하는 y의 값을 구합니다.

x	⋯	−4	−3	−2	−1	0	1	2	3	4	⋯
y	⋯	−8	−6	−4	−2	0	2	4	6	8	⋯

이어서 x와 y의 값의 순서쌍을 좌표로 하는 다음 점을 좌표평면 위에 찍습니다.

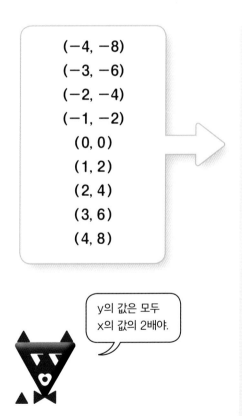

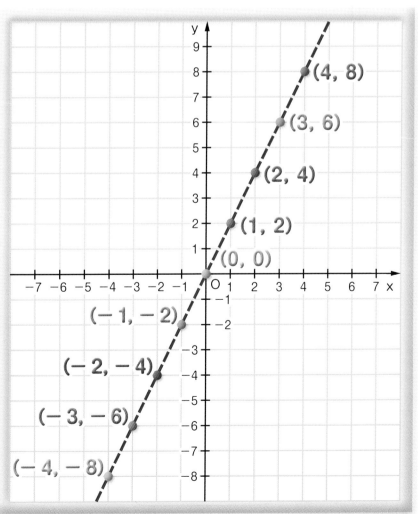

y의 값은 모두
x의 값의 2배야.

x의 값의 간격을 좀 더 좁게 구하면 그 점들이
점선으로 표시된 직선 위에 있음을 확인할 수
있습니다. 다시 말해 함수 y=2x의 그래프는
원점을 지나는 직선인 것입니다.

1 정비례의 뜻

 두 양 x, y에서 x가 2배, 3배, 4배, …로 변함에 따라 y도 2배, 3배, 4배, …로 변하는 관계가 있으면 x와 y는 **정비례**한다고 합니다.

함수 y=2x를 살펴보면 x와 y는 정비례함을 알 수 있습니다.

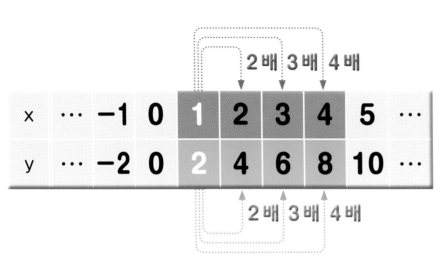

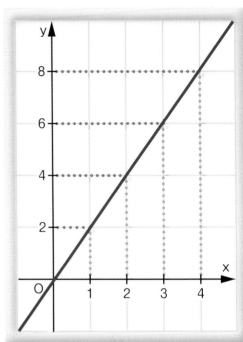

 y가 x에 대한 함수이고 y=ax(a는 0이 아닌 상수)일 때, x와 y는 정비례하며 a를 **비례상수**라고 합니다.

비례상수는 x=1일 때의
y의 값과 같아.
함수 y=ax의 그래프에서
x : y=1 : a가 돼.

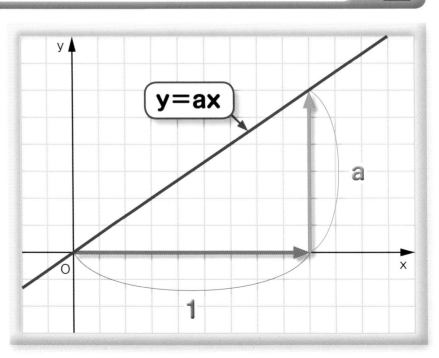

2 함수 y=ax의 그래프

비례상수가 분수 꼴일 때　　함수 $y = \dfrac{2}{3}x$의 그래프

x	…	−3	−2	−1	0	1	2	3	…
y	…	−2	$-\dfrac{4}{3}$	$-\dfrac{2}{3}$	0	$\dfrac{2}{3}$	$\dfrac{4}{3}$	2	…

비례상수가 음수일 때　　함수 $y = -2x$의 그래프

x	…	−3	−2	−1	0	1	2	3	…
y	…	6	4	2	0	−2	−4	−6	…

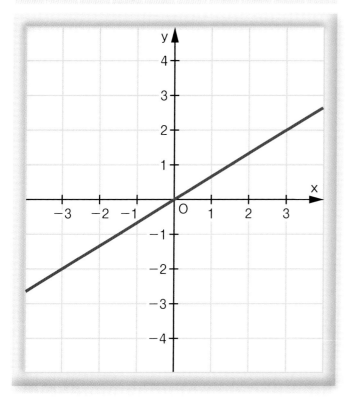

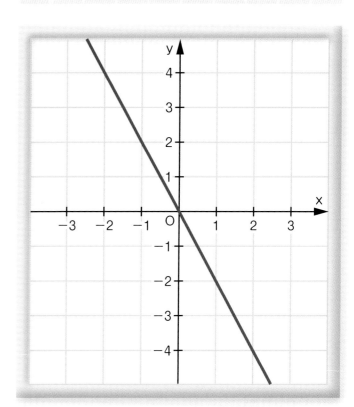

비례상수는 그래프가 기울어진 정도를 나타내므로 **기울기**라고 부릅니다.

즉, 함수 y=ax의 그래프는 원점을 지나고 기울기가 a인 직선이 됩니다.

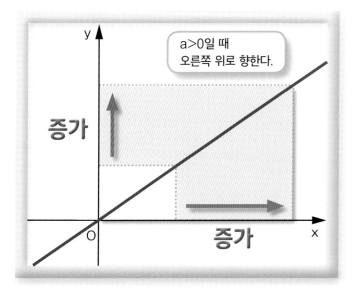

a>0일 때
오른쪽 위로 향한다.

증가
증가

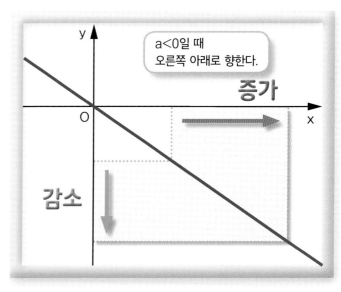

a<0일 때
오른쪽 아래로 향한다.

증가
감소

1 키의 추정

뼈의 일부분으로 키를 추정해 봅시다.

1

우와! 그게 뭐예요?

이건 고대인의 뼈(넓적다리뼈)야. 길이가 40.5cm이지.

이게 바로 넓적다리뼈야.

2

인간의 골격도

3

이 뼈를 가지고 고대인의 키를 추정해 보자.

40.5cm

네? 정말 뼈 하나로 키를 알 수 있어요? 어떻게요?

넓적다리뼈

4

정비례의 개념을 적용하면 쉽게 추정할 수 있어. 먼저 이 표를 봐. 현대인의 키와 넓적다리뼈 길이의 관계를 나타낸 표란다.

번호	넓적다리뼈 길이 (mm)	키(mm)
1	334	1380
2	420	1702
3	363	1572
4	429	1688
5	455	1788
6	377	1502
7	416	1601
8	393	1558
9	366	1446
10	398	1564

9번 사람은 키가 1446mm이고 넓적다리뼈는 366mm네요.

5

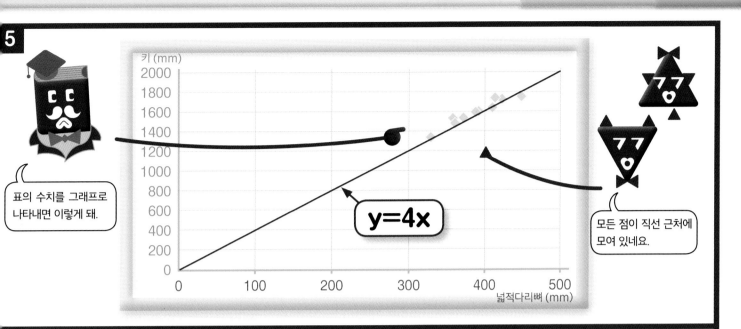

표의 수치를 그래프로 나타내면 이렇게 돼.

$y=4x$

모든 점이 직선 근처에 모여 있네요.

키 (mm)

넓적다리뼈 (mm)

6

맞아!
이 그래프를 보면 키를 ymm, 넓적다리뼈 길이를 xmm라고 할 때 대략

$$y=4x$$

의 관계임을 알 수 있지.

고대인의 넓적다리뼈 길이는 40.5cm이니까

405mm

따라서

$$y=4\times405\\=1620$$

그러니까 이 뼈의 주인의 키는 1620mm, 즉 162cm 였다고 추정할 수 있어.

그렇구나!

7

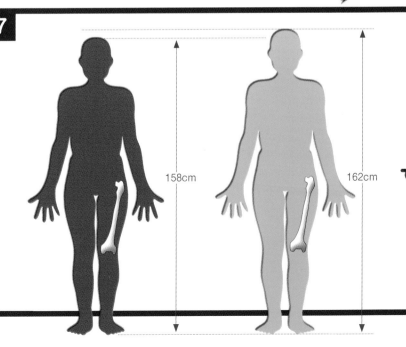

158cm   162cm

고대인의 키의 평균은 158cm(1580mm)로 추정되고 있어. 따라서 이 뼈의 주인은 키가 큰 편에 속했다고 생각할 수 있지.

1 반비례의 뜻

 두 양 x, y에서 x가 2배, 3배, 4배, …로 변함에 따라 y는 $\frac{1}{2}$배, $\frac{1}{3}$배, $\frac{1}{4}$배, …로 변하는 관계가 있으면 x와 y는 **반비례**한다고 합니다.

넓이가 24cm²인 직사각형의 가로와 세로의 길이의 관계를 살펴봅시다.

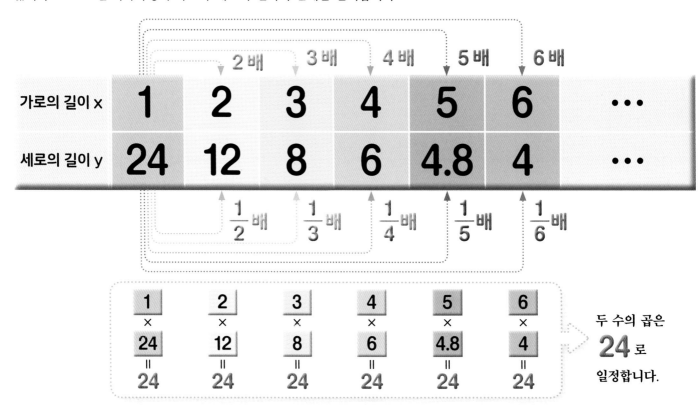

x, y의 순서쌍을 좌표로 하는 점을 좌표평면 위에 나타내면 왼쪽 그림과 같습니다.

y가 x에 대한 함수이고 $y = \frac{a}{x}$ (a은 0이 아닌 상수)일 때, x와 y는 **반비례**하며 a를 **비례상수**라고 합니다.

x와 y의 곱은 일정하며, 그 값은 비례상수와 같습니다.

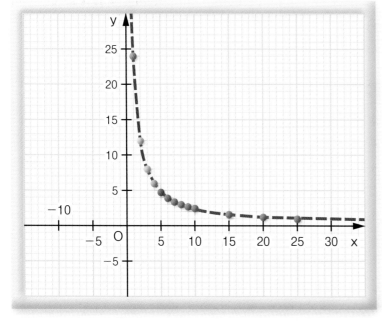

x가 분모에 있는 것이 정비례 식과 다른 점이구나.

변하는 두 양의 곱이 일정할 때, 그 두 양은 반비례한다고 말합니다.
수학적으로 두 수의 관계를 생각할 때 기본적인 관점 중 하나이지요.

2 함수 $y = \dfrac{a}{x}$ 의 그래프

함수 $y = \dfrac{6}{x}$ 의 그래프를 그리는 방법을 생각해 봅시다.

다음과 같은 표를 만들고 x, y의 순서쌍을 좌표로 하는 점을 좌표평면 위에 찍습니다.

x	$\cdots$	-6	-5	-4	-3	-2	-1	0	1	2	3	4	5	6	$\cdots$
y	$\cdots$	-1	-1.2	-1.5	-2	-3	-6	$\times$	6	3	2	1.5	1.2	1	$\cdots$

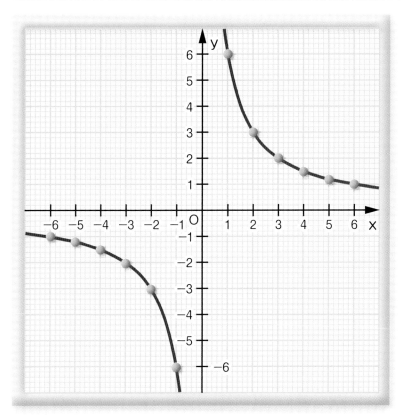

이를 바탕으로 그래프를 그리면 왼쪽 그림과
같은 한 쌍의 매끄러운 곡선이 됩니다.

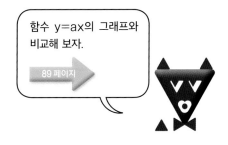

함수 $y=ax$의 그래프와
비교해 보자.

89 페이지

함수 $y = \dfrac{a}{x}$의 그래프는 쌍곡선이라고 부르는 곡선이 됩니다. 이 그래프는 x축, y축에 각각 한없이 가까워지지만 만나지는 않습니다. x축, y축처럼 그래프가 어떤 직선에 한없이 가까워질 때 이 직선을 그래프의 **점근선**이라고 합니다.

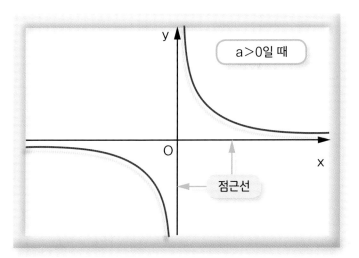

a>0일 때

점근선

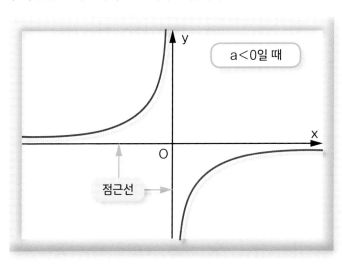

a<0일 때

점근선

1 택배 운임표와 함수

택배는 작은 짐부터 큰 짐까지 여러 곳으로 배달해 주는 편리한 서비스입니다.
어느 운송 회사는 물품을 담은 상자의 가로와 세로, 높이의 합을 기준으로 오른
쪽 표와 같이 운송료를 정했습니다.

가로, 세로, 높이의 합을 xcm, 운송료를 y원이라고 놓겠습니다.
x의 값을 정하면 이에 대응하여 y의 값도 오직 하나씩 정해지므로 y는 x의 함
수가 됩니다.
이를 그래프로 나타내면 다음과 같습니다.

총 길이 xcm	운송료 y원
60cm까지	12000원
80cm까지	14000원
100cm까지	16000원
120cm까지	18000원
140cm까지	20000원
160cm까지	22000원
170cm까지	24000원

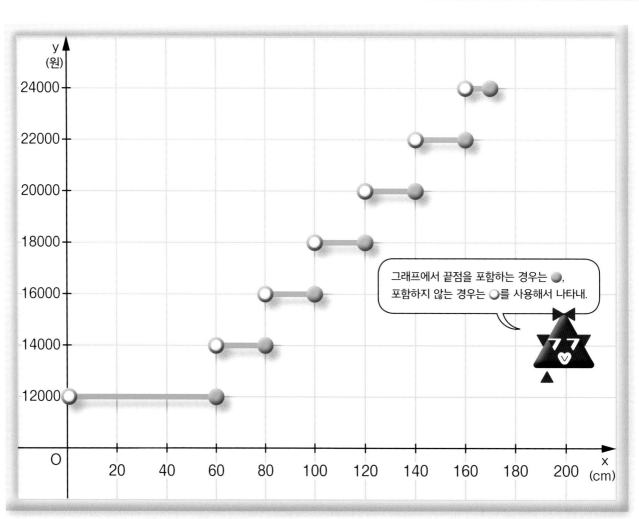

그래프에서 끝점을 포함하는 경우는 ●,
포함하지 않는 경우는 ○를 사용해서 나타내.

이와 같이 y의 값이 띄엄띄엄 떨어진 그래프로 표현되는 함수도 있습니다.

함수라는 개념은 현실 세계에 수학을 응용할 때 중요한 열쇠 역할을 합니다.
이번에는 실생활에서 함수가 사용되고 있는 예를 소개합니다.

제2장 **문자와 식·함수**   **95**

2 기차의 거리별 운임표를 통해 보는 함수와 그래프

다음 표는 어느 철도 회사의 승차역에서 하차역까지의 거리별 운임을 나타낸 것입니다.

거리(km)	3km까지	6km까지	10km까지	15km까지	20km까지	25km까지
운임(원)	1400	1800	2000	2300	3200	4000
거리(km)	30km까지	35km까지	40km까지	45km까지	50km까지	60km까지
운임(원)	4800	5700	6500	7400	8200	9500

거리와 운임의 관계를 그래프로 나타내면 다음과 같습니다.

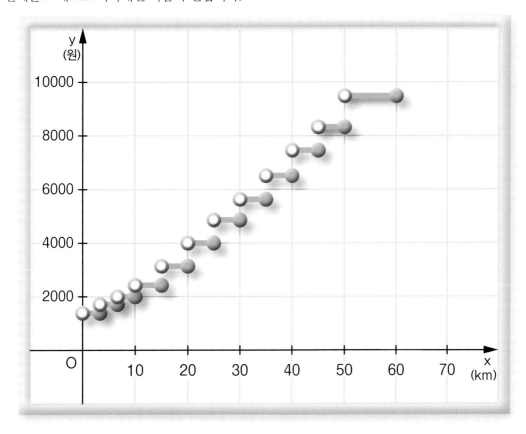

 그래프가 계단처럼 생겨서 이와 같은 함수를 계단함수라고 부르기도 합니다.

가우스 기호

카를 프리드리히 가우스가 사용했다고 하는 가우스 기호 [x](x를 넘지 않는 가장 큰 정수)는 우리나라와 일본, 중국,
독일 등에서 자주 쓰고 있습니다. 예를 들어 2와 가까운 수 1.999에 가우스 기호를 씌우면 [1.999]=1이 됩니다.
함수 y=[x]도 그래프가 계단 모양이 되는 계단함수 중 하나입니다.

1 일차함수의 그래프

함수 y=f(x)에서 y가 x에 대한 일차식 y=ax+b(a, b는 상수, a≠0)으로 나타날 때, 이 함수를 x에 대한 **일차함수**라고 합니다.
b=0일 경우 y=ax이며 이때 x와 y는 정비례합니다.

> 함수 $y=\dfrac{1}{2}x+3$의 그래프

x	⋯	−2	−1	0	1	2	3	4	⋯
$\dfrac{1}{2}x$	⋯	−1	$-\dfrac{1}{2}$	0	$\dfrac{1}{2}$	1	$\dfrac{3}{2}$	2	⋯
		↓+3	↓+3	↓+3	↓+3	↓+3	↓+3	↓+3	
$\dfrac{1}{2}x+3$	⋯	2	$\dfrac{5}{2}$	3	$\dfrac{7}{2}$	4	$\dfrac{9}{2}$	5	⋯

함수 $y=\dfrac{1}{2}x+3$의 그래프는

함수 $y=\dfrac{1}{2}x$의 그래프를 y축의

방향으로 3만큼 평행이동

166 페이지 한 직선입니다.

이때 y축과 만나는 점의 y좌표를
그래프의 **y절편**이라고 합니다.

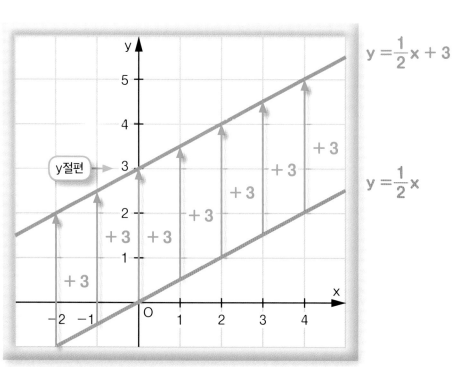

이때 y축과 만나는 점의 y좌표를

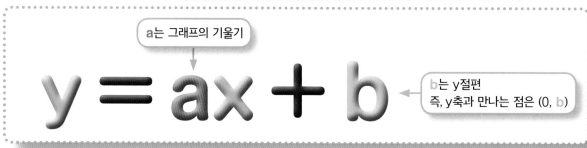

a는 그래프의 기울기

$$y = ax + b$$

b는 y절편
즉, y축과 만나는 점은 (0, b)

우리 주변에는 일차함수로 볼 수 있는 현상이 무수히 많습니다.
기본적인 함수인 일차함수에 대해 알아보겠습니다.

일차함수 $y=ax+b$에서 a와 b의 값을 바꾸면서 그래프를 그려 봅시다.

$y=ax+2$ a의 값을 바꾸어 봅니다.

$y=\dfrac{1}{2}x+b$ b의 값을 바꾸어 봅니다.

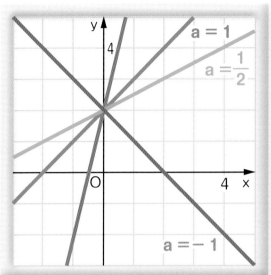

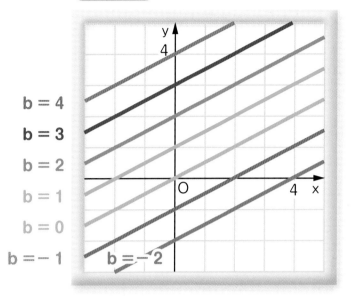

> 일차함수 $y=ax+b$의 그래프는 기울기가 a, y절편이 b인 직선으로서 $a>0$일 때 오른쪽 위로 향하며 $a<0$일 때 오른쪽 아래로 향합니다. 또 함수 $y=ax$의 그래프를 y축의 방향으로 b만큼 평행이동한 직선이기도 합니다.

2 기울기

직선 $y=ax+b$ 위의 고정된 점을 (x_1, y_1), 임의의 점을 (x, y)로 놓겠습니다.

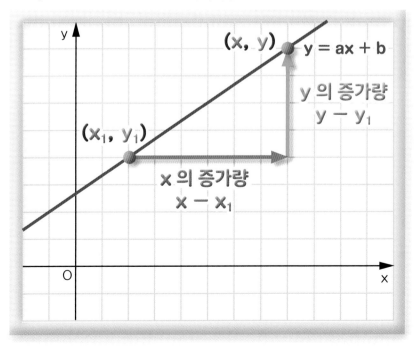

점 (x_1, y_1)은 직선 $y=ax+b$ 위의 점이므로
$$y_1=ax_1+b \quad \cdots ①$$
점 (x, y)도 직선 $y=ax+b$ 위의 점이므로
$$y=ax+b \quad \cdots ②$$
이때 x의 증가량에 대한 y의 **증가량의 비율**을 구해 봅시다.

$$(증가량의 비율)=\dfrac{(y의 증가량)}{(x의 증가량)}$$

$$=\dfrac{y-y_1}{x-x_1}$$ *y, y_1에 ①, ②를 각각 대입한다.*

$$=\dfrac{ax+b-(ax_1+b)}{x-x_1}$$

$$=\dfrac{a(x-x_1)}{x-x_1}=a \ (일정)$$

일차함수 $y=ax+b$에서 x와 y의 증가량의 비율은 a로 일정하며 a를 이 일차함수의 기울기라고 합니다.

1 일차방정식

 문자에 어떤 값을 대입하느냐에 따라 참이 되기도 하고 거짓이 되기도 하는 등식을 **방정식**이라고 합니다.
방정식을 참이 되게 하는 문자의 값을 방정식의 **해**라고 하며, 해를 구하는 것을 방정식을 푼다고 합니다.

접시저울의 왼쪽에는 같은 초콜릿 2개와 1g짜리 무게추 1개를, 오른쪽에는 1g짜리 무게추 11개를 놓았더니 저울이 평형을 이루었습니다. 초콜릿 1개의 무게를 구해 봅시다.

초콜릿 1개의 무게를 **x**[g]이라고 하면 **2x+1=11**과 같은 식을 세울 수 있습니다.

미지수

등식은 등호를 사용해서 수량 사이의 관계를 나타낸 식이야.

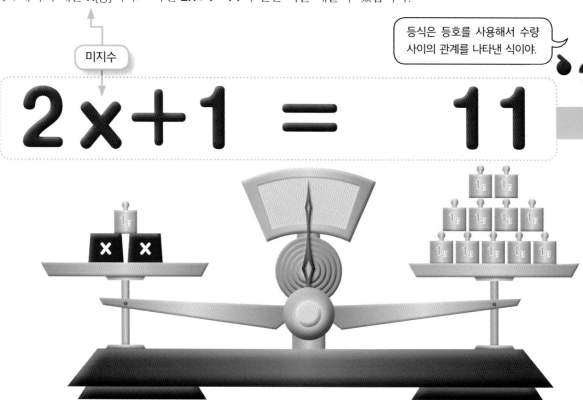

$$2x+1 = 11$$

등식의 성질

2x=10처럼 ax=b(a≠0) 꼴의 방정식을 **일차방정식**이라고 합니다.
방정식을 변형할 때에는 다음과 같은 등식의 성질을 이용합니다.

A＝B이면

❶ 등식의 양변에 같은 수를 더하여도 등식은 성립한다.　　A＋C＝B＋C

❷ 등식의 양변에서 같은 수를 빼어도 등식은 성립한다.　　A－C＝B－C

❸ 등식의 양변에 같은 수를 곱하여도 등식은 성립한다.　　A×C＝B×C

❹ 등식의 양변을 0이 아닌 같은 수로 나누어도 등식은 성립한다.　　A÷C＝B÷C　(C≠0)

실생활에서 방정식을 활용하면 해결할 수 있는 문제가 많습니다.
이번에는 일차방정식을 풀기 위한 등식의 기본 성질을 확인하겠습니다.

등식의 한 변에 있는 항은 그 항의 부호를 바꿔서 다른 변으로 옮길 수 있습니다. 이를 **이항**이라고 합니다.

예를 들어 $2x \boxed{+1} = 11 \longrightarrow 2x = 11 \boxed{-1}$

좌변에서 우변으로 이항하면 부호가 바뀐다.

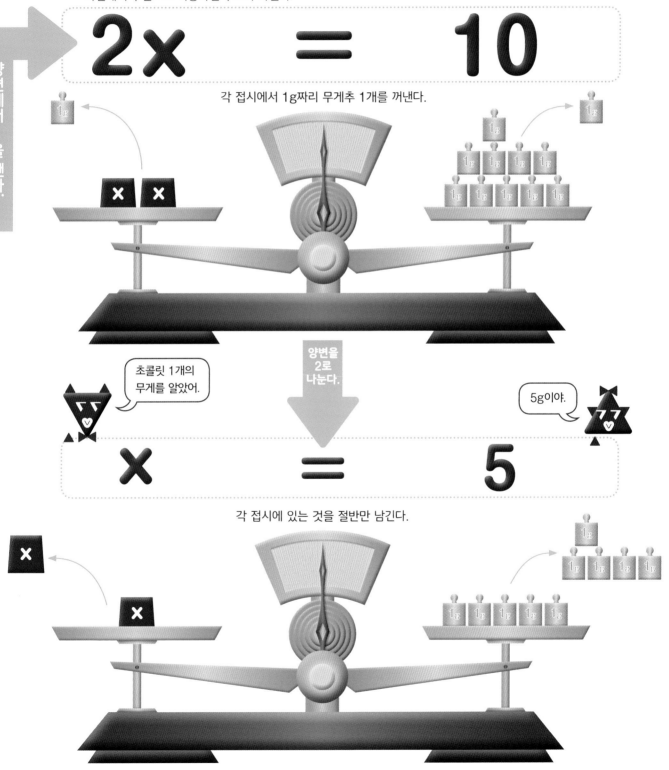

1 부등식의 성질

부등호  를 사용하여 수량 사이의
대소 관계를 나타낸 식을 부등식이라고 합니다.

두 수 a, b의 대소 관계가 a<b일 때 a, b를
수직선에 나타내면 다음과 같습니다.

부등호의 종류

$x < 1$
x는 1보다 작다

$x > 1$
x는 1보다 크다.

$x \leq 1$
x는 1보다 작거나 같다.

$x \geq 1$
x는 1보다 크거나 같다.

이때 양변에 2를 더한 수(a+2, b+2)와 양변에서 2를 뺀 수(a−2, b−2)의 대소 관계를 각각 수직선에 나타내 보겠습니다.

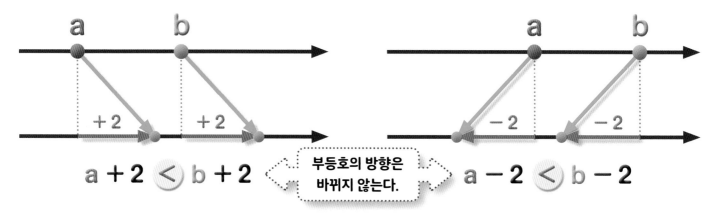

$a + 2 < b + 2$

부등호의 방향은 바뀌지 않는다.

$a - 2 < b - 2$

0 <a<b일 때, 양변에 **양수** 2를 곱한 수(2a, 2b)와 양변을 **양수** 2로 나눈 수 ($\frac{a}{2}$, $\frac{b}{2}$)의 대소 관계를 각각 수직선에 나타내 보겠습니다.

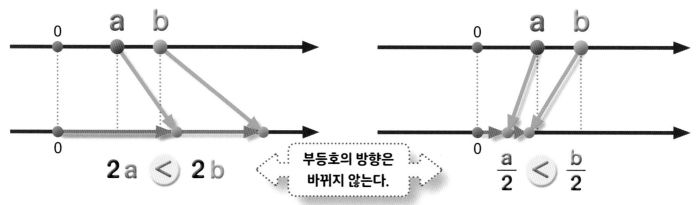

$2a < 2b$

부등호의 방향은 바뀌지 않는다.

$\frac{a}{2} < \frac{b}{2}$

$0<a<b$일 때, 양변에 음수 -2를 곱한 수$(-2a, -2b)$와 양변을 음수 -2로 나눈 수$(-\dfrac{a}{2}, -\dfrac{b}{2})$의 대소 관계를 각각 수직선에 나타내 보겠습니다.

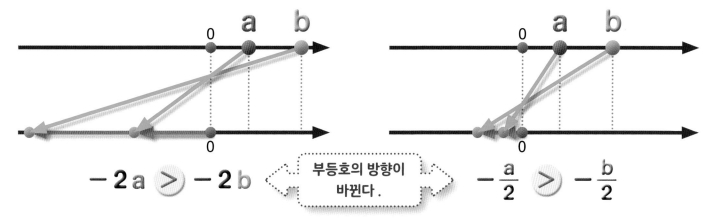

$$-2a > -2b$$

부등호의 방향이 바뀐다.

$$-\frac{a}{2} > -\frac{b}{2}$$

부등식의 성질

❶ $A<B$이면 $A+C<B+C, A-C<B-C$
   양변에 같은 수를 더하거나 빼어도 부등호의 방향은 바뀌지 않는다.

❷ $A<B, C>0$이면 $AC<BC, \dfrac{A}{C} < \dfrac{B}{C}$
   양변에 같은 양수를 곱하거나 양변을 같은 양수로 나누어도 부등호의 방향은 바뀌지 않는다.

❸ $A<B, C<0$이면 $AC>BC, \dfrac{A}{C} > \dfrac{B}{C}$
   양변에 같은 **음수를 곱하거나** 양변을 같은 **음수로 나누면** 부등호의 **방향은 바뀐다.**

이 성질을 이용하여 부등식을 풀어 봅시다.

$$-4x+3 > 11$$

양변에서 3을 빼면

$$-4x+3 > 11$$

$$-4x+3-3 > 11-3$$

$$-4x > 8$$

음수로 나누면 부등호의 방향이 반대가 되는구나.

양변을 $-4(<0)$로 나누면

$$x < -2$$

1 연립방정식

2x+3y=7과 같이 2개의 문자를 포함하는 일차방정식을 미지수가 2개인 일차방정식이라고 합니다.

미지수가 2개인 일차방정식 두 개를 한 쌍으로 묶어서 나타낸 것을 **연립방정식**이라고 합니다.
또한 연립방정식을 이루는 두 일차방정식을 동시에 참이 되게 하는 미지수의 값을 연립방정식의
해라고 하며, 해를 모두 구하는 것을 연립방정식을 푼다고 합니다.

연립방정식을 푸는 것은 각각의 방정식이 나타내는 그래프의 교점을 구하는 것과 같습니다.

연립방정식 $\begin{cases} x-y=-2 & \cdots① \\ 2x-3y=-5 & \cdots② \end{cases}$ 를 예로 들어 보겠습니다.

연립방정식의 해를 순서쌍 (x, y)로 나타내기도 해.

방정식 ①은 y=x+2로 바꿀 수 있습니다.

이 방정식이 나타내는 그래프는 기울기가 1이고 y절편이 2인 직선입니다.

방정식 ②는 $y=\dfrac{2}{3}x+\dfrac{5}{3}$로 바꿀 수 있으며 이 방정식이 나타내는 그래프는

기울기가 $\dfrac{2}{3}$이고 y절편이 $\dfrac{5}{3}$인 직선입니다.

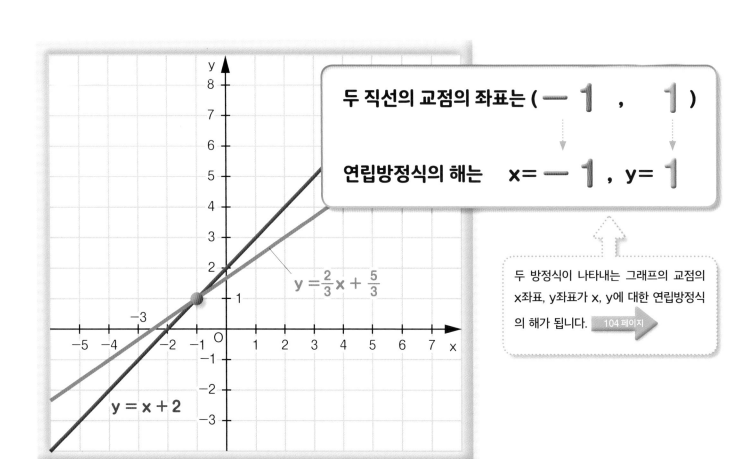

두 직선의 교점의 좌표는 (─ 1 , 1)

연립방정식의 해는 x= ─ 1 , y= 1

$y=\dfrac{2}{3}x+\dfrac{5}{3}$

y = x + 2

두 방정식이 나타내는 그래프의 교점의
x좌표, y좌표가 x, y에 대한 연립방정식
의 해가 됩니다. 104 페이지

연립방정식은 둘 이상의 조건을 만족시켜야 하는 상황에 활용됩니다.
이번에는 연립방정식의 기본적인 풀이 방법을 알아보겠습니다.

제2장 **문자와 식·함수**   **103**

2 **연립방정식의 풀이**

연립방정식은 식을 변형해서 미지수가 하나만 포함되어 있는 방정식으로 만들어 풉니다.

연립방정식 $\begin{cases} x - y = -2 & \cdots① \\ 2x - 3y = -5 & \cdots② \end{cases}$ 를 두 가지 방법으로 풀어 보겠습니다.

대입법

대입법은 연립방정식의 한 방정식을 다른 방정식에 대입하여 미지수를 없애고 해를 구하는 방법입니다.

①을 문자 y에 대하여 풀면 $y = x + 2$ $\cdots③$ ← y와 x+2는 같다.

③을 ②에 대입하면 $2x - 3(x + 2) = -5$ ← 미지수가 x 한 종류만 남는다.

정리하면 $x = -1$ $\cdots④$

④를 ③에 대입하면 $y = -1 + 2 = 1$

따라서 $x = -1, \ y = 1$

가감법

가감법은 연립방정식의 두 방정식을 변끼리 더하거나 빼는 가감을 통해 한 미지수를 없애고 해를 구하는 방법입니다.

먼저 ①의 양변에 3을 곱합니다.   ← ②의 y의 계수와 맞추기 위해 **3**을 곱한다.

①×3 $3x - 3y = -6$ $\cdots③$ ← ②의 y의 계수는 −3, ③의 y의 계수도 −3이므로 ③−②를 하여 y항을 없앨 수 있다.

③−②에서 $\begin{array}{r} 3x - 3y = -6 \quad \cdots③ \\ -)\ 2x - 3y = -5 \quad \cdots② \\ \hline x \qquad\ = -1 \quad \cdots④ \end{array}$ ← 빼면 미지수가 x 한 종류만 남는다.

④를 ①에 대입하면 $-1 - y = -2$

정리하면 $y = 1$

따라서 $x = -1, y = 1$

대입법, 가감법과 같은 연립방정식의 풀이의 핵심은 미지수의 종류를 줄이는 것이구나.

47 일차함수와 연립방정식

1 일차함수의 그래프와 연립방정식

102 페이지

미지수가 x, y의 2개인 일차방정식을 생각해 봅시다.

$$x + 2y - 8 = 0 \quad \cdots ①$$

방정식 ①을 만족하는 순서쌍 (x, y)를 좌표로 하는 점을 좌표평면 위에 나타내면 직선이 됩니다. 이때 일차방정식 ①을 **직선의 방정식**이라고 합니다.

특히 이 직선은 ①을 변형하여 y에 대한 식으로 나타낸 일차함수

$$y = -\frac{1}{2}x + 4$$

의 그래프와 같습니다. 이 그래프는 기울기가 $-\frac{1}{2}$, y절편이 4인 직선입니다.

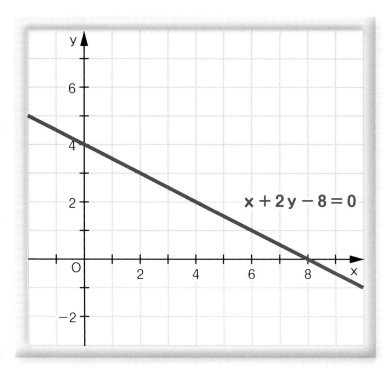

연립방정식 $\begin{cases} x + 2y - 8 = 0 & \cdots ① \\ x - y + 1 = 0 & \cdots ② \end{cases}$ 의 해를 그래프

를 이용하여 구해 보겠습니다.

①에서 x=0일 때 y=4, y=0일 때 x=8이므로 ①의 해를 나타내는 그래프는 두 점 (0, 4), (8, 0)을 지나는 직선입니다.

②에서 x=0일 때 y=1, y=0일 때 x=−1이므로 ②의 해를 나타내는 그래프는 두 점 (0, 1), (−1, 0)을 지나는 직선입니다.

두 직선을 그리면 오른쪽 그림과 같습니다.

두 그래프의 교점의 좌표는 (2, 3)입니다.

그러므로 연립방정식의 해는

$$x = 2, \quad y = 3$$

임을 알 수 있습니다.

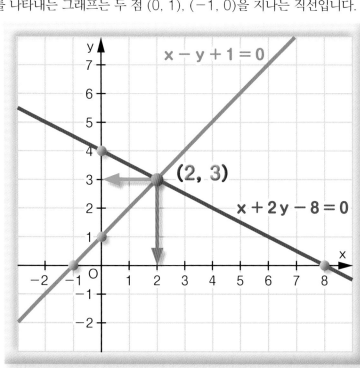

미지수가 2개인 일차방정식 두 개를 한 쌍으로 나타낸 것이 바로 연립방정식입니다.
두 방정식의 해가 나타내는 그래프의 교점이 연립방정식의 해임을 확인해 봅시다.

제2장 **문자와 식·함수**　105

연립방정식의 해와 그래프의 교점
x, y에 대한 연립방정식의 해는 각 방정식의 해가 나타내는 그래프의 교점의
x좌표, y좌표입니다.

어떤 요금제를 선택해야 할까요?

초고속 인터넷을 이용하기 위해 통신사의 요금제를 살펴봤더니 오른쪽 표와 같았습니다. 두 요금제를 보고 무엇을 말할 수 있는지 생각해 보겠습니다.

	요금제 A	요금제 B
월정액 요금	30000원	40000원
계약금	30000원	30000원
초기 비용	200000원	0원

먼저 요금제 A를 선택할 경우 x개월 동안 사용했을 때 내는 금액을 y만 원이라고 하면

$y = 3x + 23$　…①

마찬가지로 요금제 B를 선택할 경우 x개월 동안 사용했을 때 내는 금액을 y만 원이라고 하면

$y = 4x + 3$　…②

두 함수 ①, ②의 그래프를 그리면 다음과 같습니다.

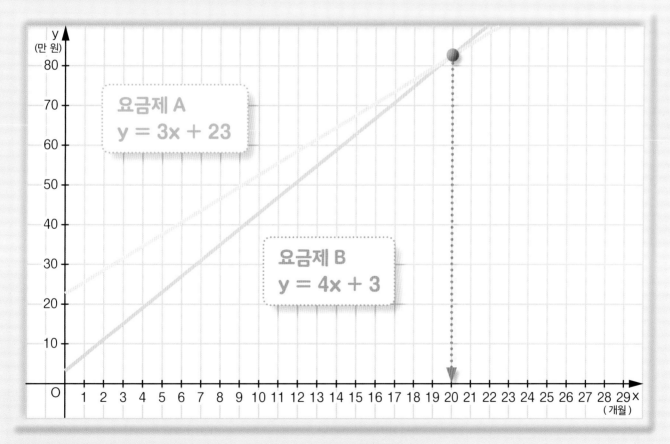

그래프를 보면 20개월 동안 사용할 경우는 두 요금제 모두 내는 금액이 같습니다.
또한 20개월 미만으로 사용한다면 요금제 B의 요금이 더 적고, 20개월보다 오래 사용할 경우 요금제 A의 요금이 더 적음을 알 수 있습니다.

1 함수 y=ax²의 그래프

일반적으로 이차함수는 $y=ax^2+bx+c$(a, b, c는 상수, a≠0) 꼴로 표현됩니다.
함수 $y=ax^2$은 가장 기본적인 이차함수입니다.

이차함수 $y=ax^2$의 그래프와 같은 모양의 곡선을 **포물선**이라 하며, 위로 볼록한 포물선은 공을 멀리 던졌을 때 그 공이 그리는 곡선처럼 생겼습니다.

다음은 a의 값에 따른 이차함수 $y=ax^2$의 그래프와 그 특징을 나타낸 것입니다.

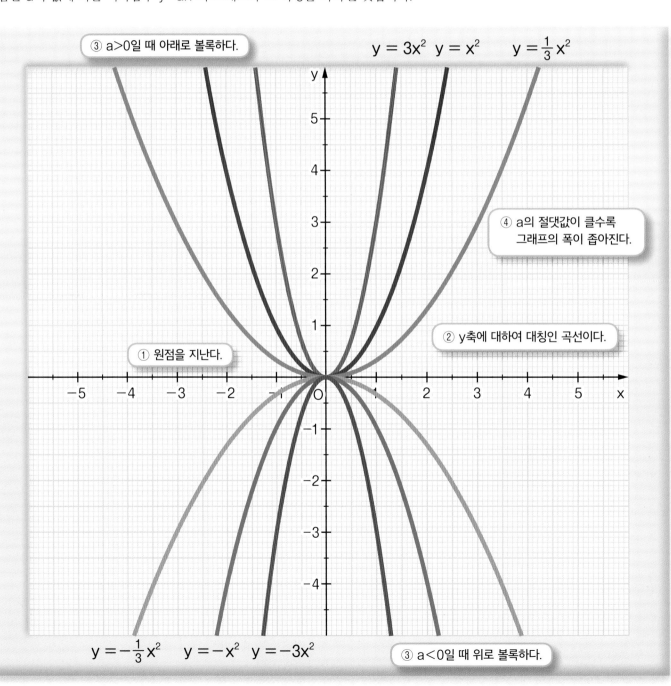

③ a>0일 때 아래로 볼록하다.

$y = 3x^2$ $y = x^2$ $y = \dfrac{1}{3}x^2$

④ a의 절댓값이 클수록 그래프의 폭이 좁아진다.

② y축에 대하여 대칭인 곡선이다.

① 원점을 지난다.

$y = -\dfrac{1}{3}x^2$ $y = -x^2$ $y = -3x^2$

③ a<0일 때 위로 볼록하다.

2 y=ax²의 그래프의 성질

다양한 a의 값에 대하여 이차함수 $y=ax^2$의 그래프를 그려 봅시다.

세 이차함수 $y=2x^2$, $y=x^2$, $y=\frac{1}{2}x^2$의 그래프는 서로 어떤 관계가 있는지 살펴보겠습니다.

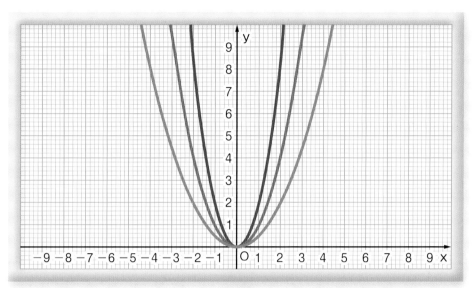

$y=2x^2$
$y=x^2$
$y=\frac{1}{2}x^2$

눈금 간격을 바꾸면

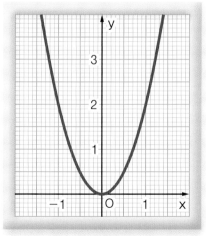

함수 $y=2x^2$의 그래프
(위 그림을 확대한 것)

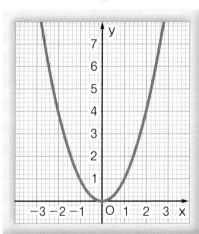

함수 $y=x^2$의 그래프

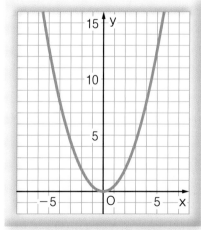

함수 $y=\frac{1}{2}x^2$의 그래프
(위 그림을 축소한 것)

적당한 그래프를 확대하거나 축소하면 세 이차함수 $y=2x^2$, $y=x^2$, $y=\frac{1}{2}x^2$의 그래프는 같은 도형으로 보입니다.

이차함수 $y=x^2$의 그래프를 확대하거나 축소하면 a의 값에 관계없이 모든 이차함수 $y=ax^2$의 그래프를 나타낼 수 있습니다.

1 이차함수의 그래프

두 이차함수 $y=2x^2$, $y=2x^2+3$의 그래프를 비교해 보겠습니다.

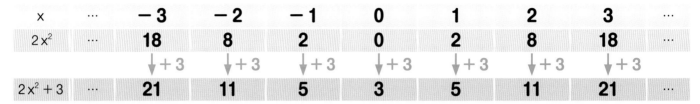

x	⋯	−3	−2	−1	0	1	2	3	⋯
$2x^2$	⋯	18	8	2	0	2	8	18	⋯
		↓+3	↓+3	↓+3	↓+3	↓+3	↓+3	↓+3	
$2x^2+3$	⋯	21	11	5	3	5	11	21	⋯

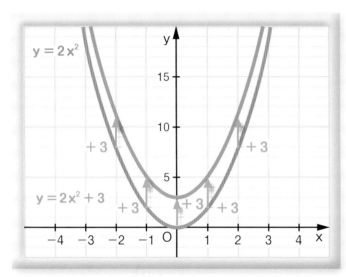

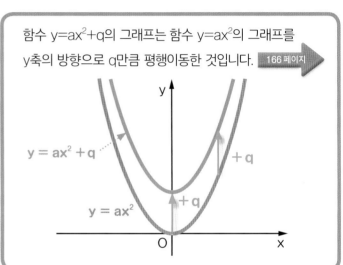

함수 $y=ax^2+q$의 그래프는 함수 $y=ax^2$의 그래프를 y축의 방향으로 q만큼 평행이동한 것입니다. 166 페이지

두 이차함수 $y=2x^2$, $y=2(x-2)^2$의 그래프를 비교해 보겠습니다.

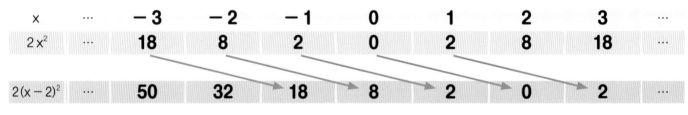

x	⋯	−3	−2	−1	0	1	2	3	⋯
$2x^2$	⋯	18	8	2	0	2	8	18	⋯
$2(x-2)^2$	⋯	50	32	18	8	2	0	2	⋯

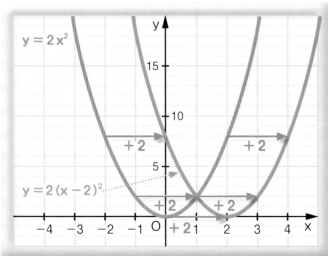

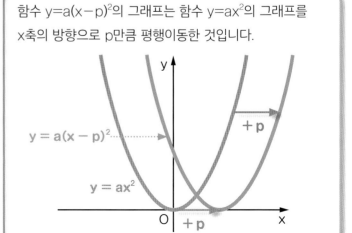

함수 $y=a(x-p)^2$의 그래프는 함수 $y=ax^2$의 그래프를 x축의 방향으로 p만큼 평행이동한 것입니다.

함수 y=ax²의 그래프는 y축에 대하여 대칭인 포물선입니다. 이 그래프를 바탕으로 여러 가지 이차함수의 그래프를 살펴보겠습니다. 또한 포물선의 특징도 소개합니다.

제2장 **문자와 식·함수**   **109**

마지막으로 두 이차함수 $y=2x^2$, $y=2(x-2)^2+3$의 그래프의 관계를 살펴봅시다.

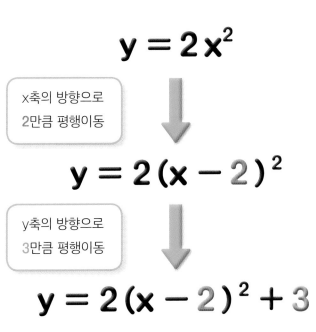

$$y = 2x^2$$

x축의 방향으로
2만큼 평행이동

$$y = 2(x-2)^2$$

y축의 방향으로
3만큼 평행이동

$$y = 2(x-2)^2 + 3$$

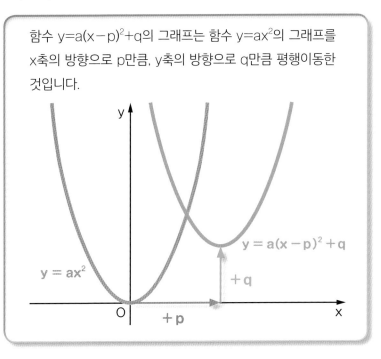

함수 $y=a(x-p)^2+q$의 그래프는 함수 $y=ax^2$의 그래프를 x축의 방향으로 p만큼, y축의 방향으로 q만큼 평행이동한 것입니다.

$y = ax^2$

$y = a(x-p)^2 + q$

$+q$

$+p$

[2] 포물선의 특징과 활용

오른쪽 사진과 같은 파라볼라안테나는 이차함수의 그래프, 즉 포물선의 성질을 활용하여 만든 것입니다.
이때 파라볼라안테나의 단면은 포물선입니다.

파라볼라(parabola)는 포물선이라는 뜻이야.

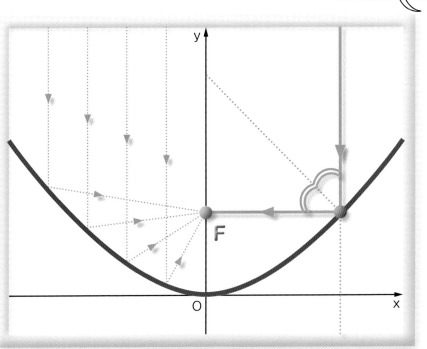

그림에서 왼쪽 부분의 주황색 신호가 파라볼라안테나의 면에 닿아 반사되면 전부 점 F를 지나갑니다. 이 점이 바로 포물선의 특징입니다. 그림에서 오른쪽 부분처럼 빛이나 전파 같은 신호가 반사될 때 생기는 두 각도는 같습니다. 다시 말해 포물선으로 들어온 신호는 반드시 점 F로 모이게 됩니다. 이때 점 F를 포물선의 초점이라고 합니다.

1 이차함수의 그래프와 이차방정식

이차함수의 그래프가 x축과 만날 때, 만나는 점의 x좌표를 구해 봅시다.

이차함수 $y=x^2-2x-3$의 그래프와 x축이 만나는 점의 x좌표를 생각해 보겠습니다.
함수 $y=x^2-2x-3$의 그래프는 방정식 $y=x^2-2x-3$의 해, 즉 (x, y)를 좌표평면 위에 나타낸 것입니다.

x	⋯	−2	−1	0	1	2	3	4	⋯
y	⋯	5	0	−3	−4	−3	0	5	⋯

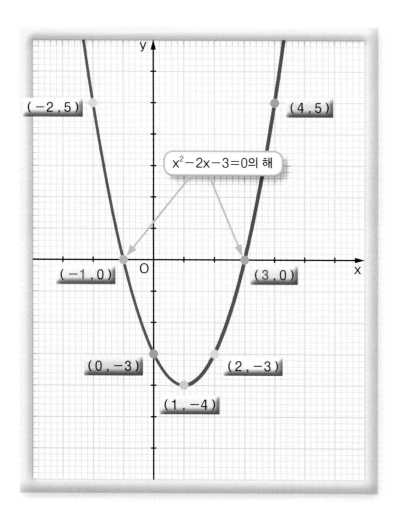

x축은 직선 y=0과 같습니다.
따라서 함수 $y=x^2-2x-3$의 그래프와
x축이 만나는 점의 y좌표는 0입니다.
x좌표를 구하기 위해
$y=x^2-2x-3$이 y에 0을 대입하고
$x^2-2x-3=0$을 만족하는 x의 값을
계산합니다.
이 방정식에 x=−2, −1, 0, ⋯, 4를
대입하면 x=−1, x=3일 때 각각
$(-1)^2-2\cdot(-1)-3=1+2-3=0$,
$3^2-2\cdot3-3=9-6-3=0$이므로
방정식 $x^2-2x-3=0$의 해는
x=**−1** 또는 x=**3**임을 알 수 있습니다.

모든 항을 좌변으로 이항 99 페이지 하여 정리한 식이 (x에 대한 이차식)=0 꼴로 나타낼 수 있는 방정식을
x에 대한 **이차방정식**이라고 합니다.
일반적으로 x에 대한 이차방정식은 $ax^2+bx+c=0$(a, b, c는 상수, a≠0) 형태입니다.

2 인수분해를 이용한 이차방정식의 풀이

A×B=0이면 A=0 또는 B=0이다.

이차방정식의 좌변이 인수분해 [81 페이지] 가능할 때 위 성질을 이용해서 풉니다.

인수분해를 이용하여 이차방정식 $x^2-2x-3=0$을 풀어 봅시다.

좌변을 인수분해하면 $(x+1)(x-3)=0$

위 성질을 이용하면 $x+1=0$ 또는 $x-3=0$

각 일차방정식을 풀면 $x=-1$ 또는 $x=3$

3 근의 공식을 이용한 이차방정식의 풀이

이차방정식의 근의 공식

이차방정식 $ax^2+bx+c=0$의 해는 $x=\dfrac{-b\pm\sqrt{b^2-4ac}}{2a}$

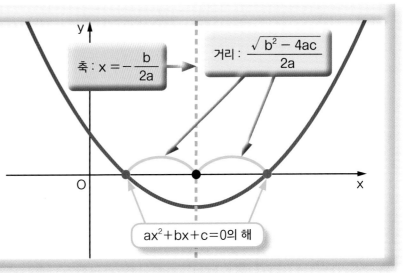

함수 $y=ax^2+bx+c(a>0)$의 그래프

$$x=\frac{-b\pm\sqrt{b^2-4ac}}{2a}$$

축 : $x=-\dfrac{b}{2a}$

거리 : $\dfrac{\sqrt{b^2-4ac}}{2a}$

$ax^2+bx+c=0$의 해

근의 공식을 이용하여 이차방정식 $2x^2+5x-3=0$을 풀어 봅시다.

근의 공식에 a= 2 , b= 5 , c= -3 을 대입하면

$$x=\frac{-5\pm\sqrt{5^2-4\times2\times(-3)}}{2\times2}=\frac{-5\pm\sqrt{49}}{4}=\frac{-5\pm7}{4}$$

$x=\dfrac{-5+7}{4}$ 또는 $x=\dfrac{-5-7}{4}$ 따라서 $x=\dfrac{1}{2}$ 또는 $x=-3$

1 지수의 확장

$a \times a \times a = a^3$과 같이 a를 n번 곱한 $a \times a \times a \times \cdots \times a$를 a^n이라 쓰고 'a의 n제곱'이라고 읽습니다.

거듭제곱을 계산할 때, 두 양의 정수 m, n에 대하여 다음 지수법칙이 성립합니다.

지수법칙

> 1 $a^m \times a^n = a^{m+n}, \quad a^m \div a^n = a^{m-n}$
>
> 2 $(a^m)^n = a^{mn}$
>
> 3 $(ab)^m = a^m b^m$

2 지수함수의 그래프

$a > 0$, $a \neq 1$일 때, $y = a^x$은 x에 대한 함수가 됩니다.

함수 $y = a^x$을 a를 **밑**으로 하는 x의 **지수함수**라고 합니다.

두 지수함수 $y = 2^x$, $y = \left(\dfrac{1}{2}\right)^x$의 그래프를 그려 봅시다.

x	$\cdots$	-3	-2	-1	0	1	2	3	$\cdots$
2^x	$\cdots$	$\dfrac{1}{8}$	$\dfrac{1}{4}$	$\dfrac{1}{2}$	1	2	4	8	$\cdots$
$\left(\dfrac{1}{2}\right)^x$	$\cdots$	8	4	2	1	$\dfrac{1}{2}$	$\dfrac{1}{4}$	$\dfrac{1}{8}$	$\cdots$

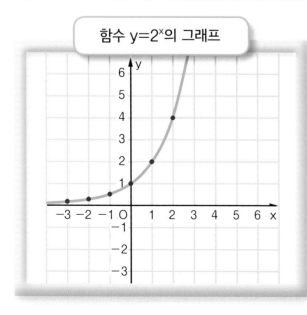

함수 $y = 2^x$의 그래프

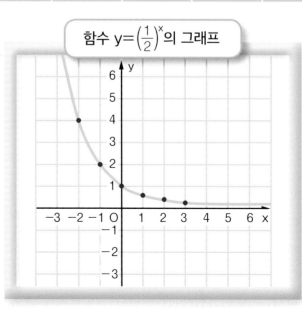

함수 $y = \left(\dfrac{1}{2}\right)^x$의 그래프

➡82 페이지
지수

이번에는 지수의 범위를 확장해서 생각해 보겠습니다. 거듭제곱의 계산 규칙과 지수함수의
그래프에 대해 살펴봅시다.

한편 a^{-2}과 같이 지수가 음수이면 'a^n은 a를 n번 곱한 것', 즉 '지수는 곱한 횟수'라고 이해하는 것이 쉽지가 않습니다.
따라서 지수법칙이 모든 정수에 대하여 성립하도록 다음과 같이 약속합니다.

$$a^0=1, \quad a^{-n}=\frac{1}{a^n} \ (\text{단}, a\neq0)$$

예 $3^0=1, \quad 3^{-2}=\frac{1}{3^2}=\frac{1}{9}$

지수함수 y=aˣ의 그래프

$a>1$일 때

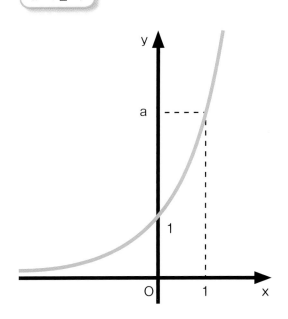

$0<a<1$일 때

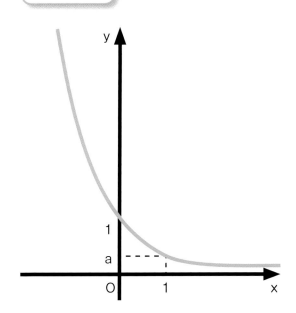

● 두 점 (0, 1), (1, a)를 항상 지납니다.
● 그래프는 $y>0$의 범위에 존재하며 x축에 한없이 가까워지지만 x축과 만나거나 교차하지 않습니다.

이 경우 x축은 지수함수의 그래프의 점근선 93 페이지 입니다.

생활 속의 지수함수

1 박테리아의 증식 속도

박테리아의 증식 속도와 지수함수의 관계를 생각해 봅시다.

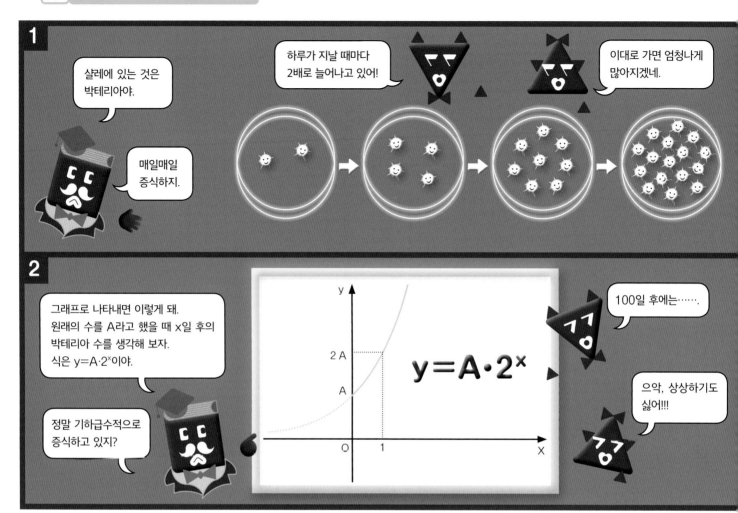

2 방사성 물질의 반감기

방사성 물질의 반감기를 살펴봅시다.

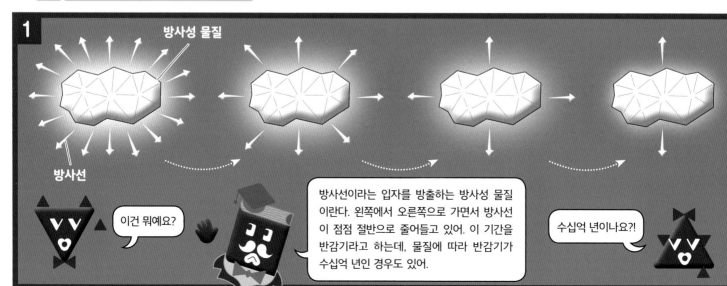

112 페이지 지수함수

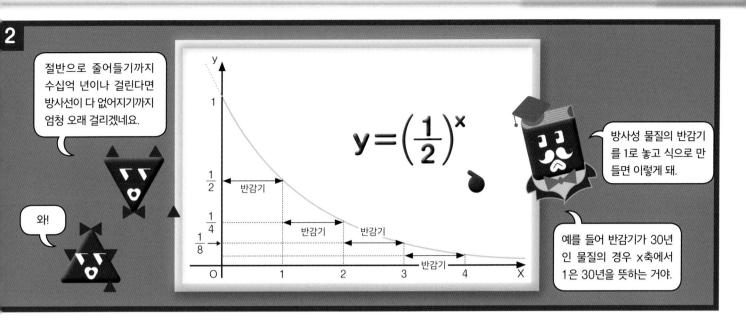

3 액체의 온도 변화

펄펄 끓는 액체의 온도 변화를 살펴봅시다.

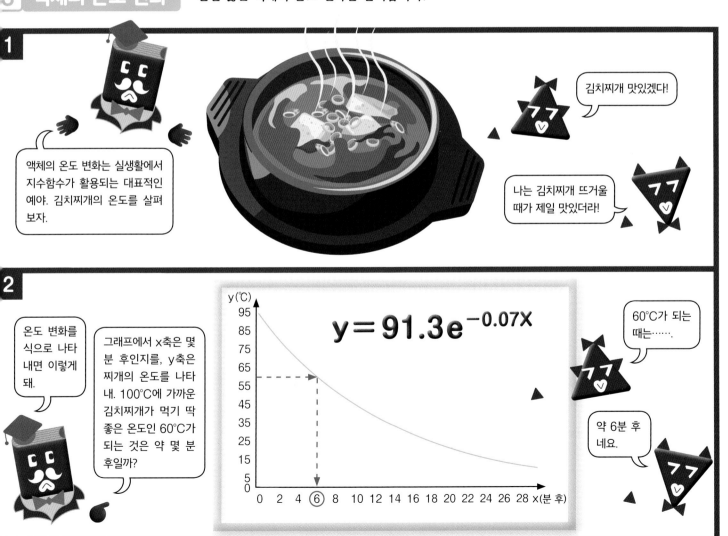

1 지수와 로그

$2^3=8$은 '2를 3제곱하면 8이다'라는 뜻이고, 이를 '2를 8로 만드는 지수는 3이다'라고도 말할 수 있습니다.

즉, '3은 2를 8로 만드는 지수'를 $3=\log_2 8$로 나타냅니다.

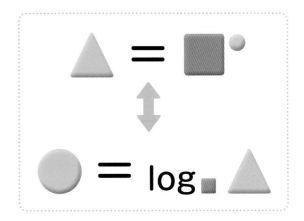

$$M=a^p \quad \Longleftrightarrow \quad p=\log_a M$$

이때 a는 1이 아닌 양수이며, p를 a를 **밑**으로 하는 M의 **로그**라고 합니다.
또한 M을 $\log_a M$의 **진수**라고 합니다.

$\log_a M$은 a를 몇 제곱하면 M이 되는지에 대한 답을 나타내는 거야.

x는 양수, a는 1이 아닌 양수라고 할 때, 함수 $y=\log_a x$를 a를 밑으로 하는 x의 **로그함수**라고 합니다.
이 함수의 그래프를 생각해 봅시다.
x와 y를 서로 바꾸면 $x=\log_a y$이며 이 식은 $y=a^x$으로 나타낼 수 있습니다. 즉, 함수 $y=a^x$의 그래프에서 x와 y를 바꾼 것이 함수 $y=\log_a x$의 그래프라는 뜻입니다.
이때 $a>1$인 경우를 살펴봅시다.

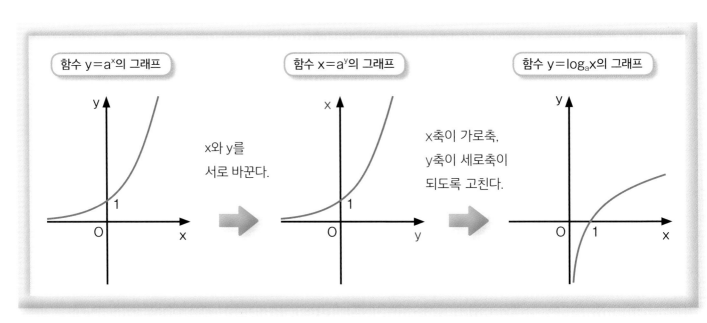

로그는 천문학에서의 방대한 계산 등 과학에서 필요한 계산을 조금이라도 간단히 하기 위한 기술에 활용되어 왔습니다. 로그의 세계를 들여다봅시다.

➡84 페이지
로그

제2장 문자와 식·함수 **117**

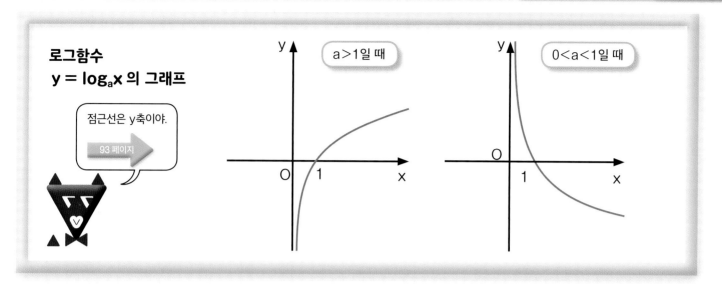

2 로그의 성질

$M=a^x$, $N=a^y$일 때 $x=\log_a M$, $y=\log_a N$ $\cdots$①

이때 $M \times N=a^x \times a^y=a^{x+y}$이므로 $\log_a MN=x+y$ $\cdots$②

②에 ①을 대입하면 $\log_a MN=\log_a M + \log_a N$

마찬가지로 $\dfrac{M}{N}=\dfrac{a^x}{a^y}=a^{x-y}$이므로 $\log_a \dfrac{M}{N}=x-y$ $\cdots$③

③에 ①을 대입하면 $\log_a \dfrac{M}{N}=\log_a M - \log_a N$

또한 $M=a^x$이므로 $M^p=(a^x)^p=a^{xp}$이 되어 $\log_a M^p=xp$ $\cdots$④

④에 ①을 대입하면 $\log_a M^p=p\log_a M$이 됩니다.

로그의 성질

$a>0$, $a \neq 1$, $M>0$, $N>0$이고, p가 실수일 때

 $\log_a MN = \log_a M + \log_a N$ ⬅ 곱셈이 덧셈으로 표현된다.

로그만의 특수한 성질이야.

 $\log_a \dfrac{M}{N} = \log_a M - \log_a N$ ⬅ 나눗셈이 뺄셈으로 표현된다.

 $\log_a M^p = p\log_a M$ ⬅ 거듭제곱이 곱셈으로 표현된다.

1 인간의 감각과 로그　감각에 대한 힘이 2배가 되면 그 힘으로 인해 받는 느낌도 2배가 되는지 알아봅시다.

변화를 느낀 횟수 R(회)	1	2	3	⋯	14	15
그때의 무게 E(g)	110	121	133.1	⋯	379.7	417.7

이와 같이 조금씩 추를 늘렸을 때 무거움의 변화를 느낀 횟수를 R, 그때의 추의 무게를 E라고 하면 이렇게 로그함수의 그래프가 된단다.

$$R=\log_{1.1}\left(\frac{E}{100}\right)+1$$

2회 121g
1회 110g
14회 379.7g
15회 417.7g

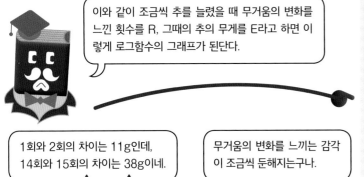

1회와 2회의 차이는 11g인데, 14회와 15회의 차이는 38g이네.

무거움의 변화를 느끼는 감각이 조금씩 둔해지는구나.

자극에 대해 느끼는 심리적인 감각의 변화는 자극의 세기가 아니라 그 로그에 비례한다는 법칙이 있습니다. 로그를 이용하여 감각에 대한 양을 나타내는 단위를 살펴봅시다.

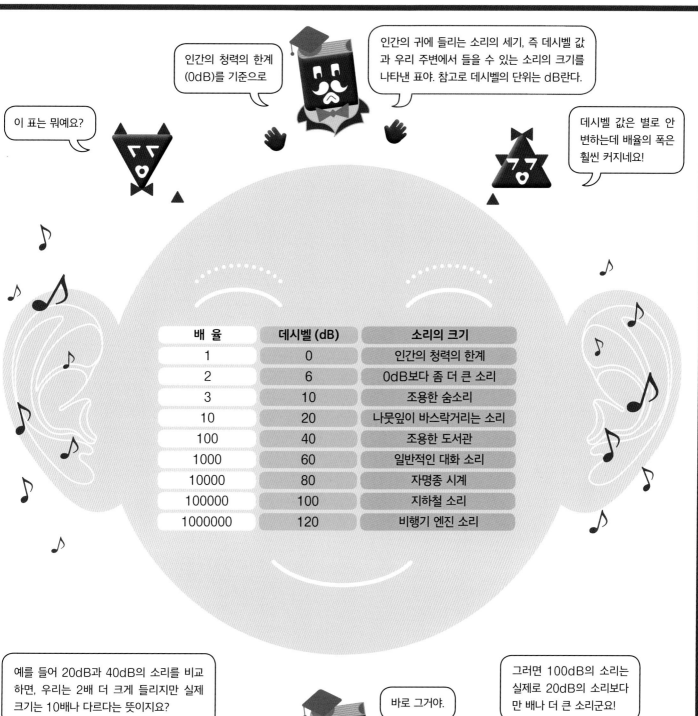

116 페이지 로그함수

제2장 문자와 식·함수 **119**

2 소음의 수준(데시벨)

소음의 수준을 나타낼 때에는 로그를 사용한 데시벨이라는 단위를 사용합니다.

인간의 청력의 한계 (0dB)를 기준으로

인간의 귀에 들리는 소리의 세기, 즉 데시벨 값과 우리 주변에서 들을 수 있는 소리의 크기를 나타낸 표야. 참고로 데시벨의 단위는 dB란다.

이 표는 뭐예요?

데시벨 값은 별로 안 변하는데 배율의 폭은 훨씬 커지네요!

배 율	데시벨 (dB)	소리의 크기
1	0	인간의 청력의 한계
2	6	0dB보다 좀 더 큰 소리
3	10	조용한 숨소리
10	20	나뭇잎이 바스락거리는 소리
100	40	조용한 도서관
1000	60	일반적인 대화 소리
10000	80	자명종 시계
100000	100	지하철 소리
1000000	120	비행기 엔진 소리

예를 들어 20dB과 40dB의 소리를 비교하면, 우리는 2배 더 크게 들리지만 실제 크기는 10배나 다르다는 뜻이지요?

바로 그거야.

그러면 100dB의 소리는 실제로 20dB의 소리보다 만 배나 더 큰 소리군요!

1 삼각비와 삼각함수

직각삼각형의 세 변의 길이의 비를 삼각비라고 합니다.

오른쪽 그림처럼 ∠C=90°인 직각삼각형에서 직각과 마주 보는 변 AB를 **빗변**이라 합니다. 또한 ∠A를 θ라고 하면 변 BC를 **높이**, 변 AC를 **밑변**이라고 합니다.

이때 θ에 대하여 두 변의 길이의 비를 생각할 수 있는데 $\dfrac{\overline{BC}}{\overline{AB}}$ 를 $\sin\theta$, $\dfrac{\overline{AC}}{\overline{AB}}$ 를 $\cos\theta$, $\dfrac{\overline{BC}}{\overline{AC}}$ 를 $\tan\theta$ 라고 합니다.

θ의 값이 정해지면 직각삼각형의 크기에 관계없이 $\sin\theta$, $\cos\theta$, $\tan\theta$ 의 값은 항상 일정합니다.

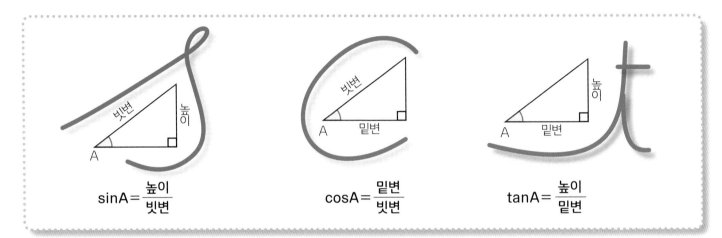

$$\sin A = \frac{높이}{빗변}$$

$$\cos A = \frac{밑변}{빗변}$$

$$\tan A = \frac{높이}{밑변}$$

> 직각삼각형 그림으로 세 삼각비의 첫 글자 s, c, t를 연상할 수 있어.

오른쪽 그림처럼 원점을 중심으로 반지름의 길이가 r인 원을 그립니다. 그 다음 x축을 기준으로 잡고 양의 방향으로 θ만큼 회전한 반직선이 원과 만나는 점의 좌표를 P(x, y)라 하면

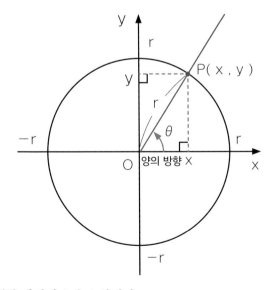

$$\sin\theta = \frac{y}{r}$$

$$\cos\theta = \frac{x}{r}$$

$$\tan\theta = \frac{y}{x}$$

이것을 θ에 대한 **삼각함수**라고 합니다.

앞에서 살펴본 삼각비는 θ의 범위가 0°< θ <90°로 축소된 삼각함수라고 볼 수 있습니다.

서로 닮음인 직각삼각형에서 변의 길이의 비를 생각하면 직접 계산하기 어려운 길이나 높이를 구할 수 있습니다.
직각삼각형에서 변의 길이와 각의 관계를 살펴봅시다.

제2장 **문자와 식·함수** **121**

2 삼각함수의 그래프

삼각함수의 값은 각 θ의 값에 의해 정해집니다. 삼각함수의 그래프를 통해 그 특징을 생각해 봅시다.

원점을 중심으로 하고 반지름의 길이가 1인 원을 좌표평면 위에 그립니다.
원 위의 점 P(x, y)를 이용하여 삼각함수를 정의해 보겠습니다.

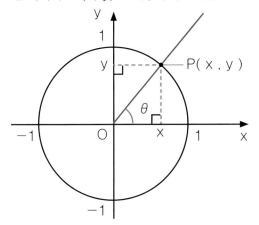

$$\sin\theta = \frac{y}{r} = \frac{y}{1} = y$$

$$\cos\theta = \frac{x}{r} = \frac{x}{1} = x$$

$$\tan\theta = \frac{y}{x}$$

따라서 점 P의 y좌표는 $\sin\theta$, 점 P의 x좌표는 $\cos\theta$가 됩니다.

가로축을 θ, 세로축을 삼각함수의 값으로 놓고 삼각함수의 그래프를 그리면 주기적으로 같은 모양이 반복됨을 알 수 있습니다. 함수 $y=\sin\theta$와 $y=\cos\theta$의 그래프는 $-1\le y\le1$의 범위에서 물결치는 모양입니다.

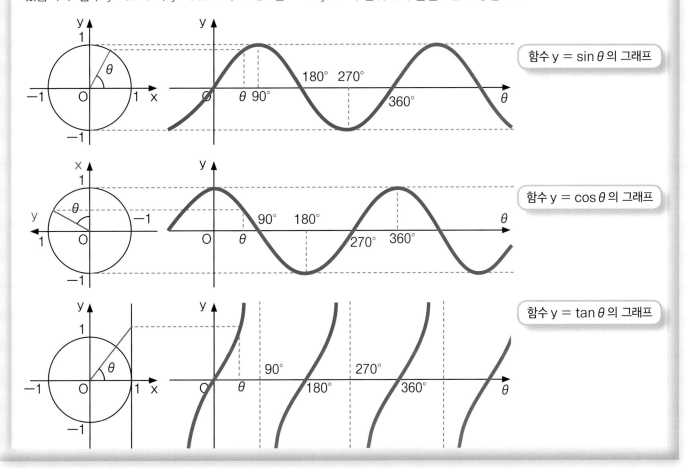

함수 $y = \sin\theta$의 그래프

함수 $y = \cos\theta$의 그래프

함수 $y = \tan\theta$의 그래프

제 3 장
측정·기하

1 길이의 단위

길이란 어떤 물건의 한 끝에서 다른 끝까지의 거리를 말합니다.
cm(센티미터)는 길이의 단위 중 하나입니다.

1cm   2cm   3cm   4cm

다음 엽서의 가로와 세로의 길이를 재 봅시다.

엽서의 한쪽 끝을 자의 눈금 0에 맞춘 다음 엽서의 다른 한쪽 끝의 눈금을 읽으면 됩니다.

엽서의 가로의 길이는 10cm입니다. 반면 센티미터만으로는 엽서의 세로의 길이를 정확하게 잴 수 없습니다.
즉, 1cm보다 작은 단위로 나타낼 필요가 있습니다.

```
0  1  2  3  4  5  6  7  8  9  10  11  12  13
```

우 편 엽 서

보내는 사람

□□□□□

받는 사람

□□□□□

1cm를 똑같이 10칸으로 나눈 길이를
1mm(밀리미터)라고 합니다.

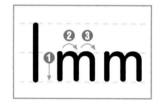

1cm=10mm

엽서의 세로의 길이는 13cm 5mm입니다.

100cm는 1m(미터)로 나타냅니다.

1m=100cm

더 긴 길이의 경우 1000m를
1km(킬로미터)로 나타냅니다.

1km=1000m

길이, 물의 부피, 무게의 양을 알기 쉽게 나타내기 위해 단위를 사용합니다.
이러한 양들을 나타내는 단위에 대해 알아봅니다.

제3장 **측정·기하**   **125**

2 들이의 단위

생수병에 물이 1**L(리터)** 들어 있습니다.

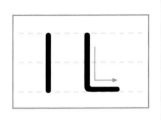

1L의 $\frac{1}{10}$을 1**dL(데시리터)**로 나타냅니다.

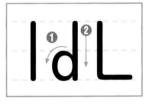

1L=10dL

1L의 $\frac{1}{1000}$을 1**mL(밀리리터)**로 나타냅니다.
주스팩에 주스가 300mL 들어 있습니다.

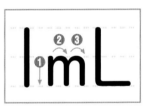

1L=1000mL

3 무게의 단위

들이의 또 다른 단위로 cc(씨씨)도 있어.
1cc는 1mL와 같아.

g(그램)은 무게의 단위 중 하나입니다. 물 1mL의 무게는 1g입니다.

알약 1알의 무게는 1**g(그램)**입니다.

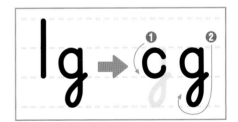

1g의 1000배를
1**kg(킬로그램)**으로
나타냅니다.
1kg=1000g

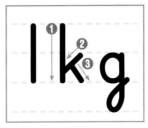

1kg의 1000배를
1**t(톤)**으로 나타냅니다.
1t=1000kg

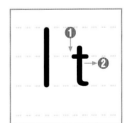

1 넓이의 단위

넓은 정도를 넓이라고 합니다.

한 변이 1cm인 정사각형의 넓이를 기준으로 하여
도형의 넓이를 잴 수 있습니다.
한 변이 1cm인 정사각형의 넓이를
$1cm^2$(**제곱센티미터**) 라고 합니다.

[실물 크기]

가로, 세로가 각각 6cm, 4cm인 직사각형의 넓이를 구하겠습니다. $1cm^2$을 단위넓이로 하여 재 봅시다.

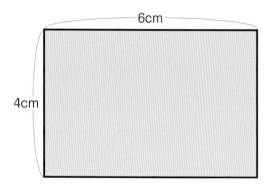 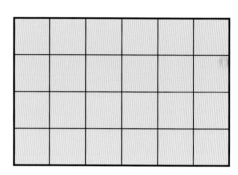

(직사각형의 넓이)=(가로)×(세로)
이 직사각형의 넓이는 6×4=24, 즉 $24cm^2$입니다.

한 변이 1m인 정사각형의 넓이를 $1m^2$(**제곱미터**)라고 합니다.

$1m^2=10000cm^2$

아파트의 크기를 잴 때 $1m^2$를 사용합니다.

 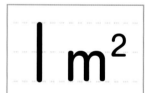

한 변이 1km인 정사각형의 넓이를 $1km^2$(**제곱킬로미터**)
라고 합니다.

$1km^2=1000000m^2$

넓은 땅의 넓이를 잴 때 $1km^2$를 사용합니다.

한반도의 넓이는 약 $220000km^2$야.

2 물체의 부피의 단위

물체가 차지하는 공간의 양을 부피라고 합니다.

한 변이 1cm인 정육면체의 부피를 기준으로 하여
도형의 부피를 구할 수 있습니다.

한 변이 1cm인 정육면체의 부피를

$1cm^3$(세제곱센티미터) 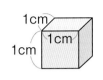 194 페이지 라고 합니다.

부피의 단위 cm^3에서 3은 길이 cm를 3번 곱한 것임을 나타내는 거야.

가로, 세로, 높이가 6cm, 4cm, 5cm인 직육면체의 부피를 구해 봅시다.
맨 밑에 한 변이 1cm인 정육면체를 늘어놓습니다. 그리고 이것을 높이만큼 쌓습니다.

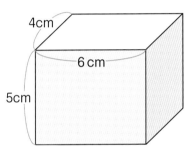
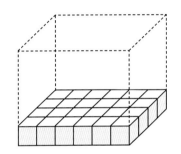
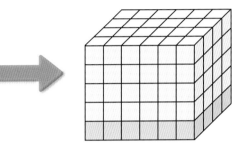

(직육면체의 부피)=(가로)×(세로)×(높이)

이 직육면체의 부피는 $6×4×5=120$, 즉 $120cm^3$입니다.

한 변이 1m인 정육면체의 부피는 $1m^3$(**세제곱미터**)라고 합니다.

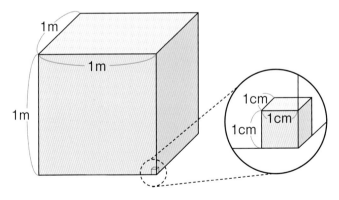

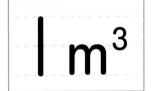

$1m=100cm$이니까 $1cm^3$의
정육면체가 한 줄에
$100×100=10000$, 즉
10000개 있고, 이것이 100줄
쌓여 있어.
따라서 $1m^3=1000000cm^3$야.

들이와 부피

그릇 안쪽 공간에 가득 들어 있는 물의 부피를 그 그릇의 들이라고 합니다. 들이의 단위로는 mL와 L, 부피
의 단위로는 cm^3와 m^3를 자주 사용하지만 둘 다 부피의 단위이므로 다음과 같이 변환할 수 있습니다.

$$1L = 1000cm^3 \qquad 1mL = 1cm^3$$

1 직선

직선이란 양쪽으로 끝없이 늘인 곧은 선을 뜻합니다.

한 점 A를 지나는 직선은 무수히 많지만, 두 점 A, B를 지나는 직선은 하나뿐입니다.
이때 서로 다른 두 점 A, B를 지나는 직선을 **직선 AB**라고 합니다.

직선의 일부분으로서 한 점을 끝점으로 하여 한쪽 방향으로만 뻗은 선을 **반직선**이라 하고, 두 점을 곧게 이은 선을 **선분**이라고 합니다. 두 점 A, B를 이은 선분을 선분 AB라고 하며 선분 AB의 길이를 두 점 A와 B 사이의 **거리**라고 합니다.

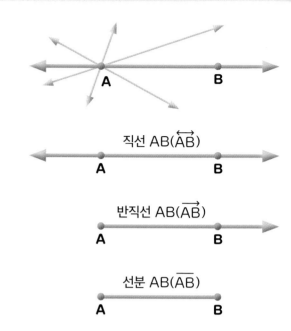

2 각

다음과 같이 한 점 O에서 그은 두 반직선은 각을 만듭니다.

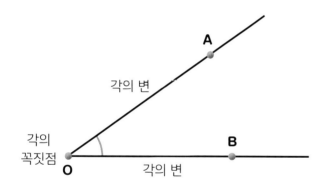

이 각을 기호로 ∠AOB와 같이 나타내며 **각 AOB**라고 읽습니다.

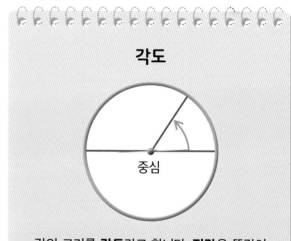

각도

각의 크기를 **각도**라고 합니다. **직각**을 똑같이 90으로 나눈 것 중 하나를 1도라 하고, 1°라고 씁니다. 직각의 크기는 90°입니다.

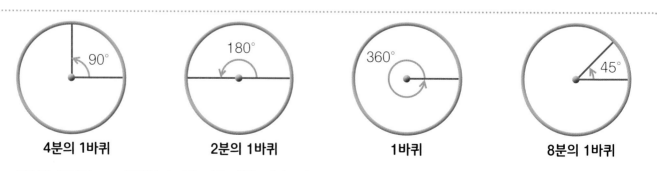

크기가 0°보다 크고 직각보다 작은 각을 **예각**, 직각보다 크고 180°보다 작은 각을 **둔각**, 180°인 각을 **평각**이라고 합니다.

곧은 선을 직선이라고 하지만 사실 직선이란 한없이 뻗어 나가는 곧은 선입니다.
또한 각은 두 반직선이 어떤 한 점에서 만났을 때 생기는 도형이라고 생각할 수도 있습니다.

제3장 측정·기하　129

각도기로 각도 재기

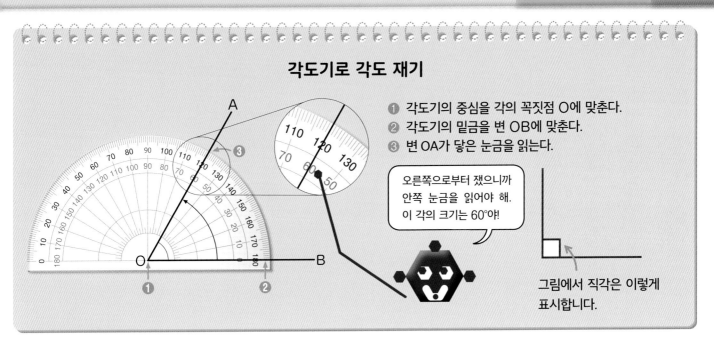

❶ 각도기의 중심을 각의 꼭짓점 O에 맞춘다.
❷ 각도기의 밑금을 변 OB에 맞춘다.
❸ 변 OA가 닿은 눈금을 읽는다.

오른쪽으로부터 쟀으니까
안쪽 눈금을 읽어야 해.
이 각의 크기는 60°야!

그림에서 직각은 이렇게
표시합니다.

3 평행선

한 직선과 수직 170 페이지 을 이루는 두 직선
을 평행하다고 합니다.

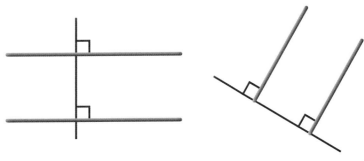

다음 그림처럼 직선 ℓ과 직선 m이 평행할 때,
두 직선 사이의 거리는 어떤 위치에서나 일정
합니다.

이때 두 직선 ℓ, m을 **평행선**이라 하며 **ℓ∥m**
과 같이 나타냅니다.

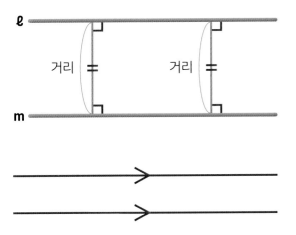

그림에서 평행선을 이렇게 표시합니다.

평행선을 긋는 방법

다음과 같은 순서로 직선 ℓ과 평행한 직선 m을 긋습니다.

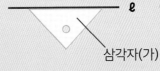

❶ 삼각자(가)를 직선 ℓ에 맞
춰서 놓는다.

삼각자(가)

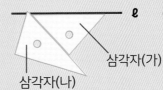

❷ 삼각자(나)를 삼각자(가)에
맞춰서 놓는다.

삼각자(가)
삼각자(나)

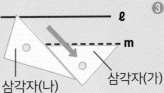

❸ 삼각자(나)를 고정시키고,
삼각자(가)를 삼각자(나)의
위 또는 아래로 움직여서
직선 m을 그린다.

삼각자(나)　삼각자(가)

1 삼각형

3개의 선분으로 둘러싸인 도형을 삼각형이라고 합니다.

삼각형은 3개의 변과 3개의 각이 있습니다.
두 변이 만나는 점을 꼭짓점이라 하며, 삼각형에는 꼭짓점도
3개가 있습니다.

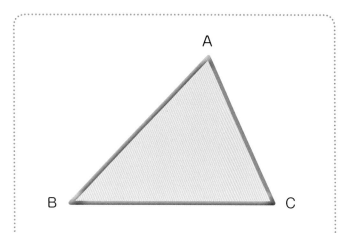

위 그림처럼 세 점 A, B, C를 꼭짓점으로 하는 삼각형
을 **삼각형 ABC**라 하고 **△ABC**라고 씁니다.

각이 3개 있어서 삼각형이라고 불러.

삼각형의 세 각의 크기의 합은 180°입니다.

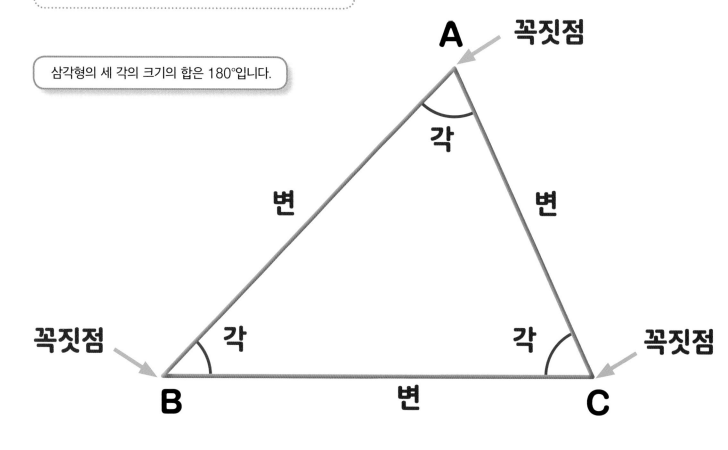

3개 이상의 선분으로 둘러싸인 평면도형을 다각형이라고 하며 삼각형은 그중 하나입니다.
이번에는 여러 가지 삼각형을 살펴보겠습니다.

제3장 **측정·기하** **131**

2 삼각형의 종류

변의 길이나 각의 크기에 따라 삼각형을 분류할 수 있습니다.

세 변의 길이가 같은 삼각형을 **정삼각형**이라고 합니다.
정삼각형은 세 각의 크기가 60°로 모두 같습니다.

$$\overline{AB}=\overline{BC}=\overline{CA}$$
$$\angle A=\angle B=\angle C=60°$$

'+'이나 '++'는 길이가 같다는 표시야.

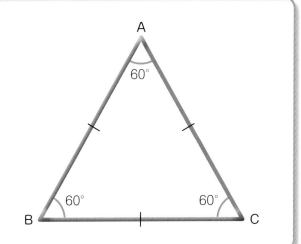

두 변의 길이가 같은 삼각형을 **이등변삼각형**이라고 합니다.
이등변삼각형에서 길이가 같은 두 변이 이루는 각을 **꼭지각**,
꼭지각과 마주 보는 변을 **밑변**, 밑변의 양 끝각을 **밑각**이라고
합니다. 이때 이등변삼각형의 두 밑각의 크기는 같습니다.

$$\overline{AB}=\overline{AC}$$
$$\angle B=\angle C$$

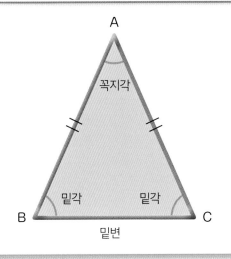

한 각이 직각인 삼각형을 **직각삼각형**이라고 합니다.
직각삼각형에서 직각과 마주 보는 변을 **빗변**이라고 합니다.

$$\angle C=90°$$

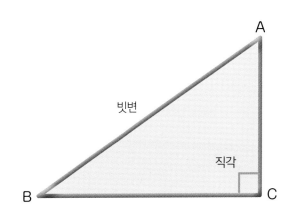

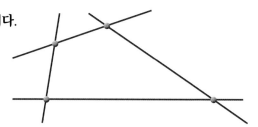

1 사각형 — 4개의 선분으로 둘러싸인 도형을 사각형이라고 합니다.

사각형은 4개의 변, 4개의 각, 4개의 꼭짓점이 있습니다.
다음 그림처럼 네 점 A, B, C, D를 꼭짓점으로 하는 사각형을
사각형 ABCD라 하고 □ABCD라고 씁니다.

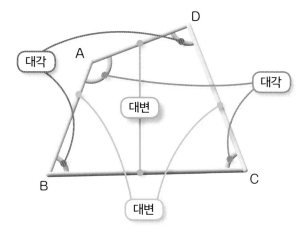

사각형에서 서로 마주 보는 변을 대변이라고 합니다.
또 사각형에서 서로 마주 보는 각을 대각이라고 합니다.
사각형의 네 각의 크기의 합은 360°입니다.

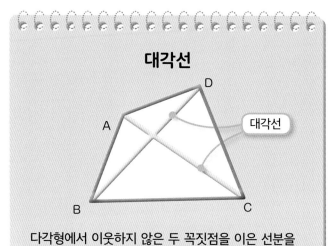

대각선

다각형에서 이웃하지 않은 두 꼭짓점을 이은 선분을
대각선이라고 합니다. 사각형의 대각선은 2개입니다.

2 여러 가지 사각형 — 특수한 성질을 가진 몇 가지 사각형에 대해 알아봅시다.

한 쌍의 대변이 평행한 사각형을 **사다리꼴**이라고 합니다.

는 평행하다는 표시야.

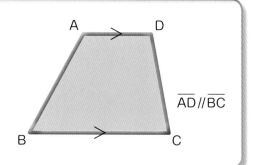

$\overline{AD} /\!/ \overline{BC}$

두 쌍의 대변이 평행한 사각형을 **평행사변형**이라고 합니다.
평행사변형은 두 쌍의 대변의 길이가 각각 같고, 두 쌍의 대각의 크기가 각각
같습니다.

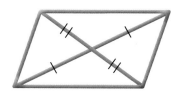

평행사변형의 두 대각선은 서로
다른 것을 이등분합니다.

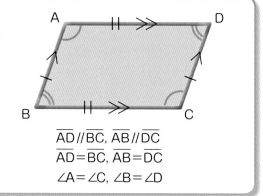

$\overline{AD} /\!/ \overline{BC}, \overline{AB} /\!/ \overline{DC}$
$\overline{AD} = \overline{BC}, \overline{AB} = \overline{DC}$
$\angle A = \angle C, \angle B = \angle D$

네 변의 길이가 모두 같은 사각형을 **마름모**라고 합니다.

마름모는 두 쌍의 대변이 각각 평행하고, 두 쌍의 대각의 크기가 각각 같습니다.

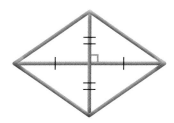

마름모의 두 대각선은 서로 다른 것을 수직이등분합니다.

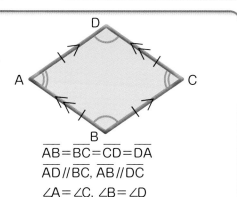

$\overline{AB}=\overline{BC}=\overline{CD}=\overline{DA}$
$\overline{AD}/\!/\overline{BC},\ \overline{AB}/\!/\overline{DC}$
$\angle A=\angle C,\ \angle B=\angle D$

네 각이 모두 직각인 사각형을 **직사각형**이라고 합니다.

직사각형은 두 쌍의 대변이 각각 평행하고 길이가 각각 같습니다.

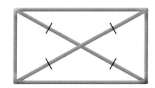

직사각형의 두 대각선은 길이가 같고 서로 다른 것을 이등분합니다.

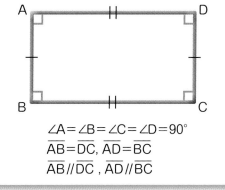

$\angle A=\angle B=\angle C=\angle D=90°$
$\overline{AB}=\overline{DC},\ \overline{AD}=\overline{BC}$
$\overline{AB}/\!/\overline{DC},\ \overline{AD}/\!/\overline{BC}$

네 각이 모두 직각이고, 네 변의 길이가 같은 사각형을 **정사각형**이라고 합니다.

정사각형의 두 대각선은 길이가 같고 서로 다른 것을 수직이등분합니다.

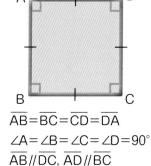

$\overline{AB}=\overline{BC}=\overline{CD}=\overline{DA}$
$\angle A=\angle B=\angle C=\angle D=90°$
$\overline{AB}/\!/\overline{DC},\ \overline{AD}/\!/\overline{BC}$

다음은 여러 가지 사각형의 관계를 그림으로 나타낸 것입니다.

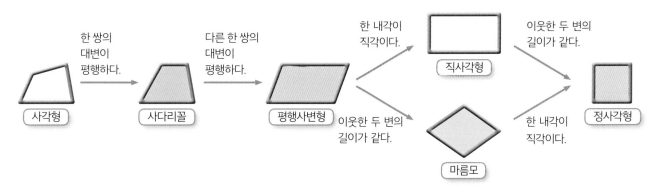

1 직사각형과 정사각형의 넓이　그림과 같은 도형  의 넓이를 어떻게 구할지 생각해 봅시다.

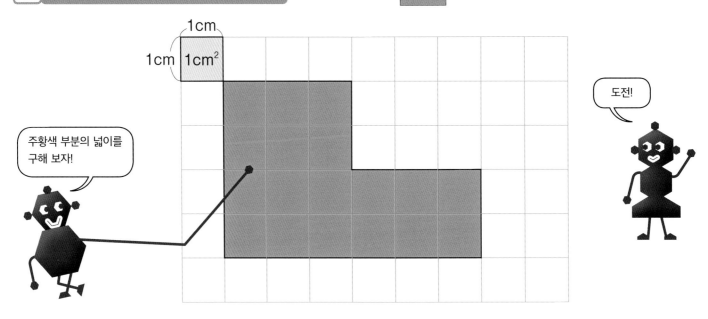

주황색 부분의 넓이를 구해 보자!

도전!

한 변이 1cm인 정사각형의 넓이 **1cm²**를 단위넓이로 하여 직사각형과 정사각형의 넓이를 구할 수 있습니다.
즉, 1cm²가 몇 개인지 세어 넓이를 구합니다. 126 페이지

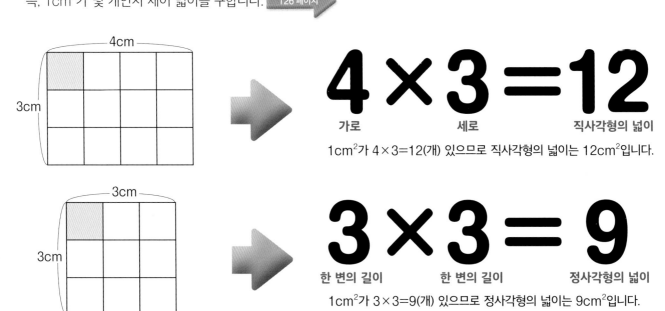

$$4 \times 3 = 12$$

가로　　세로　　직사각형의 넓이

1cm²가 4×3=12(개) 있으므로 직사각형의 넓이는 12cm²입니다.

$$3 \times 3 = 9$$

한 변의 길이　　한 변의 길이　　정사각형의 넓이

1cm²가 3×3=9(개) 있으므로 정사각형의 넓이는 9cm²입니다.

직사각형과 정사각형의 넓이

(직사각형의 넓이) = (가로) × (세로), (정사각형의 넓이) = (한 변의 길이) × (한 변의 길이)

단위넓이를 이용하여 다각형의 넓이를 구할 수 있습니다.
이번에는 직사각형과 정사각형으로 이루어진 도형의 넓이를 구해 보겠습니다.

→ 132 페이지 사각형

직사각형과 정사각형의 넓이 공식으로 도형 ⌐_| 의 넓이를 구해 봅시다.

위아래로 나눠서 구합니다.

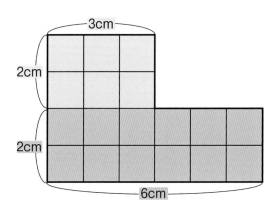

$$3 \times 2 + 6 \times 2 = 18 \,(cm^2)$$

위 직사각형 아래 직사각형

큰 직사각형에서 오른쪽 위 직사각형을 뺍니다.

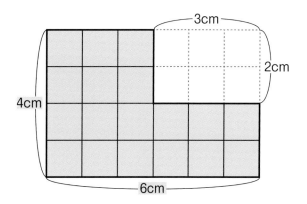

$$6 \times 4 - 3 \times 2 = 18 \,(cm^2)$$

큰 직사각형 오른쪽 위 직사각형

오른쪽 직사각형을 잘라서 위로 옮기면 세로로 긴 직사각형이 됩니다.

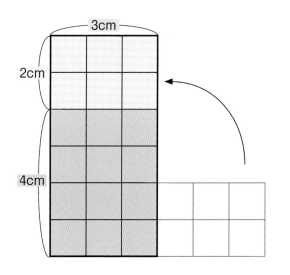

$$3 \times (2 + 4) = 18 \,(cm^2)$$

도형 2개를 합치면 큰 직사각형이 됩니다.

$$\{(3 + 6) \times 4\} \div 2 = 18 \,(cm^2)$$

도형 2개를 합친 직사각형

1 평행사변형의 넓이

그림과 같은 평행사변형의 넓이를 어떻게 구할지 생각해 봅시다.

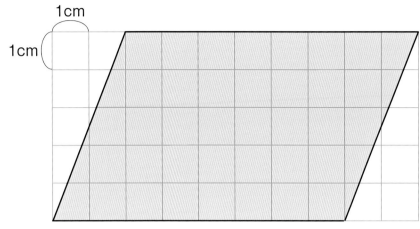

1cm
1cm

> 직사각형으로 만들어서 생각하면 돼.

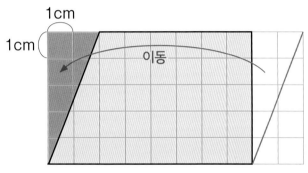

1cm
1cm
이동

직각삼각형을 잘라 붙여서 직사각형으로 만듭니다.
즉, 가로가 8cm, 세로가 5cm인 직사각형이 됩니다.

8×5=40(cm²)

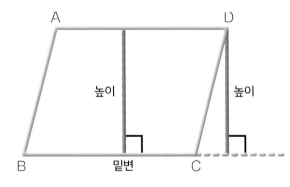

A D
높이 높이
B 밑변 C

평행사변형 ABCD에서 평행한 두 변 AD, BC를 밑변이라
하고, 두 밑변 사이의 거리 170 페이지 를 높이라고 합니다.

> 도형 바깥쪽에서 높이를 잡을 수도 있어.

평행사변형의 넓이

(평행사변형의 넓이) = (밑변) × (높이)

위 평행사변형의 넓이는 **8 × 5 = 40**(cm²)

2 삼각형의 넓이

[그림 1]과 같은 삼각형의 넓이를 어떻게 구할지 생각해 봅시다.
[그림 2]와 같이 삼각형의 넓이는 직사각형의 넓이의 반이 됩니다.

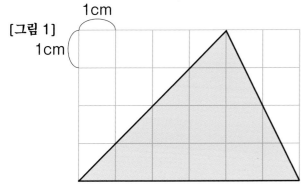

[그림 1] 1cm 1cm

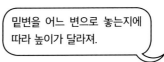

[그림 2]

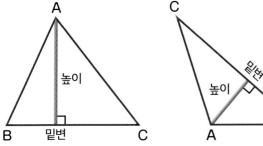

왼쪽 삼각형 ABC에서 변 BC를 밑변으로 놓을 때, 꼭짓점 A에서 밑변 BC에 수직으로 그은 선분을 높이라고 합니다.

밑변을 어느 변으로 놓는지에 따라 높이가 달라져.

삼각형의 넓이

$$(\text{삼각형의 넓이}) = (\text{밑변}) \times (\text{높이}) \div 2$$

위 삼각형의 넓이는 $6 \times 4 \div 2 = 12 (cm^2)$

여러 가지 사각형의 넓이

사다리꼴의 넓이

사다리꼴의 평행한 두 변을 밑변이라 하고, 밑변의 위치에 따라 윗변, 아랫변이라고 합니다. 이때 두 밑변 사이의 거리를 높이라고 합니다.

윗변
높이   높이
아랫변

마름모의 넓이

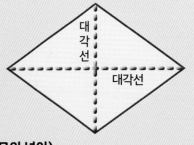

대각선
대각선

(사다리꼴의 넓이)={(윗변)+(아랫변)}×(높이)÷2

(마름모의 넓이)
=(한 대각선의 길이)×(다른 대각선의 길이)÷2

1 평균

크기가 다른 오렌지 5개를 1개씩 짜서 주스를 만들어 봅시다.
이 주스를 5개의 용기에 똑같은 양으로 나눠 담으려고 합니다.

오렌지 주스를 만들어 보자!

각각의 오렌지에서 짜낸 주스의 양을 조사하여 다음과 같이 표와 그래프로 나타냈습니다.

짜낸 주스의 양					
오렌지	①	②	③	④	⑤
주스의 양 (mL)	80	70	90	75	85

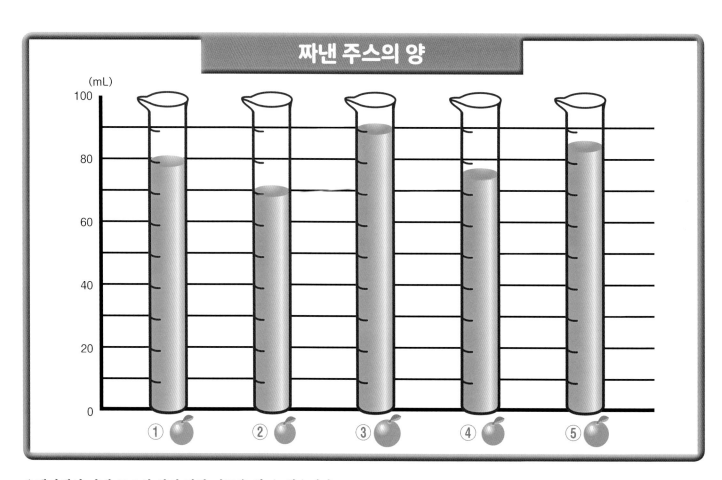

짜낸 주스의 양

오렌지에서 짜낸 주스의 양이 각각 다름을 알 수 있습니다.
주스를 똑같은 양으로 나누려면 용기에 몇 mL씩 담아야 할지 생각해 봅시다.

다양한 크기를 고르게 만드는 것을 '평균화한다'라고 합니다.
이번에는 여러 양을 어떻게 평균화하는지, 즉 평균을 구하는 방법을 살펴보겠습니다.

제3장 측정·기하　　139

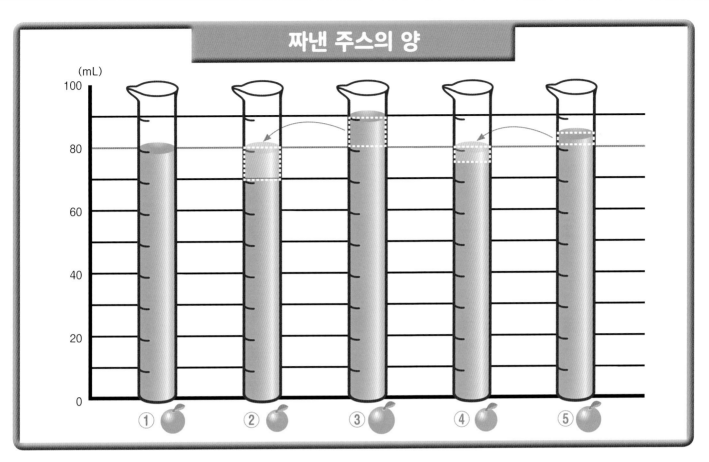

그래프의 들쑥날쑥한 부분을 평평하게 맞춰 보면 용기에 80mL씩 나눠 담으면 된다는 것을 알 수 있습니다.

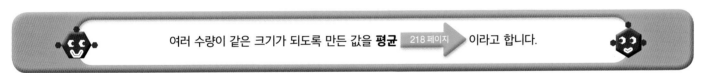

여러 수량이 같은 크기가 되도록 만든 값을 **평균** 218 페이지 ▶ 이라고 합니다.

2 평균을 구하는 방법　오렌지 5개에서 짜낸 주스의 양의 평균을 계산해 봅시다.

모든 주스의 양을 오렌지의 개수로 나누면 평균을 구할 수 있습니다.

$$(80 + 70 + 90 + 75 + 85) \div 5 = 80 \, (\text{mL})$$

모든 양　　개수

평균을 구하는 방법

(평균) = (전체의 합) ÷ (개수)

평균이란 '평평하고 균등하게 만든다'
라는 뜻이야.

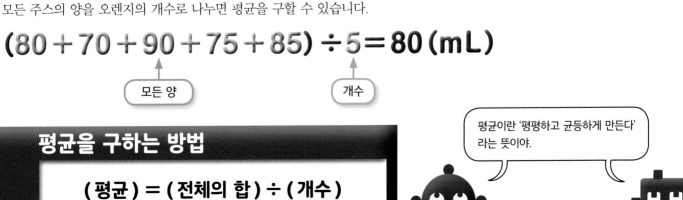

1 인구 밀도

우리나라에는 17개의 행정구역이 있습니다.

2017년을 기준으로 넓이가 가장 큰 곳은 경상북도이고, 가장 작은 곳은 세종특별자치시입니다.

또 인구가 가장 많은 곳은 서울특별시이며 가장 적은 곳은 세종특별자치시입니다.

1km²당 인구를 조사하여 넓이에 비해 인구가 많은 곳과 인구가 적은 곳은 어디인지 알아보겠습니다.

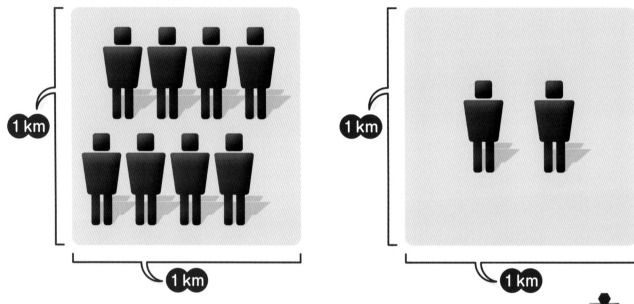

1km²에 사는 평균 인구를 **인구 밀도**라고 합니다.

인구 밀도는 나라나 행정구역이 사람들로 얼마나 북적대는지 나타냅니다.

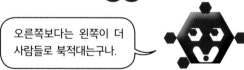
오른쪽보다는 왼쪽이 더 사람들로 북적대는구나.

다음 표는 인구 밀도가 큰 행정구역과 작은 행정구역을 각각 1위부터 3위까지 나타낸 것입니다.

		[1위] 서울특별시	[2위] 부산광역시	[3위] 광주광역시
인구 밀도가 큰 행정구역	인구(천 명)	9776	3429	1501
	넓이(km²)	605	770	501
	인구 밀도(명/km²)	약 16159	약 4453	약 2996

		[1위] 강원도	[2위] 경상북도	[3위] 전라남도
인구 밀도가 작은 행정구역	인구(천 명)	1521	2681	1796
	넓이(km²)	16875	19031	12319
	인구 밀도(명/km²)	약 90	약 141	약 146

통계청(2017), 국토교통부(2016)

사람으로 얼마나 북적대는지 알아보기 위해서는 1km²당 인구수, 즉 인구 밀도를 분석해야 합니다.
이번에는 여러 가지 단위당 크기에 대해 살펴보겠습니다.

제3장 측정·기하   141

2 여러 가지 단위당 크기

여러 가지 단위당 크기를 구하여 각 행정구역의 특징을 알아봅시다.

◆ 1학급당 초등학생 수가
　　많은 행정구역　　　　　(2017년)

1위 경기도　　　　　　　24.99명
2위 인천광역시　　　　　23.05명
3위 서울특별시　　　　　23.00명
　전국　　　　　　　　　22.26명

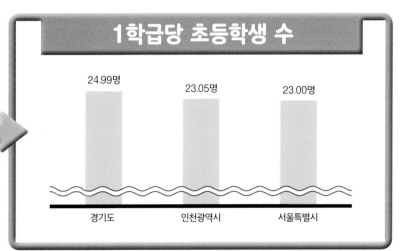

통계청(2017)

◆ 인구 1인당 자동차 등록 대수가
　　많은 행정구역　　　　　(2017년)

1위 제주특별자치도　　　0.76대
2위 전라남도　　　　　　0.52대
3위 경상북도　　　　　　0.52대
　전국　　　　　　　　　0.44대

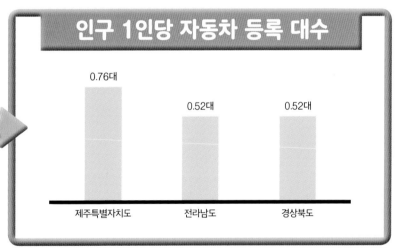

통계청(2017)

◆ 인구 1인당 민간 소비 지출액이
　　많은 행정구역　　　　　(2016년)

1위 서울특별시　　　　　19317000원
2위 울산광역시　　　　　15839000원
3위 대전광역시　　　　　15647000원
　전국　　　　　　　　　15611000원

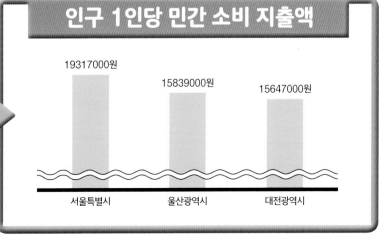

통계청(2016)

1 속력을 구하는 방법

단위시간 동안 물체가 이동한 거리를 속력이라고 합니다.

100m를 달리는 데 A는 20초, B는 22초가 걸렸다면 누가 더 빠르다고 할 수 있을까요?
같은 거리를 달렸으므로 걸린 시간이 짧은 A가 더 빠르다고 할 수 있습니다.

10초 동안 달렸을 때 C는 50m, D는 60m를 갔습니다.
같은 시간 동안 달렸으므로 나아간 거리가 긴 D가 더 빠르다고 할 수 있습니다.

그렇다면 다른 거리를 다른 시간 동안 달린 두 사람의 속력은 어떻게 구할 수 있을까요?

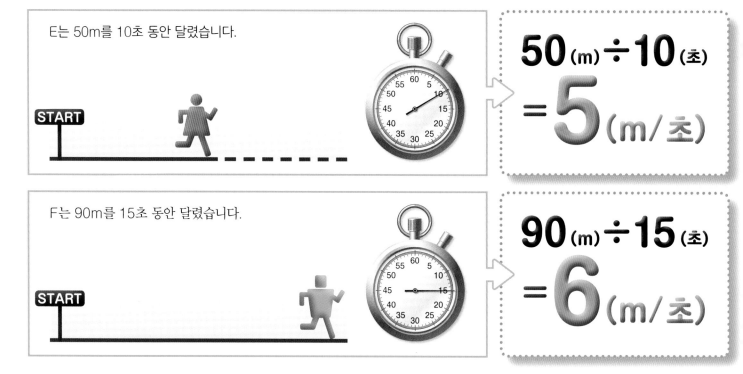

E는 50m를 10초 동안 달렸습니다.

$$50_{(m)} \div 10_{(초)} = 5_{(m/초)}$$

F는 90m를 15초 동안 달렸습니다.

$$90_{(m)} \div 15_{(초)} = 6_{(m/초)}$$

E는 50m를 10초 동안 달렸습니다. 즉, 1초당 5m를 달린 셈입니다.
F는 90m를 15초 동안 달렸습니다. 즉, 1초당 6m를 달린 셈입니다.
그러므로 F가 더 빠르다고 할 수 있습니다.

속력은 단위시간 동안 이동한 거리로 나타냅니다.

(속력) = (거리) ÷ (시간)

속력의 종류
1시간 동안 이동한 거리를 **시속**, 1분 동안 이동한 거리를 **분속**, 1초 동안 이동한 거리를 **초속**이라고 합니다.

속력은 어떤 정해진 시간 동안 나아간 거리를 나타낸 것으로서 단위시간당 크기 중 하나입니다.
속력을 구하는 방법과 속력이 어떻게 활용되는지 살펴봅시다.

제3장 측정·기하　143

2 속력의 활용

속력을 이용하여 거리와 시간을 구하는 식을 세워 봅시다.

특정한 조건에서 소리의 공기 중에서의 속력은 1초당 약 340m라고 합니다.
어떤 장소에서 번개가 친 지 10초 뒤 천둥소리가 들렸습니다.
이 소리의 초속을 340m라고 하면 소리는 10초 동안 340×10=3400(m)를 나아간 셈이 됩니다.
즉, 천둥소리를 들은 장소는 번개가 친 곳으로부터 약 3400m 떨어져 있다는 것을 알 수 있습니다.

$$(\text{거리}) = (\text{속력}) \times (\text{시간})$$

어떤 스키장 리프트의 속력은 분속 120m입니다. 이 리프트로 1320m 떨어진 지점까지 이동하려면 시간이 얼마나 걸릴지 생각해 봅시다.

1분 동안 120m를 가므로 1320m를 가려면
1320÷120=11(분)
즉, 이동하는 데 11분이 걸린다는 것을 알 수 있습니다.

$$(\text{시간}) = (\text{거리}) \div (\text{속력})$$

시속, 분속, 초속의 관계

시속, 분속, 초속은 모두 단위시간당 거리이므로 거리의 단위가 같다면 오른쪽 그림과 같은 관계가 성립합니다.

예 시속 36km ＝ 분속 0.6km ＝ 초속 0.01km
　　　(36000m)　　(600m)　　　(10m)

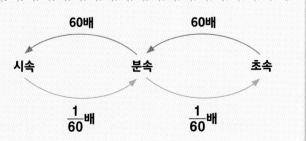

1 얼마나 늦었는지 구하는 방법

한 정거장 뒤에서 내렸을 때 약속 시간보다 얼마나 늦어질지 예측해 봅시다

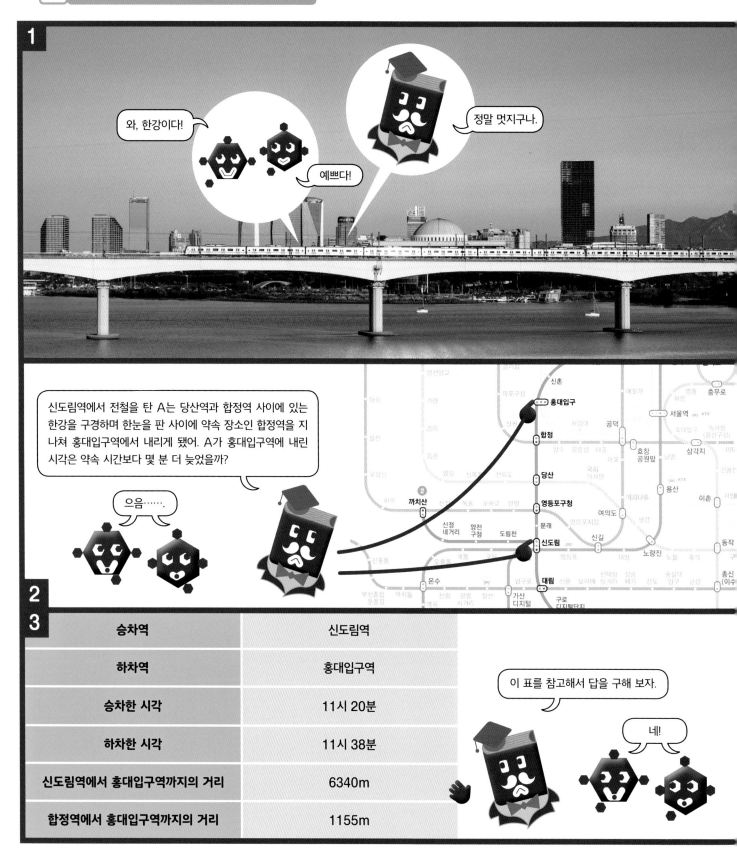

승차역	신도림역
하차역	홍대입구역
승차한 시각	11시 20분
하차한 시각	11시 38분
신도림역에서 홍대입구역까지의 거리	6340m
합정역에서 홍대입구역까지의 거리	1155m

속력에는 매번 값이 변하는 순간속력과 일정한 값을 갖는 평균속력이 있습니다.
실생활에서 평균속력을 구하는 상황을 살펴봅시다.

➡️142 페이지
속력

제3장 측정·기하   145

4

11시 20분부터 11시 38분까지 전철은 6340m를 이동하므로

$$6340\text{(m)} \div 18\text{(분)} = 352.22\cdots\text{(m/분)}$$

즉, 전철의 평균속력은 약 분속 352.2m (시속 21.1km)야.

합정역과 홍대입구역 사이의 거리가 1155m이므로 A가 약속 시간에 얼마나 늦었는지 다음과 같이 계산할 수 있어.

$$1155\text{(m)} \div 352.2\text{(m/분)} = 3.27\cdots\text{(분)}$$

한 3분 정도 늦은 셈이네요!

친구한테 홍대입구역으로 오라고 하는 게 낫겠다!

---

2 속력과 거리   분속 80m로 걸을 때, 역에서 도보로 15분 걸리는 아파트와 역 사이의 거리를 구해 봅시다.

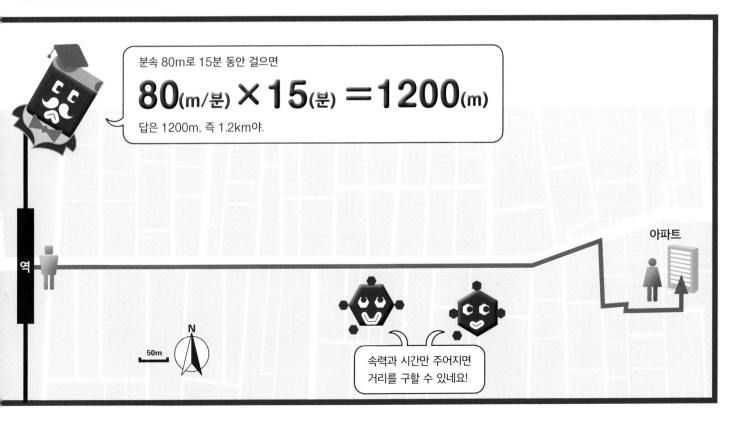

분속 80m로 15분 동안 걸으면

$$80\text{(m/분)} \times 15\text{(분)} = 1200\text{(m)}$$

답은 1200m, 즉 1.2km야.

아파트

역

50m   N

속력과 시간만 주어지면
거리를 구할 수 있네요!

1 다각형

삼각형과 사각형 130 ~ 133 페이지 처럼 3개 이상의 선분으로 둘러싸인 평면도형을 다각형이라고 합니다.

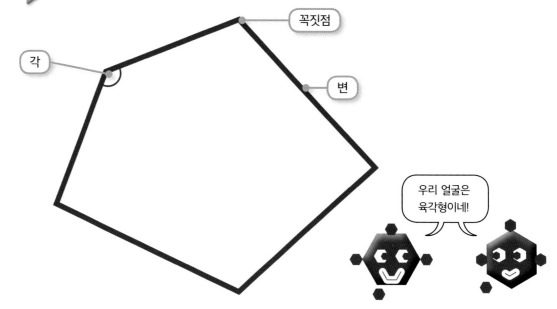

다각형의 이름은 변의 개수로 정해집니다. 예를 들어 위 도형의 변은 5개이므로 오각형입니다.

어떤 모양의 다각형이든 변, 꼭짓점, 각 등의 명칭은 같습니다.

또한 같은 종류의 다각형끼리는 변과 각의 수가 각각 같습니다.

2 정다각형

변의 길이와 각의 크기가 모두 같은 다각형을 정다각형이라고 합니다.

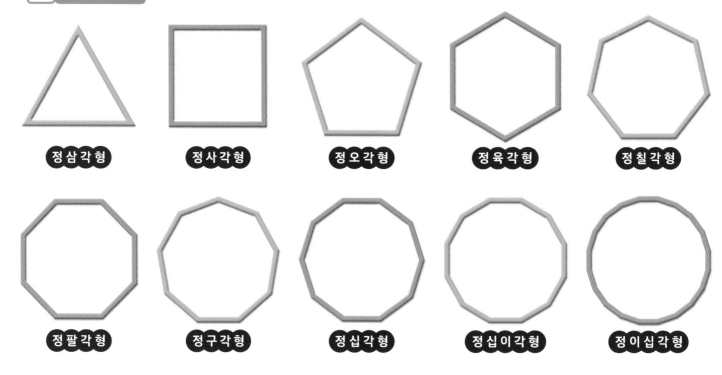

다각형은 3개 이상의 선분으로 둘러싸인 평면도형입니다. 또한 원은 한 점에서 같은 거리에 있는 점들의 집합입니다. 다각형과 원에 대하여 자세히 알아봅시다.

제3장 측정·기하 　147

3 　원 　평면 위에서 어떤 한 점으로부터 같은 거리에 있는 점의 집합을 원이라고 합니다.

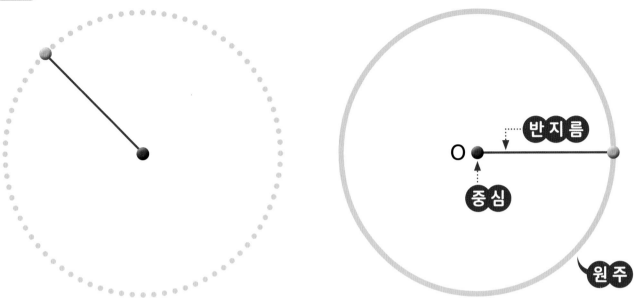

원의 둘레를 **원주**라고 합니다.

원주로부터 일정한 거리에 있는 점을 원의 **중심**이라고 하며 중심이 O인 원을 원 O로 나타냅니다.

원의 중심에서 원 위의 한 점을 이은 선분을 원의 **반지름**이라고 합니다.

원 위의 두 점을 연결하는 선분을 **현**이라고 합니다.

이 현은 원주를 두 부분으로 나누며

나누어진 일부분을 **호**라고 합니다.

하나의 현에 대해서 호 2개가 생깁니다.

가장 긴 현은 원의 중심 O를 지납니다.

이 선분을 원의 **지름**이라고 합니다.

지름의 길이는 반지름의 길이의 2배입니다.

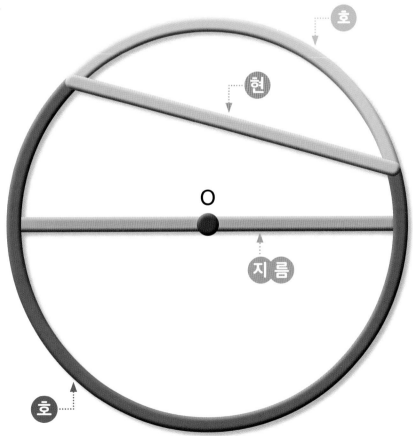

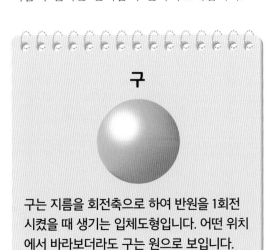

구

구는 지름을 회전축으로 하여 반원을 1회전 시켰을 때 생기는 입체도형입니다. 어떤 위치에서 바라보더라도 구는 원으로 보입니다.

1 **원주와 원주율**

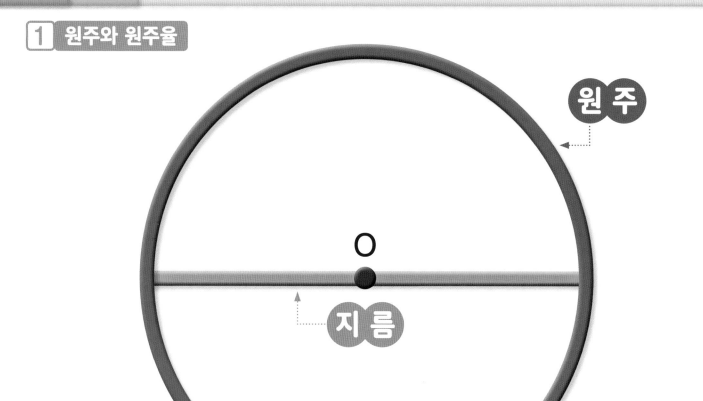

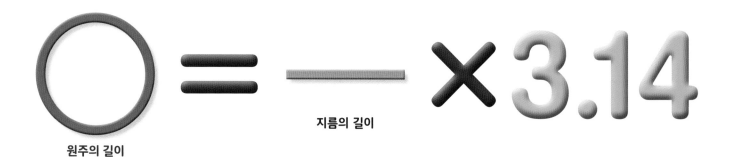

원주의 길이

지름의 길이

원주의 길이가 지름의 길이의 몇 배인지 나타내는 수를 **원주율**이라고 합니다.

원주율은 (원주)÷(지름)으로 구할 수 있으며 그 값은 약 3.14입니다.

원주율은 원의 크기와 관계없이 일정하며 그리스 문자인 π(파이)로 나타냅니다.

원주의 길이는 다음과 같이 구할 수 있습니다.

$$(\text{원주}) = (\text{지름}) \times \pi$$

지름을 알면 원주를 구할 수 있구나.

2 원주율의 값

우리는 보통 원주율 π 를 3.14로 사용하지만 π 는 사실 소수점 아래의 숫자가 무한히 계속되는 수입니다.

$$\pi = 3.14\ 15926535\ 8979323846\ 2643383279$$

5028841971 6939937510 5820974944 5923078164 0628620899
8628034825 3421170679 8214808651 3282306647 0938446095
5058223172 5359408128 4811174502 8410270193 8521105559
6446229489 5493038196 4428810975 6659334461 2847564823
3786783165 2712019091 4564856692 3460348610 4543266482
1339360726 0249141273·······

오늘날에는 슈퍼컴퓨터로 π 의 소수점 아래 10조 자리의 숫자까지 구할 수 있다고 합니다.
소수점 아래의 숫자가 규칙 없이 계속되므로 π 는 무리수 68 페이지➡ 입니다.

원주율의 역사

고대 그리스 시대(기원전 3세기경)에 아르키메데스는 다음과 같은 발상으로 원주율을 구했습니다.

원주는 원 안쪽에 있는 정다각형의 둘레보다는 길고 원 바깥쪽에 있는 정다각형의 둘레보다는 짧다.

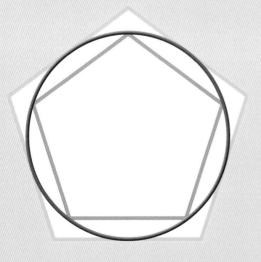

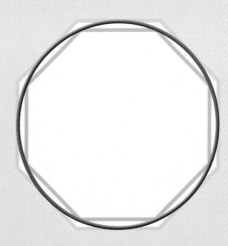

각이 늘어날수록 원 안쪽 다각형과 원 바깥쪽 다각형의 둘레 차이가 줄어드는구나.

아르키메데스는 정96각형을 만들어서 원주율이 $3\frac{10}{71} < \pi < 3\frac{1}{7}$ 임을 보였습니다.
$3\frac{10}{71} = 3.14084\cdots$, $3\frac{1}{7} = 3.14285\cdots$ 이므로 아르키메데스가 원주율을 3.14까지 정확히 구했음을 알 수 있습니다.

1 원의 넓이를 구하는 방법

원의 넓이를 구하는 방법을 생각해 봅시다.

다음과 같이 원을 잘게 잘라서 이어 붙여 보겠습니다.

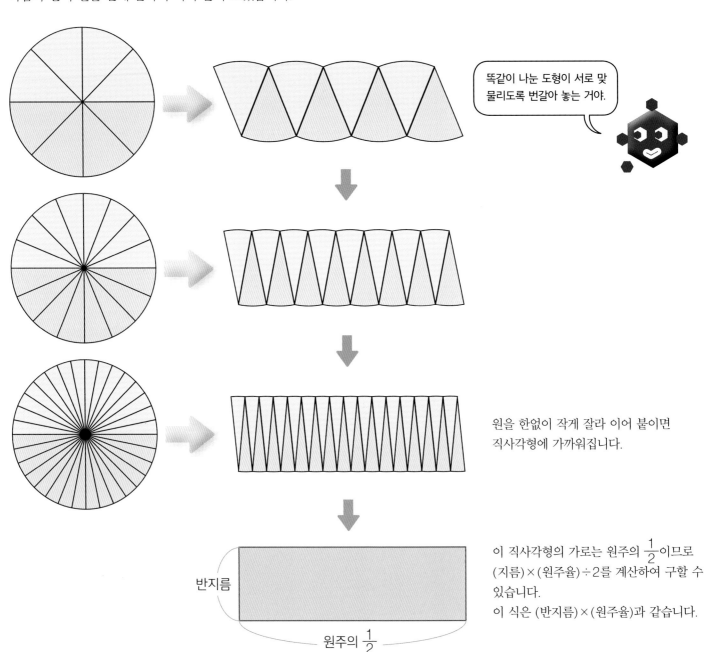

똑같이 나눈 도형이 서로 맞물리도록 번갈아 놓는 거야.

원을 한없이 작게 잘라 이어 붙이면 직사각형에 가까워집니다.

반지름

원주의 $\frac{1}{2}$

(지름)×(원주율)÷2

이 직사각형의 가로는 원주의 $\frac{1}{2}$이므로 (지름)×(원주율)÷2를 계산하여 구할 수 있습니다.
이 식은 (반지름)×(원주율)과 같습니다.

원의 넓이도 원주율 π와 관계가 있다는 뜻이구나.

(원의 넓이)=(반지름)×{(지름)×(원주율)÷2} ← (지름)÷2=(반지름)

　　　　　=(반지름)×(반지름)×(원주율)

　　　　　=(반지름)×(반지름)×π

원의 넓이를 어떻게 구할 수 있을까요?
원을 잘게 잘라 직사각형으로 만들어서 원의 넓이를 공식을 유도해 봅시다.

➡ 148 페이지
원주율

제3장 측정·기하   **151**

다음과 같이 원의 넓이를 구할 수도 있습니다.

왼쪽 그림처럼 원을 최대한 잘게 자릅니다.

잘게 자른 도형의 꼭짓점을 맞붙여서 하나의 삼각형으로 만듭니다.

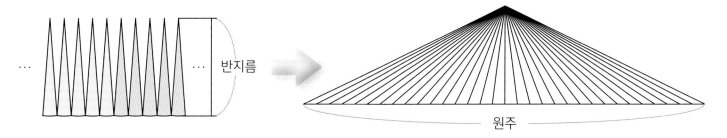

이 삼각형의 밑변은 원주의 길이, 높이는 반지름이라고 생각할 수 있으므로 삼각형의 넓이 공식 ➡137 페이지 을 사용해 봅시다.

(원의 넓이)=(원주)×(반지름)÷ 2

　　　　　 =(지름)×(원주율)×(반지름)÷ 2 ← (지름)÷ 2 =(반지름)

　　　　　 =(반지름)×(반지름)× π

2 원주와 원의 넓이 공식

$$\text{(원주) = (지름)} \times \pi$$
$$\text{(원의 넓이) = (반지름)} \times \text{(반지름)} \times \pi$$

원주의 길이를 ℓ, 원의 넓이를 S, 반지름의 길이를 r라 하면 위 공식은 다음과 같습니다.

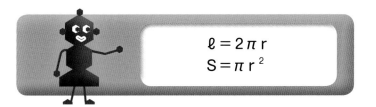

$$\ell = 2\pi r$$
$$S = \pi r^2$$

반지름을 알면 원주와 원의 넓이를 구할 수 있어.

원주율을 3.14로 놓고 지름의 길이가 10cm인 원의 원주의 길이와 넓이를 구해 보겠습니다.

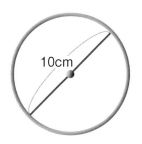

10cm

원주의 길이는 　 10 × 3.14 = 31.4(cm)
　　　　　　　　 지름　 원주율

원의 넓이는 　 5 × 5 × 3.14 = 78.5(cm²)
　　　　　　 반지름 반지름 원주율

 1 부채꼴 147 페이지 ➤

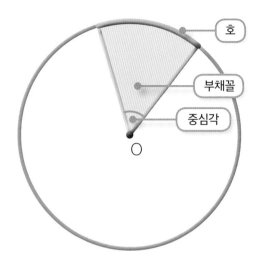

호

부채꼴

중심각

O

원에서 호와 두 반지름으로 둘러싸인 도형을 **부채꼴**이라고 합니다. 부채꼴에서 원의 중심과 두 반지름이 만드는 각을 **중심각**이라고 합니다.

보통은 주황색 부분(작은 쪽)을 부채꼴이라고 하지만, 사실 파란색 부분(큰 쪽)도 부채꼴이란다.

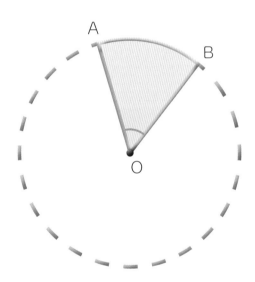

A

B

O

부채꼴은 호의 양 끝을 지나는 두 반지름과 그 호로 이루어진 도형입니다.

부채꼴의 호의 길이와 넓이는 반지름의 길이와 중심각의 크기에 의해 정해집니다.

중심각의 크기가 180°인 부채꼴은 반원이야.

호 AB는 $\overset{\frown}{AB}$와 같이 나타내.

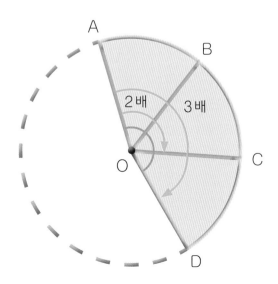

A

B

2배

3배

O

C

D

부채꼴의 호의 길이와 넓이는 각각 중심각의 크기에 정비례합니다. 즉, 한 원에서 중심각의 크기가 2배, 3배, …가 되면 부채꼴의 호의 길이도 2배, 3배, …가 됩니다.
마찬가지로 중심각의 크기가 2배, 3배, …가 되면 부채꼴의 넓이도 2배, 3배, …가 됩니다.

2 부채꼴의 호의 길이와 넓이 150 페이지 ▶

부채꼴의 성질을 이용하여 호의 길이와 넓이 공식을 세워 봅시다.

> **부채꼴의 호의 길이**
>
>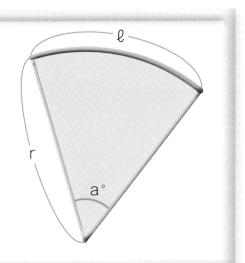
>
> (부채꼴의 호의 길이) : (원주) = (중심각) : 360°
>
> $$\frac{(호의\ 길이)}{(원주)} = \frac{(중심각)}{360°}$$
>
> 따라서 호의 길이 공식은 다음과 같습니다.
>
> $$(부채꼴의\ 호의\ 길이) = (원주) \times \frac{(중심각)}{360°}$$

 부채꼴의 호의 길이를 ℓ, 반지름의 길이를 r, 중심각을 a°라 하면
$$\ell = 2\pi r \times \frac{a}{360}$$

> **부채꼴의 넓이**
>
>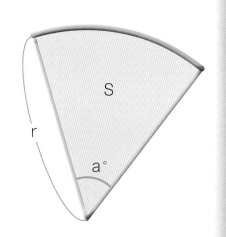
>
> 호의 길이와 마찬가지로 부채꼴의 넓이도 다음 관계가 성립합니다.
> (부채꼴의 넓이) : (원의 넓이) = (중심각) : 360°
>
> $$\frac{(부채꼴의\ 넓이)}{(원의\ 넓이)} = \frac{(중심각)}{360°}$$
>
> 따라서 부채꼴의 넓이 공식은 다음과 같습니다.
>
> $$(부채꼴의\ 넓이) = (원의\ 넓이) \times \frac{(중심각)}{360°}$$

 부채꼴의 호의 넓이를 S, 반지름의 길이를 r, 중심각을 a°라 하면
$$S = \pi r^2 \times \frac{a}{360}$$

71 # 원주각의 성질(1)

147 페이지

1 원주각

원에서 호 AB와 호 AB 위에 있지 않은 원 위의 한 점 P를 이었을 때 생기는
∠APB를 호 AB에 대한 원주각이라고 합니다.

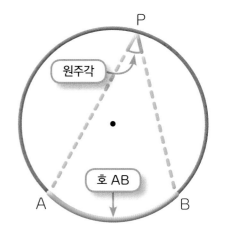

호 AB가 정해지면 중심각은 하나로 정해지지만 원주각은 점 P의 위치에 따라
여러 개 만들 수 있습니다.

한 호에 대한 원주각의 크기를 살펴보겠습니다. 일단 원에서 한 호를 정한 다음
호 위에 있지 않은 원 위의 점을 몇 개 찍어 원주각을 그려 봅시다.

한 호에 대한 원주각

오른쪽 그림과 같이 호 AB 위에 있지 않은 다섯 개의 점 P, Q, R, S, T를
찍고 원주각의 크기를 재어 보면

∠APB=∠AQB=∠ARB=∠ASB=∠ATB

가 됩니다. 즉, 한 호에 대한 원주각의 크기는 모두 같음을 알 수 있습니다.

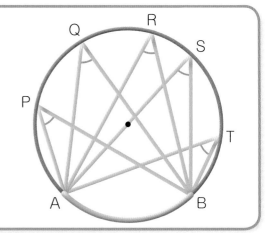

한 호에 대한 중심각 152 페이지 **과 원주각**

오른쪽 그림과 같이 호 AB에 대한 원주각 ∠APB와 중심각 ∠AOB의 크기
를 재어 보면

$$\angle APB = \frac{1}{2}\angle AOB$$

가 됩니다. 즉, 한 호에 대한 원주각의 크기는 중심각의 크기의 $\frac{1}{2}$ 임을
알 수 있습니다.

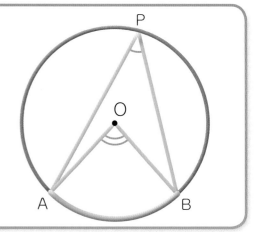

원주각의 성질

한 호에 대한 원주각의 크기는 일정하며, 그 호에 대한 중심각의 크기의 $\frac{1}{2}$입니다.

원주각의 성질 증명

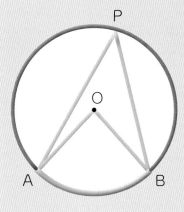

원 O 위의 두 점 A, B와 $\overset{\frown}{AB}$ 위에 있지 않은 점 P에 대하여

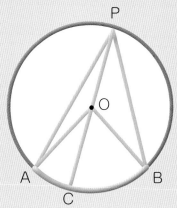

두 점 P, O를 지나는 반직선과 원의 교점을 C로 놓는다.

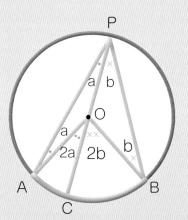

△APO와 △BPO는 모두 이등변삼각형이다.

∴ $\overline{OP}=\overline{OA}$, $\overline{OB}=\overline{OP}$

삼각형의 한 외각의 크기는 그와 이웃하지 않는 두 내각의 크기의 합과 같으므로 160 페이지

∠AOC = 2∠a
∠BOC = 2∠b
∠AOB = 2∠a + 2∠b

따라서 ∠APB = ∠a + ∠b = $\frac{1}{2}$∠AOB

2 지름과 원주각

다음 그림에서 선분 AB는 원 O의 지름입니다.

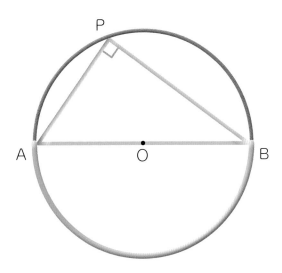

반원에 대한 중심각의 크기는 180°이므로 반원에 대한 원주각의 크기는 90°입니다.

∠APB = 90°

또한 반원에서 현은 원의 지름이므로 다음과 같이 말할 수 있습니다.

선분 AB를 지름으로 하는 원 위의 점 P에 대하여 ∠APB의 크기는 90°입니다.

이 정리를 그리스 수학자의 이름을 따서 탈레스의 정리라고도 해. 반대로 말하면 ∠APB=90°일 때, 점 P는 선분 AB를 지름으로 하는 원 위의 점이라는 뜻이야.

1 **호와 원주각** 154 페이지

오른쪽 그림과 같이 호 AB와 호 CD의 길이가 같을 때 ∠APB와 ∠CQD
의 크기는 같습니다.

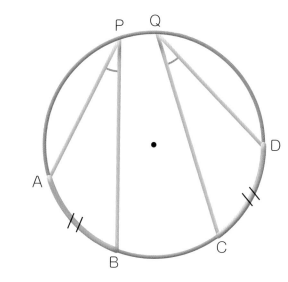

> ## 원주각과 호의 길이
>
> 한 원에서 길이가 같은 호에 대한 원주각의 크기
> 는 같습니다. 또 크기가 같은 원주각에 대한 호
> 의 길이는 같습니다.

이 성질은 반지름의 길이가 같은 두 원에 대해서도 성립합니다.

2 **원에 내접하는 사각형** 147 페이지

오른쪽 그림과 같이 현 AB에 대한 호는 $\overset{\frown}{APB}$, $\overset{\frown}{AQB}$로 2개가 있습니다.
$\overset{\frown}{APB}$에 대한 원주각 ∠AQB와 $\overset{\frown}{AQB}$에 대한 원주각 ∠APB에 대하여
∠APB+∠AQB=180°가 성립합니다.

오른쪽 그림과 같이 네 꼭짓점이 모두 한 원 위에 있는 사각형을 원에
내접하는 사각형이라고 말합니다.
그리고 이때의 원을 사각형의 **외접원**이라고 합니다.

외접원

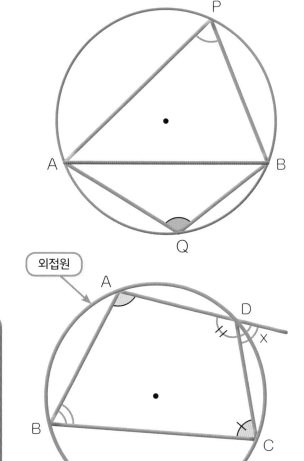

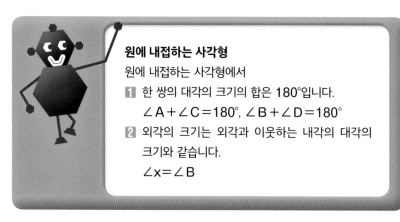

원에 내접하는 사각형
원에 내접하는 사각형에서
1 한 쌍의 대각의 크기의 합은 180°입니다.
　∠A+∠C=180°, ∠B+∠D=180°
2 외각의 크기는 외각과 이웃하는 내각의 대각의
　크기와 같습니다.
　∠x=∠B

원주각과 호의 길이 관계에 의해 오른쪽 그림에서 다음과 같은
관계가 성립합니다.

$\overset{\frown}{AB} = \overset{\frown}{BC} = \overset{\frown}{CD} \Leftrightarrow \angle APB = \angle BPC = \angle CPD$

호의 길이는 원주각의 크기에 정비례합니다. 즉, 호의 길이가
2배, 3배, …가 되면 원주각의 크기도 2배, 3배, …가 됩니다.

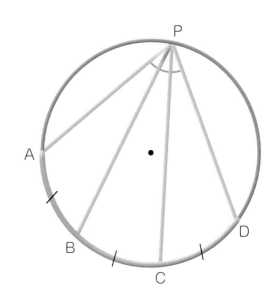

3　접선과 현이 이루는 각

**직선이 원과 한 점에서 만날 때, 직선은 원에 접한다고 하며
이 직선을 원의 접선이라고 합니다.
또한 접선이 원과 만나는 점을 접점이라고 합니다.**

원의 접선은 접점을 지나는
반지름과 수직이야.
오른쪽 그림을 예로 들면
∠OAT=90°이지.

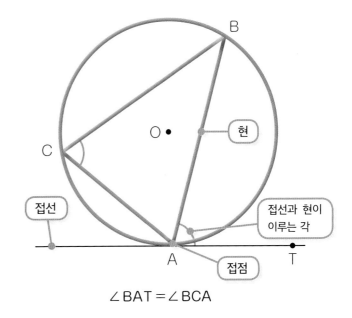

∠BAT = ∠BCA

원의 접선과 현이 이루는 각은 다음과 같은 성질이 있습
니다.

접선과 현이 이루는 각
원의 접선과 그 접점을 지나는 현이 이루는 각의 크기는 그 각의 안에 있는 호에 대한 원주각의
크기와 같습니다.
∠BAT=∠BCA

1 맞꼭지각

두 직선이 한 점에서 만날 때 생기는 각을 살펴봅시다.

오른쪽 그림과 같이 두 직선이 교차하면 교점을 중심으로 4개의 각이 생깁니다.

이 4개의 각 중에서 ∠a와 ∠c처럼 서로 마주 보는 각을 **맞꼭지각**이라고 합니다.
∠b와 ∠d도 맞꼭지각입니다.

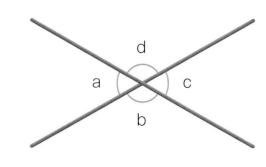

맞꼭지각의 성질
맞꼭지각의 크기는 서로 같습니다.

2 동위각과 엇각

두 직선이 다른 한 직선과 만날 때 생기는 각을 살펴봅시다.

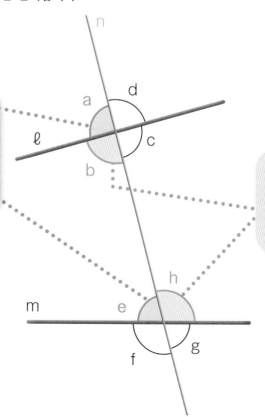

두 직선 ℓ, m과 한 직선 n이 만날 때 생기는 각 중에서 ∠a, ∠e와 같이 같은 위치에 있는 두 각을 서로 **동위각**이라고 합니다.

∠b, ∠h와 같이 엇갈린 위치에 있는 두 각을 서로 **엇각**이라고 합니다.

∠b와 ∠f, ∠c와 ∠g, ∠d와 ∠h도 각각 서로 동위각이야.

∠c와 ∠e도 서로 엇각이야.

[3] 평행선의 성질

서로 평행 [129 페이지] **한 두 직선과 다른 한 직선이 만나서 생기는 동위각과 엇각을 살펴봅시다.**

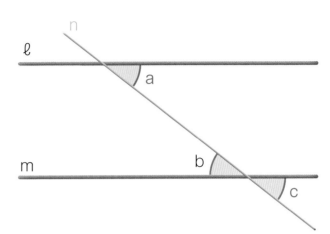

오른쪽 그림과 같이 두 직선 ℓ, m이 서로 평행할 때, 기호
로 ℓ//m과 같이 나타냅니다.
이때 동위각인 $\angle a$와 $\angle c$의 크기는 서로 같습니다.
또한 엇각인 $\angle a$와 $\angle b$의 크기도 서로 같습니다.

반대로 동위각인 $\angle a$와 $\angle c$의 크기가 같도록 두 직선 ℓ,
m을 그리면 ℓ//m이 됩니다.
또한 엇각인 $\angle a$와 $\angle b$의 크기가 같도록 두 직선 ℓ, m을
그리면 ℓ//m이 됩니다.

평행선과 동위각

서로 다른 두 직선이 한 직선과 만날 때

1 두 직선이 서로 평행하면 동위각의 크기는 같다.

2 동위각의 크기가 같으면 두 직선은 서로 평행하다.

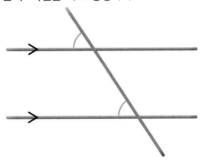

평행선과 엇각

서로 다른 두 직선이 한 직선과 만날 때

1 두 직선이 서로 평행하면 엇각의 크기는 같다.

2 엇각의 크기가 같으면 두 직선은 서로 평행하다.

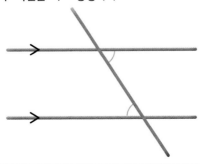

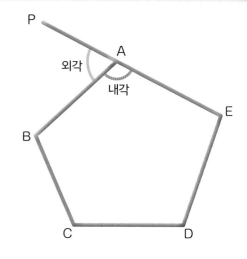

1 내각과 외각

한 변의 연장선과 이웃하는 다른 변이 이루는 각을 **외각**이라고 합니다.
오른쪽 그림에서 ∠BAP는 꼭짓점 A에서의 외각입니다.

또한 ∠BAE, ∠ABC와 같이 다각형에서 각 꼭짓점의 내부에 만들어진 각
을 다각형의 **내각**이라고 합니다.

> 반직선 BA를 그려서 꼭짓점 A에서의 외각을 하나
> 더 만들면 그 각은 ∠BAP와 크기가 서로 같아.

삼각형의 외각의 성질

삼각형의 한 외각의 크기는 그와 이웃하지 않는 두 내각의 크기의 합과 같습니다.

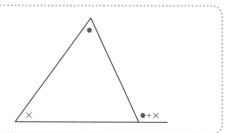

2 다각형의 내각의 크기의 합

육각형의 내각의 크기의 합은 몇 도인지 알아봅시다.

삼각형의 내각의 크기의 합은 180° 130 페이지 이므로 육각형의 내각의 크기
의 합은 180°×4=720°입니다.

> 다각형에서 이웃하지 않는 두 꼭짓점을 이은 선분을
> 대각선이라고 해.

한 꼭짓점에서 대각선을 모두 그으면
육각형이 4개의 삼각형으로 나뉜다.

다각형에 대각선을 모두 그어서 몇 개의 삼각형으로 나눠 보면 나누어진 삼
각형의 수는 다각형의 꼭짓점의 수보다 2개 적음을 알 수 있습니다.
즉, n각형의 내각의 크기의 합은 삼각형의 내각의 크기의 합의 (n−2)배입
니다.

다각형의 내각의 크기의 합
(n각형의 내각의 크기의 합)=180°×(n−2)

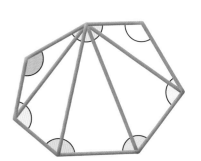

칠각형이 (7−2=)5개의
삼각형으로 나뉜다.

삼각형의 세 각의 크기의 합은 180°입니다.
이를 바탕으로 다각형의 내각의 크기의 합에 대해 생각해 봅시다.

제3장 **측정·기하**   **161**

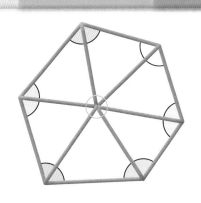

오른쪽 그림처럼 다각형 안에 점을 찍고 삼각형으로 나누어 내각의 크기의 합을 구하는 방법도 있습니다.

이 육각형은 6개의 삼각형(180°)으로 나누어졌으므로 안에 찍은 점을 둘러싼 각(360°)을 빼면 육각형의 내각의 크기의 합은 $180° \times 6 - 360° = 720°$가 됩니다.

이와 같은 방법으로 여러 가지 다각형의 합을 구해 봅시다.

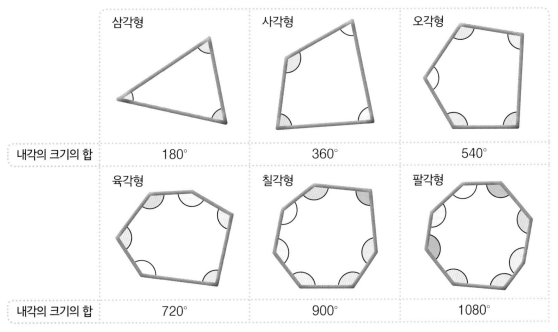

	삼각형	사각형	오각형
내각의 크기의 합	180°	360°	540°

	육각형	칠각형	팔각형
내각의 크기의 합	720°	900°	1080°

> 정다각형은 내각의 크기가 모두 같아. 그래서 내각의 크기의 합을 구하기만 하면 꼭짓점의 개수로 나눠서 내각 하나의 크기도 알 수 있어.

3 다각형의 외각의 크기의 합

다각형의 외각의 크기의 합은 몇 도인지 알아봅시다.

육각형의 경우 평각(180°)이 6개 있고 내각의 크기의 합이 720° 이므로 $180° \times 6 - 720° = 360°$가 됩니다.
같은 방법으로 다른 다각형의 외각의 크기의 합도 360°임을 알 수 있습니다.

평각

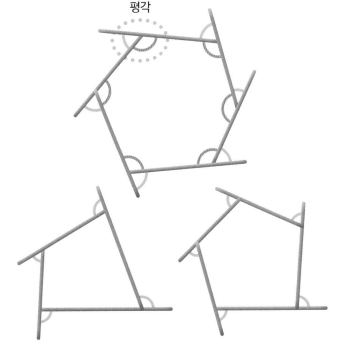

다각형의 외각의 크기의 합
다각형의 외각의 크기의 합은 360°입니다.

1 합동인 도형

모양과 크기가 같아서 포개었을 때 완전히 겹쳐지는 두 도형을 서로 합동이라고 합니다.

합동인 두 도형을 완전히 포개었을 때 겹쳐지는 점을 **대응점**, 겹쳐지는 변을 **대응변**, 겹쳐지는 각을 **대응각**이라고 합니다.

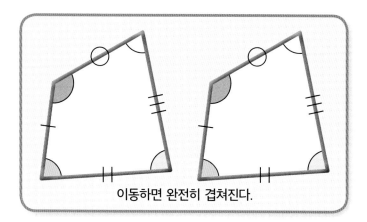

이동하면 완전히 겹쳐진다.

합동인 도형은 대응변의 길이가 각각 같고, 대응각의 크기가 각각 같습니다.

'十'과 '十十'은 길이가 같다는 것을 나타내고 있어.

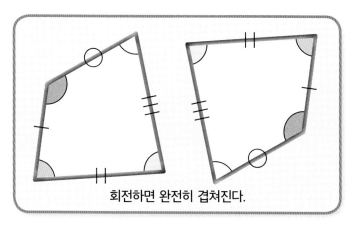

회전하면 완전히 겹쳐진다.

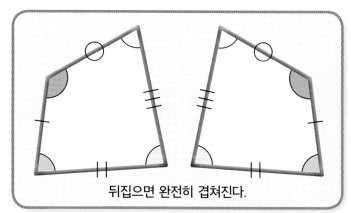

뒤집으면 완전히 겹쳐진다.

2 삼각형의 합동조건

삼각형의 합동에 대해 살펴봅시다.

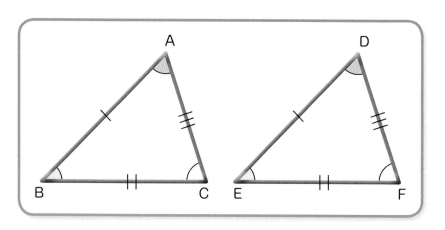

왼쪽 그림과 같이 두 삼각형 ABC, DEF에서 세 대응변의 길이와 세 대응각의 크기가 서로 같으면 합동입니다.

이를 △ABC≡△DEF와 같이 나타냅니다.

≡는 합동을 나타내는 기호야.

모양과 크기가 각각 같은 도형을 서로 합동이라고 합니다.
합동인 도형의 특징과 합동이 되기 위한 조건을 살펴봅시다.

제3장 측정·기하   **163**

삼각형의 합동조건

다음의 각 경우에 △ABC와 △DEF는 합동입니다.

1 세 대응변의 길이가 각각 같을 때

$$\overline{AB} = \overline{DE}$$
$$\overline{BC} = \overline{EF} \quad 이면 \quad \triangle ABC \equiv \triangle DEF$$
$$\overline{CA} = \overline{FD}$$

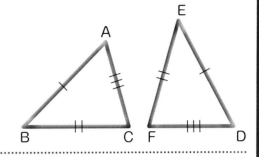

2 두 대응변의 길이가 각각 같고, 그 끼인각의 크기가 같을 때

$$\overline{AB} = \overline{DE}$$
$$\overline{BC} = \overline{EF} \quad 이면 \quad \triangle ABC \equiv \triangle DEF$$
$$\angle B = \angle E$$

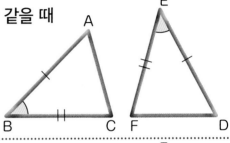

3 한 대응변의 길이가 같고, 그 양 끝각의 크기가 같을 때

$$\overline{BC} = \overline{EF}$$
$$\angle B = \angle E \quad 이면 \quad \triangle ABC \equiv \triangle DEF$$
$$\angle C = \angle F$$

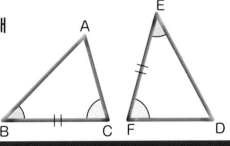

3 **직각삼각형의 합동조건**   다음의 각 경우에 두 직각삼각형 ABC와 DEF는 합동입니다.

1 빗변의 길이와 한 예각 128 페이지 의 크기가 같을 때

$$\angle C = \angle F = 90°$$
$$\overline{AB} = \overline{DE} \quad\quad 이면 \quad \triangle ABC \equiv \triangle DEF$$
$$\angle B = \angle E$$

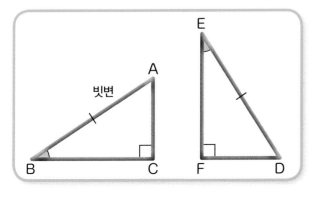

2 빗변의 길이와 다른 한 변의 길이가 같을 때

$$\angle C = \angle F = 90°$$
$$\overline{AB} = \overline{DE} \quad\quad 이면 \quad \triangle ABC \equiv \triangle DEF$$
$$\overline{BC} = \overline{EF}$$

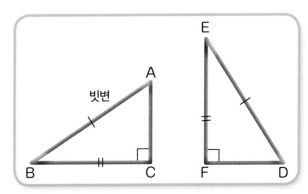

1 선대칭도형

한 직선을 따라 접어서 완전히 겹쳐지는 도형을 선대칭도형이라고 합니다.

꼭지각의 이등분선을 따라 이등변삼각형을 반으로 접으면 정확히 겹쳐집니다.
따라서 이등변삼각형은 선대칭도형입니다.

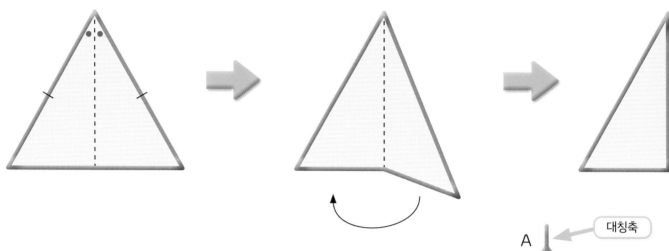

오른쪽 그림과 같이 선대칭도형을 만드는 직선을 **대칭축**이라고 합니다.
대칭축을 중심으로 접으면 점 B와 점 C는 겹쳐집니다.
즉, 점 B와 점 C는 서로 **대응점**이고, 변 AB와 변 AC는 서로 **대응변**입니다.

선대칭도형에서 대칭축은 대응점끼리 이은 선분의 수직이등분선 171 페이지 이 됩니다.

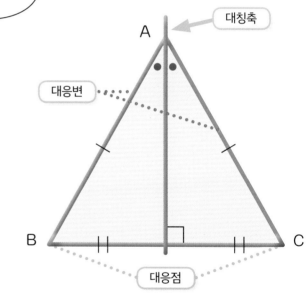

선대칭도형 또는 점대칭도형인 다각형

정삼각형

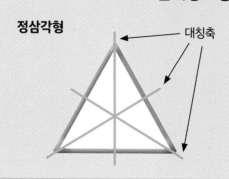

대칭축

마름모

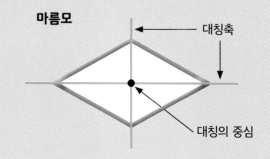

대칭축

대칭의 중심

한 직선을 따라 접었을 때 완전히 겹쳐지는 도형이나 어떤 점을 중심으로 180° 돌렸을 때 완전히 겹쳐지는 도형에 대해 생각해 봅시다.

제3장 측정·기하 165

2 점대칭도형

어떤 점을 중심으로 180° 돌렸을 때 완전히 겹쳐지는 도형을 점대칭도형이라고 합니다.

평행사변형은 두 대각선의 교점을 중심으로 180° 돌리면 원래 모양과 정확히 겹쳐집니다.
따라서 평행사변형은 점대칭도형입니다.

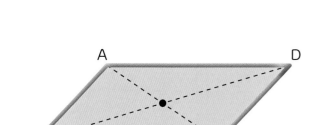

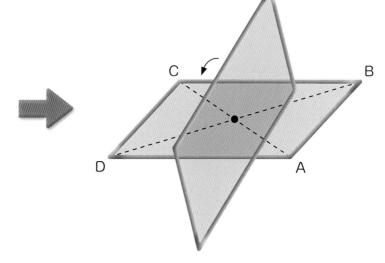

오른쪽 그림과 같이 점대칭도형에서 회전의 중심이 되는 점을 **대칭의 중심**이라고 합니다.
점 O를 대칭의 중심으로 180° 돌리면 점 A와 점 C, 점 B와 점 D는 각각 정확히 겹쳐집니다. 즉, 두 점 A, C와 두 점 B, D는 각각 서로 대응점입니다.

점대칭도형에서 대응점을 이은 선분은 대칭의 중심에 의해 이등분됩니다.

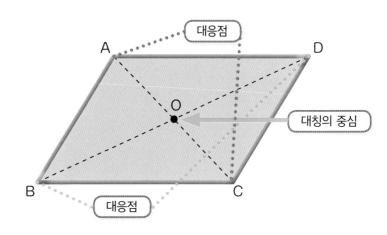

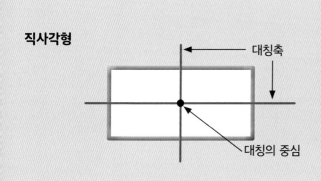

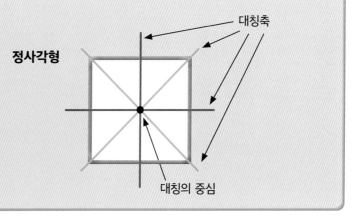

1 평행이동

도형을 일정한 방향으로 일정한 거리만큼 옮기는 것을 평행이동이라고 합니다.

이동하기 전의 점과 이동한 후의 점은 서로 대응점입니다.
오른쪽 그림의 평행이동에서는 점 A와 점 A′, 점 B와 점 B′, 점 C와 점 C′이 각각 서로 대응점입니다.

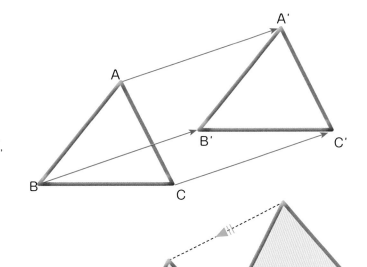

평행이동에서 대응점끼리 이은 선분은 서로 평행하며 그 길이는 모두 같습니다.

2 회전이동

어떤 점을 중심으로 도형을 일정한 각도만큼 회전하여 옮기는 것을 회전이동이라고 합니다.

이때 회전이동에서 중심이 되는 점을 **회전의 중심**이라고 합니다.
오른쪽 그림의 회전이동에서는 점 A와 점 A′, 점 B와 점 B′, 점 C와 점 C′이 각각 서로 대응점입니다.

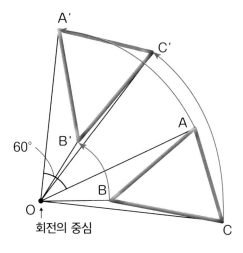

회전의 중심

△A′B′C′은 △ABC를 점 O를 중심으로 60°만큼 회전이동한 거야.

회전이동에서 대응점과 회전의 중심 사이의 거리는 서로 같으며, 각 대응점과 회전의 중심을 이은 선분에 의해 생기는 각의 크기는 모두 같습니다.

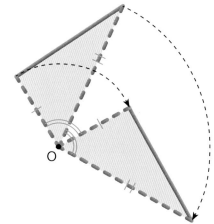

어떤 도형을 모양이나 크기를 바꾸지 않고 위치만 바꾸는 것을 이동이라고 합니다.
대표적인 도형의 이동에 대해 알아봅시다.

제3장 측정·기하   167

특히 점대칭이동은 180°만큼 회전하는 하나의 회전이동입니다.

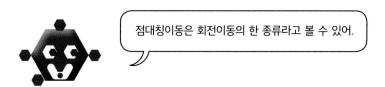

점대칭이동은 회전이동의 한 종류라고 볼 수 있어.

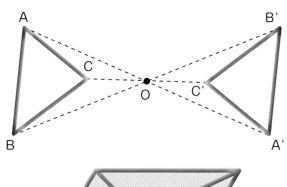

즉, 점대칭도형은 점 O를 중심으로 180°만큼 회전이동할 때 원래
도형과 완전히 겹쳐지는 도형입니다.

오른쪽 그림과 같은 평행사변형은 두 대각선의 교점 O를 중심으로
180°만큼 회전이동하면 원래 도형과 완전히 겹쳐집니다.

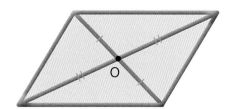

3 대칭이동

도형을 어떤 직선에 대하여 옮기는 것을 대칭이동이라고 합니다.

대칭이동의 기준이 되는 직선을 **대칭축**이라고 합니다. 오른쪽 그림의 대
칭이동에서는 점 A와 점 A′, 점 B와 점 B′, 점 C와 점 C′이 각각 서로
대응점입니다.

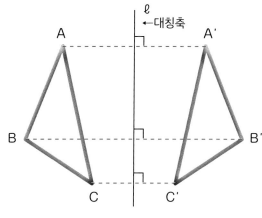

△A′B′C′은 직선 ℓ에 대하여
△ABC를 대칭이동한 거야.

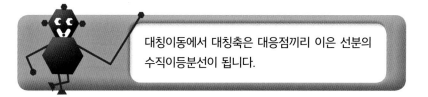

대칭이동에서 대칭축은 대응점끼리 이은 선분의
수직이등분선이 됩니다.

선대칭도형은 직선 ℓ을 대칭축으로 하여 접었을 때 원래 도형과 완전히
겹쳐지는 도형입니다.

오른쪽 그림과 같이 등변사다리꼴 191 페이지 과 이등변삼각형은 선대
칭도형입니다.

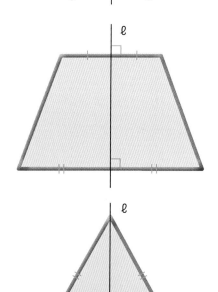

1 쪽매 맞춤

평면을 도형으로 겹치지 않게 빈틈 없이 채우는 것을 쪽매 맞춤(tessellation)이라고 합니다.

우리 주변에는 다음과 같이 쪽매 맞춤으로 이루어진 무늬들이 있습니다.

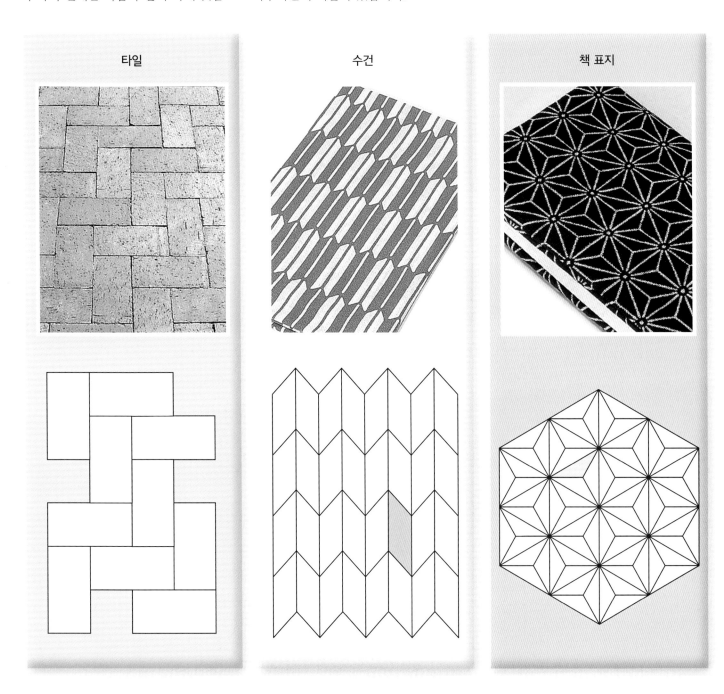

타일　　　　수건　　　　책 표지

이러한 무늬들은 위 그림처럼 도형 하나를 이동시키면서 채운 것입니다.

이번에는 같은 도형으로 평면을 채우는 방법을 생각해 보겠습니다.
이것을 쪽매 맞춤이라고 합니다.

2 삼각형으로 채우기

삼각형의 내각의 크기의 합은 180°이므로 세 내각을 나란히 모아 놓으면 평각(180°)이 만들어집니다.

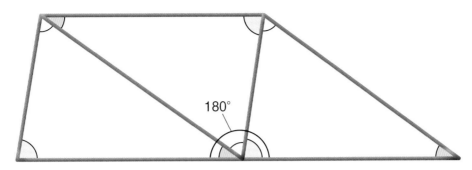

다음과 같이 서로 합동인 삼각형들로 평면을 채울 수 있습니다.

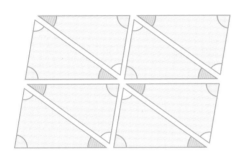
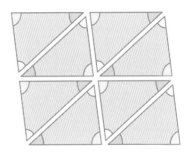

3 사각형으로 채우기

합동인 정사각형과 직사각형, 평행사변형으로도 평면을 채울 수 있습니다.

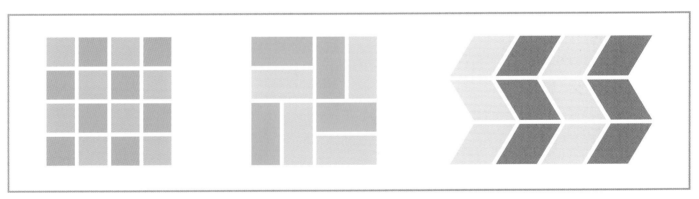

사각형의 내각의 크기의 합은 360°이므로 오른쪽 그림과
같은 일반 사각형으로도 평면을 채울 수 있습니다.

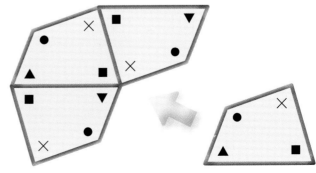

1 수선

두 직선이 만나서 이루는 각이 직각일 때, 두 직선은 서로 **수직**이라고 합니다.
또 두 직선이 서로 수직이면 한 직선을 다른 직선에 대한 **수선**이라고 합니다.
오른쪽 그림에서 두 직선 ℓ과 m이 수직일 때, ℓ⊥m과 같이 나타냅니다.

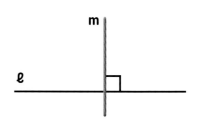

직선 위의 한 점을 지나는 수선의 작도

직선 ℓ 위의 점 P를 지나는 수선 PQ는 다음과 같이 작도합니다.

1 점 P를 중심으로 원을 그려서 직선 ℓ과 만나는 두 점을 각각 A, B라고
한다.

2 두 점 A, B에서 반지름의 길이가 같은 원을 그려서 두 원이 만나는 점을
Q라고 한다.

3 직선 PQ를 그린다.

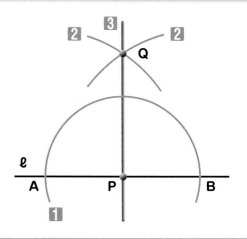

직선 밖의 한 점을 지나는 수선의 작도

직선 ℓ 밖의 점 P를 지나는 수선 PQ는 다음과 같이 작도합니다.

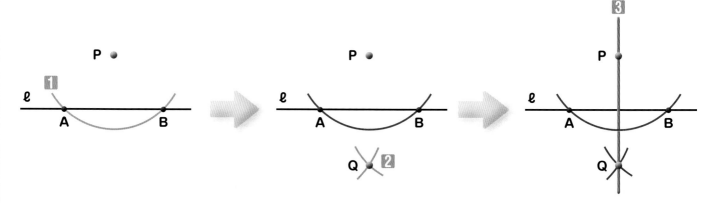

1 점 P를 중심으로 원을 그려서 직선 ℓ과 만나는 두 점을 각
각 A, B라고 한다.

2 두 점 A, B에서 반지름의 길이가 같은 원을 그려서 만나는
점 중 하나를 Q라고 한다.

3 직선 PQ를 그린다.

> 작도할 때 그린 선을 지우지 않고 놓아두면
> 작도 순서를 이해하는 데 도움이 돼.

눈금 없는 자와 컴퍼스만을 사용하여 여러 가지 선과 각, 도형을 그리는 것을 작도라고 합니다.
이번에는 여러 작도 방법을 살펴봅시다.

제3장 측정·기하　171

2　수직이등분선

선분을 이등분하는 점을 그 선분의 **중점**이라고 합니다.
오른쪽 그림처럼 두 점 A, B로부터 같은 거리에 있는 점들의 집합은 선분
AB의 중점 M을 지나며 직선 AB와 수직인 직선이 됩니다.

선분을 수직으로 이등분하는 직선을 그 선분의 **수직이등분선**이라고 합니다.
어떤 선분의 수직이등분선은 그 선분의 대칭축 164 페이지 이 됩니다.

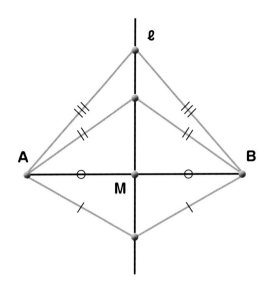

수직이등분선의 작도

선분 AB의 수직이등분선은 다음과 같이 작도합니다.

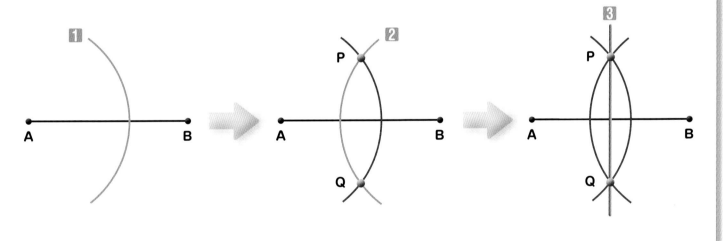

1　점 A를 중심으로 적당한 크기의 원을 그린다.
2　점 B를 중심으로 1과 반지름의 길이가 같은 원을 그리고 두 원의 교점을
　　각각 P, Q라고 한다.
3　직선 PQ를 그린다.

> 1, 2에서 그리는 원은
> 반지름의 길이가 같아야 해.

80 # 작도(2) 초 중 고

1 각의 이등분선

오른쪽 그림과 같이 ∠AOB의 안에 있으며 각의 두 변과의 거리가 같은 점들의 집합은 반직선 OC와 같습니다.

이때 $\overrightarrow{OC}$는 ∠AOB를 이등분하는 반직선입니다.

각을 이등분하는 반직선을 그 **각의 이등분선**이라고 합니다.

각의 이등분선은 그 각의 대칭축 164 페이지 → 이 됩니다.

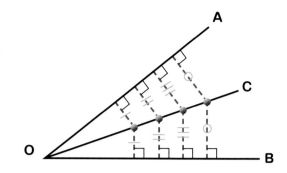

각의 이등분선의 작도

∠AOB의 이등분선은 다음과 같이 작도합니다.

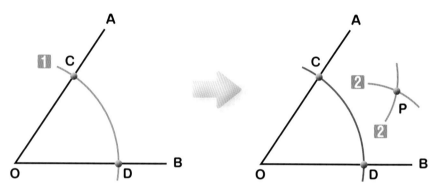 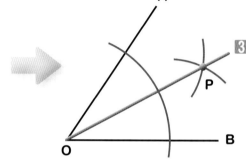

1 점 O를 중심으로 원을 그려서 변 OA, 변 OB와 만나는 점을 각각 C, D 라고 한다.

2 두 점 C, D를 각각 중심으로 하고 반지름의 길이가 같은 두 원을 그린 다음 ∠AOB의 안에 있는 두 원의 교점을 P라고 한다.

3 반직선 OP를 그린다.

> ∠AOB=180°이면 이 각의 이등분선의 작도는 앞에서 공부한 직선 위의 점을 지나는 수선의 작도와 같아. 즉, 수선은 180°를 이등분하니까 90°를 작도하는 셈이지.

작도의 도구

그림을 그리기 위한 도구로 자와 컴퍼스, 눈금자, 각도기 등이 있습니다.

작도는 눈금이 없는 자와 컴퍼스만을 사용하여 도형을 그리는 것입니다.

자는 직선을 그릴 때 사용하고, 컴퍼스는 원을 그리거나 선분의 길이를 그대로 옮길 때 사용합니다.

이때 눈금자로 길이를 재거나 각도기로 각도를 측정하지는 않습니다.

또한 어떻게 작도했는지 알 수 있도록 작도 과정에서 그린 선을 지우지 않고 그대로 둡니다.

각을 이등분하는 반직선을 작도하는 방법을 생각해 보겠습니다.
그리고 정삼각형과 정육각형을 작도하는 방법도 살펴봅시다.

제3장 **측정·기하**

173

도형의 작도

정삼각형의 작도

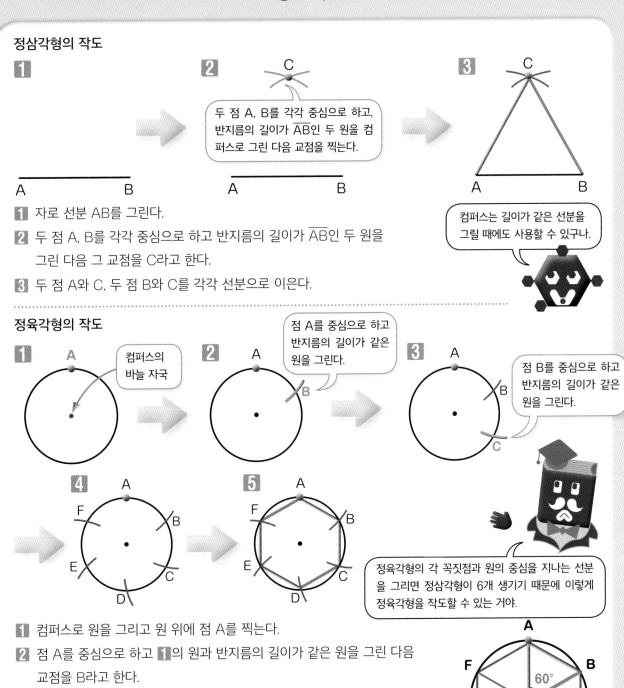

1️⃣ 자로 선분 AB를 그린다.

2️⃣ 두 점 A, B를 각각 중심으로 하고 반지름의 길이가 $\overline{AB}$인 두 원을 그린 다음 그 교점을 C라고 한다.

3️⃣ 두 점 A와 C, 두 점 B와 C를 각각 선분으로 이은다.

두 점 A, B를 각각 중심으로 하고, 반지름의 길이가 $\overline{AB}$인 두 원을 컴퍼스로 그린 다음 교점을 찍는다.

컴퍼스는 길이가 같은 선분을 그릴 때에도 사용할 수 있구나.

정육각형의 작도

컴퍼스의 바늘 자국

점 A를 중심으로 하고 반지름의 길이가 같은 원을 그린다.

점 B를 중심으로 하고 반지름의 길이가 같은 원을 그린다.

1️⃣ 컴퍼스로 원을 그리고 원 위에 점 A를 찍는다.

2️⃣ 점 A를 중심으로 하고 **1️⃣**의 원과 반지름의 길이가 같은 원을 그린 다음 교점을 B라고 한다.

3️⃣ 이번에는 점 B를 중심으로 하고 **1️⃣**의 원과 반지름의 길이가 같은 원을 그린 다음 점 A가 아닌 교점을 C라고 한다.

4️⃣ 같은 방법으로 원 위에 세 점 D, E, F를 찍는다.

5️⃣ 6개의 점 A, B, C, D, E, F를 선분으로 연결한다.

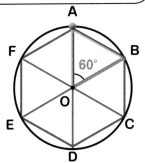

정육각형의 각 꼭짓점과 원의 중심을 지나는 선분을 그리면 정삼각형이 6개 생기기 때문에 이렇게 정육각형을 작도할 수 있는 거야.

81 도형의 닮음

1 닮은 도형

한 도형을 일정한 비율로 확대하거나 축소한 것이 다른 도형과 합동일 때, 이 두 도형은 서로 닮음인 관계에 있다고 합니다.

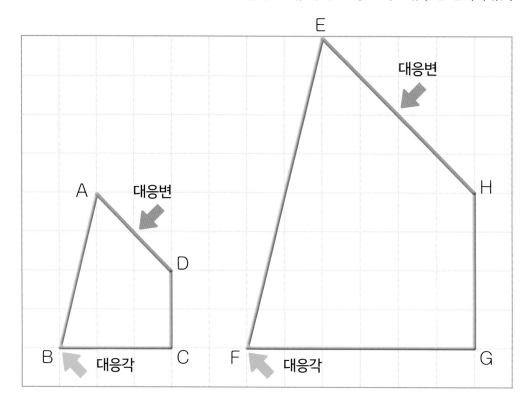

위 두 사각형 ABCD와 EFGH는 닮은 도형입니다.

이를 기호로 □ABCD∽□EFGH와 같이 나타냅니다.

> ∽는 닮음을 나타내는 기호야.

□EFGH는 □ABCD의 대응변의 길이를 2배로 늘린 것입니다.

□ABCD와 □EFGH에서 대응변의 길이와 대응각의 크기에 대해 다음과 같은 관계가 성립합니다.

$$\overline{EF}=2\,\overline{AB}, \quad \overline{FG}=2\,\overline{BC}, \quad \overline{GH}=2\,\overline{CD}, \quad \overline{HE}=2\,\overline{DA}$$
$$\angle E=\angle A, \quad \angle F=\angle B, \quad \angle G=\angle C, \quad \angle H=\angle D$$

닮음의 성질

닮은 두 도형에서

❶ 대응변의 길이의 비는 모두 같습니다.

❷ 대응각의 크기는 각각 같습니다.

우리는 '가'와 '가'를 같은 문자로 봅니다. 크기는 다르지만 모양이 같음을 알기 때문이지요.
이번에는 이와 같이 모양이 같고 크기가 다른 도형에 대해 알아보겠습니다.

제3장 **측정·기하**   **175**

2 닮음비

닮은 두 도형에서 대응변의 길이의 비를 닮음비라고 합니다.

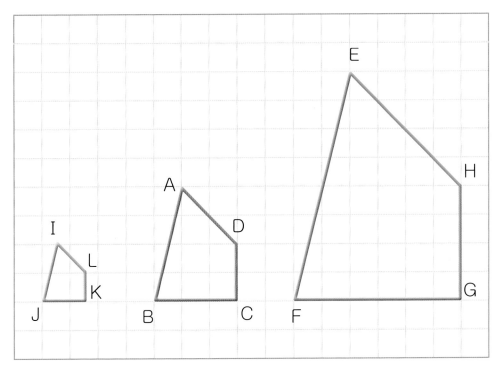

□EFGH는 □ABCD를 2배로 확대한 것이고, □IJKL은 □ABCD를 $\frac{1}{2}$ 배로 축소한 거야.

위 그림에서 □ABCD와 □EFGH의 닮음비는 1 : 2입니다.

3 삼각형의 닮음조건   두 삼각형은 다음의 각 경우에 닮은 도형입니다.

1 세 대응변의 길이의 비가 모두 같을 때

a : a′=b : b′=c : c′이면 △ABC ∽△A′B′C′

2 두 대응변의 길이의 비가 같고 그 끼인각의 크기가 각각 같을 때

a : a′=c : c′
∠B=∠B′   이면 △ABC ∽△A′B′C′

3 두 대응각의 크기가 각각 같을 때

∠B=∠B′
∠C=∠C′   이면 △ABC ∽△A′B′C′

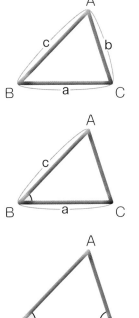
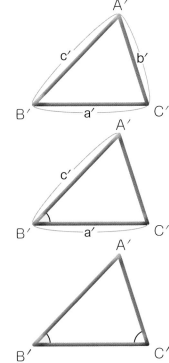

1 삼각형에서 평행선과 선분의 길이의 비

△ABC의 두 변 AB, AC 위의 점을 각각 D, E라고 하고 두 점
D, E를 선분으로 이으면 다음과 같은 관계가 성립합니다.

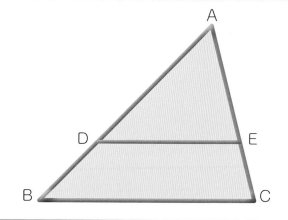

삼각형에서 평행선과 선분의 길이의 비(1)

△ABC의 두 변 AB, AC 위의 점을 각각 D, E라 할 때

1 $\overline{DE} /\!/ \overline{BC}$이면 $\overline{AD}:\overline{AB}=\overline{AE}:\overline{AC}=\overline{DE}:\overline{BC}$

2 $\overline{AD}:\overline{AB}=\overline{AE}:\overline{AC}$이면 $\overline{DE} /\!/ \overline{BC}$

삼각형에서 평행선과 선분의 길이의 비(2)

△ABC의 두 변 AB, AC 위의 점을 각각 D, E라 할 때

1 $\overline{DE} /\!/ \overline{BC}$이면 $\overline{AD}:\overline{DB}=\overline{AE}:\overline{EC}$

2 $\overline{AD}:\overline{DB}=\overline{AE}:\overline{EC}$이면 $\overline{DE} /\!/ \overline{BC}$

2 평행선 사이에 있는 선분의 길이의 비

3개 이상의 평행선과 두 직선이 만날 때, 다음과 같은 관계가 성립
합니다.

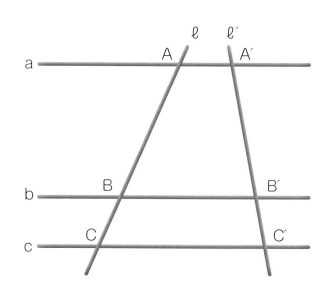

평행선 사이에 있는 선분의 길이의 비

3개의 평행선 a, b, c가 직선 ℓ 과 각각
세 점 A, B, C에서 만나고 직선 ℓ' 과
각각 세 점 A´, B´, C´에서 만나면
$$\overline{AB}:\overline{BC}=\overline{A'B'}:\overline{B'C'}$$

3 중점 연결 정리

△ABC에서 두 변 AB, AC의 중점을 각각 M, N이라고 하고
선분으로 이어 봅시다.
이때 $\overline{MN}$과 $\overline{BC}$ 사이에 다음과 같은 관계가 성립합니다.

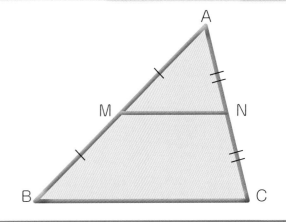

중점 연결 정리

△ABC에서 두 변 AB, AC의 중점을 각각 M, N이라 할 때

$$\overline{MN} \,/\!/\, \overline{BC}, \quad \overline{MN}=\frac{1}{2}\overline{BC}$$

그림에서 세 삼각형의 밑변은 모두 변 BC입니다. 따라서 중점 연결 정리에 따라 세 선분 RS, MN, TU는 모두 같은 길이이며 서로 평행합니다.
$\overline{RS}=\overline{MN}=\overline{TU}$, $\overline{RS}\,/\!/\,\overline{MN}\,/\!/\,\overline{TU}$

삼각형의 크기는 전혀 다른데 길이가 같다니 신기하네.

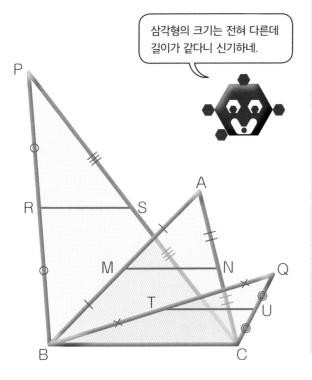

중점 연결 정리의 활용

오른쪽 그림에서 □ABCD의 각 변의 중점을 연결한 □EFGH는 평행사변형이 됩니다.

다음 그림에서 □ABCD가 평행사변형이거나 직사각형일 때, 각 변의 중점을 연결한 □EFGH는 각각 평행사변형, 마름모가 됩니다.

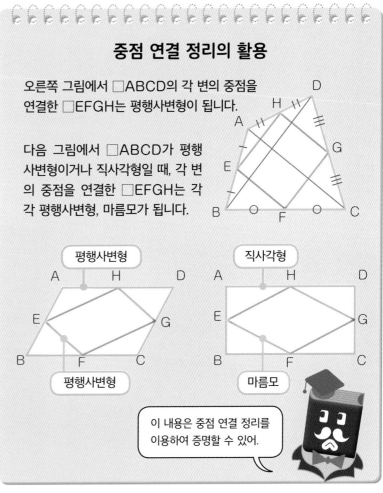

이 내용은 중점 연결 정리를 이용하여 증명할 수 있어.

1 피타고라스 정리

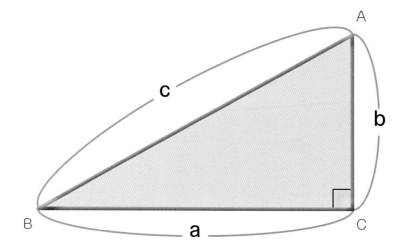

직각삼각형에서 직각을 낀 두 변의 길이와 빗변 131 페이지 의 길이 사이에는 다음과 같은 관계가 성립합니다.

피타고라스 정리

직각삼각형에서 직각을 낀 두 변의 길이를 각각 a, b라 하고 빗변의 길이를 c라 하면

$$a^2 + b^2 = c^2$$

피타고라스 정리는 그리스 수학자 피타고라스의 이름을 딴 정리입니다.

직각삼각형에서 직각을 낀 두 변의 길이의 제곱의 합은 빗변의 길이의 제곱과 같다는 것이 바로 피타고라스 정리입니다. 이때 한 변의 길이를 제곱한 값은 그 길이를 한 변으로 하는 정사각형의 넓이와 같습니다.

따라서 오른쪽 그림과 같이 a^2=P, b^2=Q, c^2=R로 놓으면 P+Q=R 가 되는 것처럼 피타고라스 정리를 넓이에 대한 관계식으로 바꿔 생각할 수 있습니다.

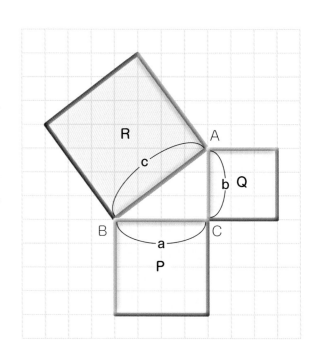

2 피타고라스 정리의 증명

다음 그림처럼 정사각형 Q에 대하여 Q의 넓이를 유지하되 모양을 바꾸면서 정사각형 R의 일부가 되도록 옮겨 봅시다.

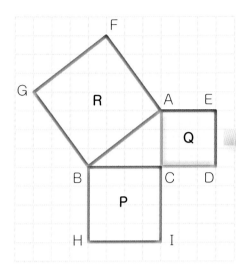
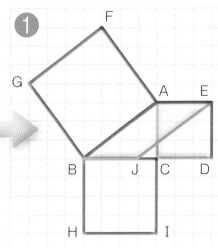
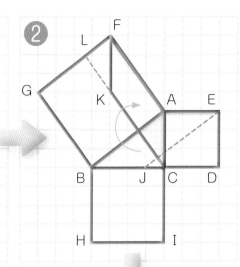

❶ 정사각형 ACDE의 변 AE를 밑변으로 하고 높이가 같은 평행사변형 ABJE로 변형합니다.

❷ 평행사변형 ABJE의 변 AE가 변 AC에, 변 AB가 변 AF에 겹쳐지도록 90°만큼 회전이동하여 평행사변형 AFKC로 변형합니다.

❸ 평행사변형 AFKC의 변 AF를 밑변으로 하고 높이가 같은 직사각형 AFLM으로 변형합니다.

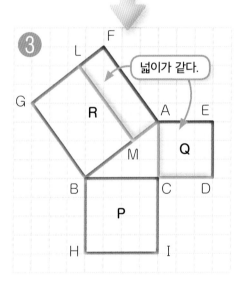

같은 방법으로 정사각형 P도 넓이를 유지하면서 정사각형 R의 일부인 직사각형 BMLG로 변형할 수 있어. 따라서 P+Q=R임이 증명되는 거야.

세 변의 길이의 비가 3:4:5인 직각삼각형

세 변의 길이의 비가 3:4:5인 삼각형은 직각삼각형이 됩니다. 이집트에서는 피타고라스 정리 이전부터 이 사실을 알고 있었습니다. 피라미드 등을 건축한 사람들은 새끼줄을 3:4:5의 비율로 꺾고 그것을 팽팽하게 당겨서 직각삼각형을 만들었다고 합니다.

$$3^2+4^2=5^2$$

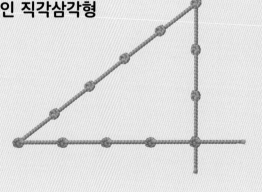

1 무게중심

오른쪽 그림과 같이 삼각형의 한 꼭짓점과 그 대변의 중점 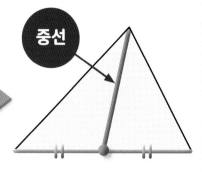 을 이은 선분을 **중선**이라고 합니다.

삼각형의 세 중선은 한 점에서 만나며 이 점은 각 중선을 꼭짓점으로부터 2:1로 나눕니다.
이때 삼각형의 세 중선의 교점 G를 삼각형의 **무게중심**이라고 합니다.

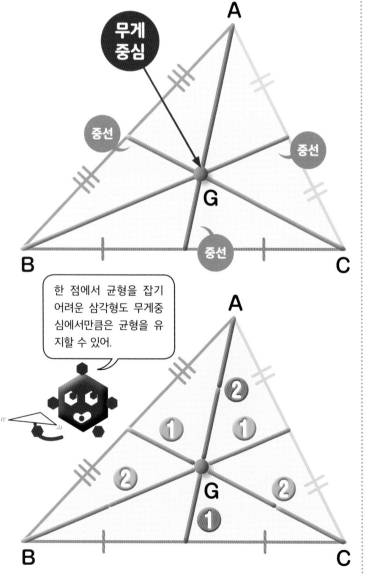

한 점에서 균형을 잡기 어려운 삼각형도 무게중심에서만큼은 균형을 유지할 수 있어.

2 내심

삼각형에는 무게중심 이외에도 여러 중심이 존재합니다.

삼각형의 세 내각의 이등분선 172 페이지 은 한 점에서 만납니다. 이 교점 I를 **내심**이라고 합니다. 내심에서 세 변에 이르는 거리는 같으며 그 길이를 반지름으로 하고 점 I를 중심으로 하는 원을 **내접원**이라고 합니다.

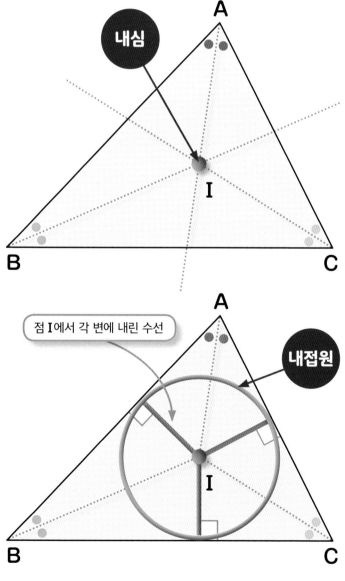

점 I에서 각 변에 내린 수선

삼각형에는 무게중심, 내심, 외심, 수심, 방심이라는 5개의 중심이 있습니다.
이를 삼각형의 오심이라고 합니다.

→ 130 페이지
삼각형

제3장 측정·기하   **181**

3 외심, 수심, 방심

삼각형의 세 변의 수직이등분선 171 페이지 은 한 점에서
만납니다. 이 교점 O를 **외심**이라고 합니다.
외심에서 세 꼭짓점에 이르는 거리는 모두 같으며 그 길이를
반지름으로 하고 점 O를 중심으로
하는 원을 **외접원**이라고 합니다.

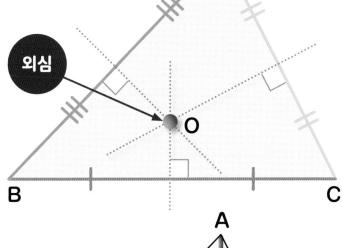

외심

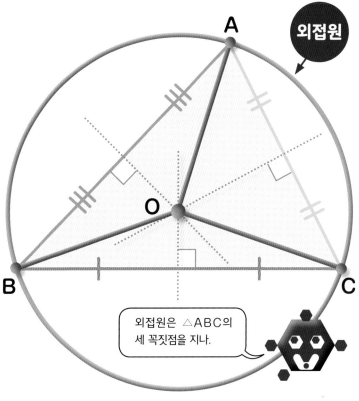

외접원

외접원은 △ABC의
세 꼭짓점을 지나.

삼각형의 세 꼭짓점에서 대변(또는 그 연장선)에 내린 세 수
선은 한 점에서 만납니다. 이 교점 H를 **수심**이라고 합니다.

한 내각의 이등분선과 나머지 두 각의 외각의 이등분선은 한
점에서 만납니다. 이 교점 J를 **방심**이라고 합니다.
방심은 3개가 있으며 삼각형의 한 변과 다른 두 변의 연장
선에 접하는 원의 중심이 됩니다.

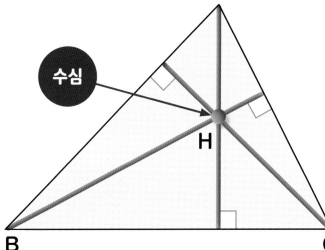

수심

정삼각형의 오심

정삼각형의 경우 외심과 내심,
무게중심, 수심이 모두 같습
니다.

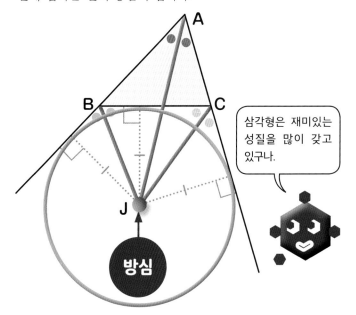

방심

삼각형은 재미있는
성질을 많이 갖고
있구나.

입체도형 초 중 고

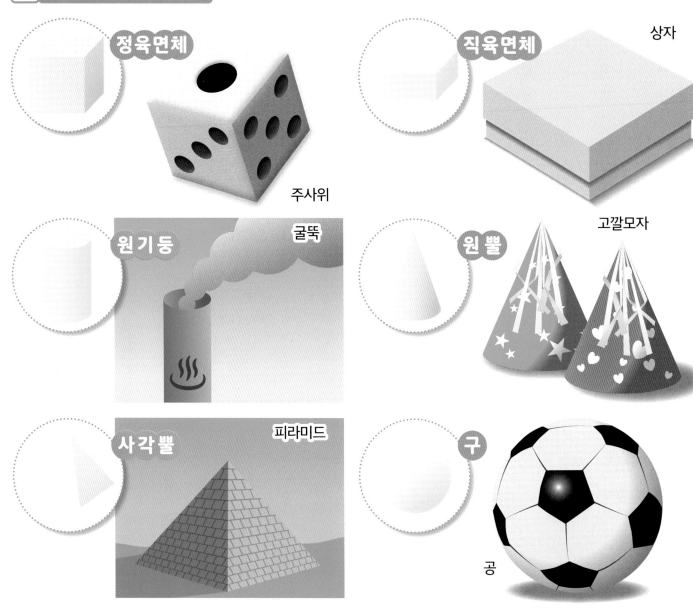

1 여러 가지 입체도형 우리 주변에서 볼 수 있는 여러 입체도형의 이름을 알아봅시다.

정육면체 · 주사위

직육면체 · 상자

원기둥 · 굴뚝

원뿔 · 고깔모자

사각뿔 · 피라미드

구 · 공

대부분의 입체도형은 다음과 같이 두 종류로 나뉩니다.

기둥 — 삼각기둥 · 사각기둥 · 원기둥

뿔 — 삼각뿔 · 사각뿔 · 원뿔

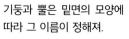

기둥과 뿔은 밑면의 모양에 따라 그 이름이 정해져.

우리가 사는 세계는 3차원입니다. 그러므로 우리 주변에는 수많은 입체도형이 있습니다.
여러 입체도형과 공간에서의 여러 위치 관계에 대해 살펴봅시다.

2 공간에서의 위치 관계　공간에서는 직선과 평면 모두 한없이 뻗어 나가는 것으로 생각합니다.

직선 1개를 결정하려면 점 2개가 필요하지만, 평면 1개를 결정하려면
점 3개가 필요합니다.
공간에서 직선, 평면의 위치 관계는 다음과 같습니다.

평면과 평면

㉮ 만난다.

90°

수직으로 만나는 두 평면

㉯ 평행하다.

P // Q

직선과 평면

㉮ 직선이 평면에 포함된다.

㉯ 한 점에서 만난다.

수직으로 만나는 직선과 평면

㉰ 평행하다.

ℓ // P

직선과 직선

㉮ 한 점에서 만난다.

만난다.

㉯ 평행하다.

ℓ // m

만나지 않는다.

㉰ 꼬인 위치에 있다.

한 평면 위에 있다.

한 평면 위에 있지 않다.

회전체

평면도형을 한 직선을 축으로 하여 1회전시킬 때 생기는 입체도형을 회전체라고 합니다. 이때 원뿔, 원기둥의 옆면을 만드는 다각형의 변을 모선이라고 합니다.

ℓ

모선 ……

모선 ……

한 평면 위에 있지 않은 두 직선을 서로 **꼬인 위치**에 있다고 합니다.

1 직육면체의 전개도

입체도형을 평면으로 나타내는 방법을 알아봅시다.

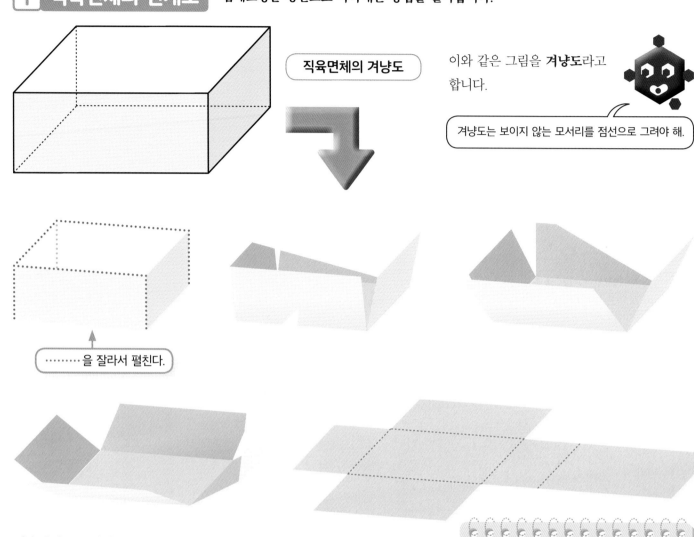

직육면체의 겨냥도

이와 같은 그림을 **겨냥도**라고 합니다.

겨냥도는 보이지 않는 모서리를 점선으로 그려야 해.

 을 잘라서 펼친다.

직육면체를 모서리를 따라 오려서 평면 위에 펼쳐 놓은 그림을 **전개도**라고 합니다.

직육면체의 전개도

밑면과 옆면

각기둥, 원기둥에서 서로 평행하고 나머지 다른 면에 수직인 두 면을 밑면이라 하고, 밑면에 수직인 면을 옆면이라고 합니다.

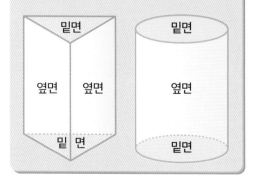

2 여러 가지 입체도형의 전개도

여러 입체도형의 겨냥도와 전개도에 대해 알아봅시다.

정육면체의 전개도의 종류는 모두 11가지입니다.

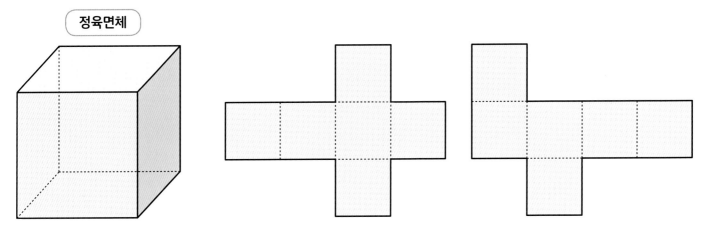

정육면체

기둥과 뿔의 겨냥도와 전개도를 살펴봅시다.

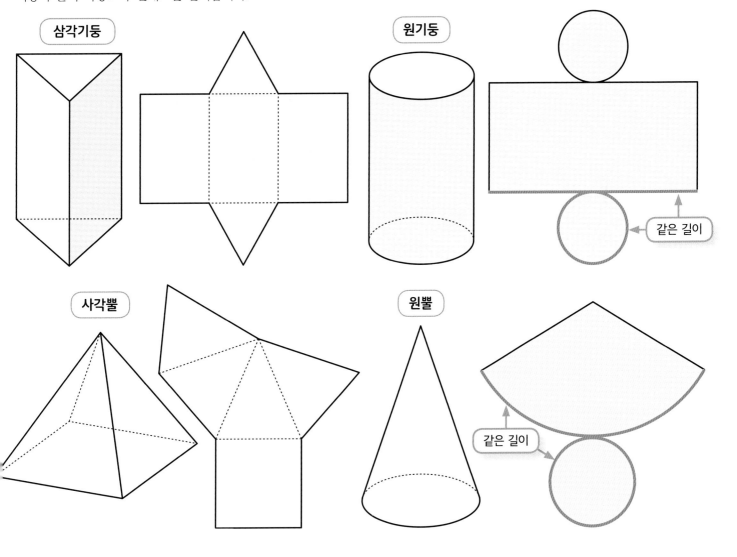

삼각기둥

원기둥

같은 길이

사각뿔

원뿔

같은 길이

1 삼각기둥의 투영도

입체도형을 어떤 방향에서 바라보고 평면에 나타낸 그림을 투영도라고 합니다.

이때 바로 위에서 내려다본 그림을 평면도, 정면에서 본 그림을 정면도라고 합니다.

일반적으로 입체를 투영도로 나타낼 때 평면도와 정면도를 사용합니다.

삼각기둥을 투영도로 나타내 봅시다.

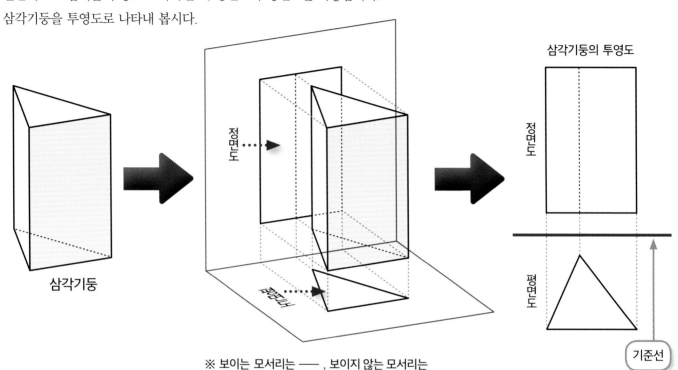

※ 보이는 모서리는 ──── , 보이지 않는 모서리는
  ········ 으로 나타냈습니다.

2 여러 가지 입체도형의 투영도

여러 가지 입체도형의 투영도를 살펴봅시다.

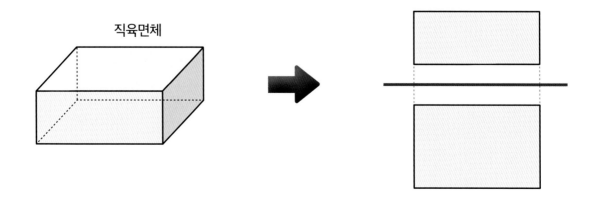

겨냥도와 전개도 이외에 입체도형을 평면에 나타내는 또 다른 방법을 소개하겠습니다.
입체도형을 어떤 방향에서 바라본 모습을 평면에 나타내는 것입니다. 어떤 그림이 되는지 살펴봅시다.

➡ 182 페이지
입체도형

제3장 측정·기하　187

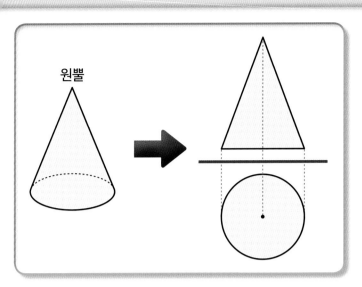

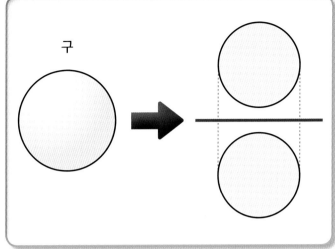

위에서 내려다보면 원뿔의 꼭짓점이 밑면인 원의 중심이 된다는 것을 알 수 있어.

구는 어떤 위치에서 봐도 원이네.

정사영

한 점 A에서 평면 P에 내린 수선의 발 A'을 점 A의 평면 P 위로의 **정사영**이라고 합니다.
또 도형 F의 각 점의 평면 P 위로의 정사영으로 이루어진 도형 F'을 도형 F의 평면 P 위로의 정사영이라고 합니다.
이때 도형 F'은 도형 F의 한 평면도라고 할 수 있습니다.
이와 같이 투영도는 고등학교 「기하」에서 공부하는 정사영의 기본 개념이 됩니다.

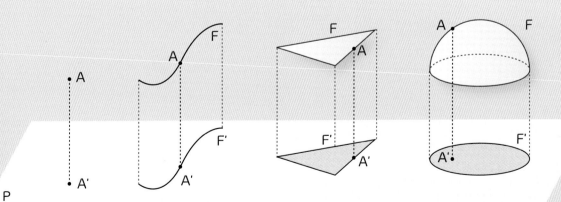

1 다면체

삼각기둥과 삼각뿔, 사각기둥과 사각뿔 182 페이지 **은 모두 평면도형으로 둘러싸여 있습니다.**

이와 같이 다각형의 면으로만 둘러싸인 입체도형을 **다면체**라고 합니다.

다면체는 그 면의 개수에 따라 사면체, 오면체 등으로 부릅니다.

예를 들어 삼각뿔은 면이 4개 있으므로 사면체입니다.

> 원기둥과 원뿔은 평면과 굽은 면으로 둘러싸여 있기 때문에 다면체가 아니야.

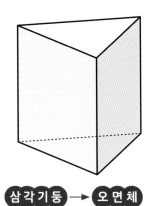

삼각기둥 → 오면체

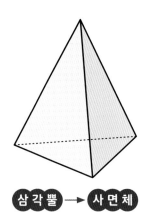

삼각뿔 → 사면체

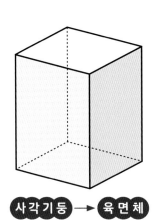

사각기둥 → 육면체

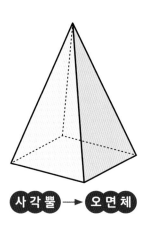

사각뿔 → 오면체

2 정다면체   특별한 성질을 가진 다면체를 생각해 봅시다.

각 면이 모두 합동인 정다각형이고, 각 꼭짓점에 모여 있는 면의 개수가 모두 같은 다면체를 **정다면체**라고 합니다.

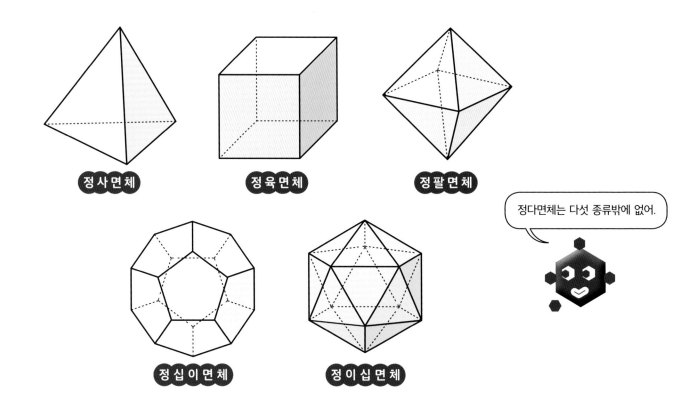

정사면체   **정육면체**   **정팔면체**

정십이면체   **정이십면체**

> 정다면체는 다섯 종류밖에 없어.

평평한 면을 평면, 휘어진 면을 굽은 면이라고 합니다.
이번에는 평면으로만 둘러싸인 입체도형에 대해 살펴보겠습니다.

제3장 측정·기하   **189**

정다면체의 전개도 184 페이지 는 다음과 같습니다.

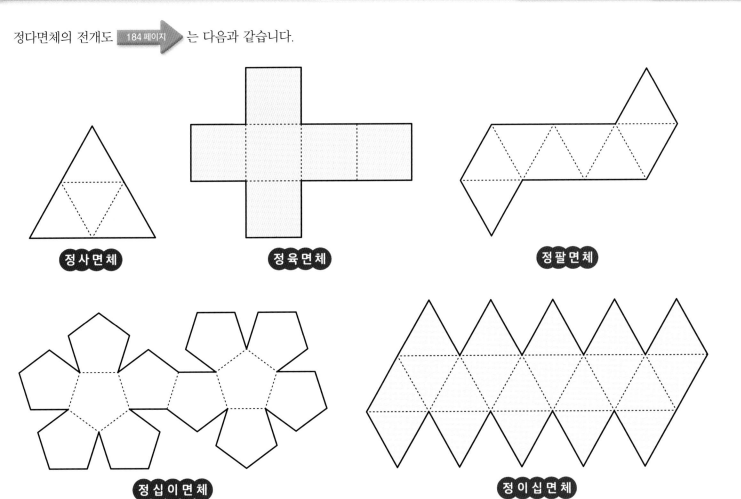

3 다면체의 성질

정다면체의 면의 모양과 개수, 모서리의 개수, 꼭짓점의 개수를 살펴봅시다.

	면의 모양	면의 개수	모서리의 개수	꼭짓점의 개수
정사면체	정삼각형	4	6	4
정육면체	정사각형	6	12	8
정팔면체	정삼각형	8	12	6
정십이면체	정오각형	12	30	20
정이십면체	정삼각형	20	30	12

위 표에서 (면의 개수)+(꼭짓점의 개수)−(모서리의 개수)=2가 항상 성립함을 알 수 있습니다.

이 관계식은 정다면체뿐만 아니라 모든 다면체에 대하여 성립합니다.

이를 **오일러의 다면체 정리**라고 합니다.

1 여러 가지 입체도형의 단면

왼쪽 그림과 같이 수박을 똑바로 한 번 자르면 둥근 모양의 단면이 나타납니다.
이와 같이 입체도형을 평면으로 자를 때, 잘린 면을 **단면**이라고 합니다.

이를 도형으로 생각하면 구를 평면으로 자른 것이라고 볼 수 있습니다.

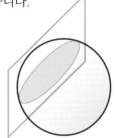

구는 어떻게 자르더라도 단면이 항상 원이 되는구나.

원기둥을 평면으로 자릅니다.

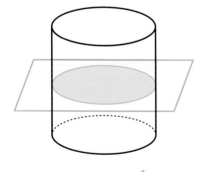

밑면과 평행한 평면으로 자르면 단면은 **원**이 됩니다.

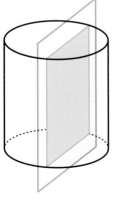

밑면과 수직인 평면으로 자르면 단면은 **직사각형**이 됩니다.

원뿔을 평면으로 자릅니다.

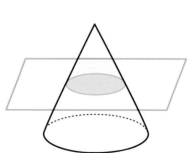

밑면과 평행한 평면으로 자르면 단면은 **원**이 됩니다.

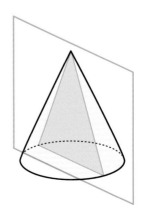

밑면과 수직인 평면으로 자르면 단면은 **삼각형**이 됩니다.

입체를 평면으로 자르면 그 잘린 면은 어떤 도형이 될까요?
여러 가지 입체도형을 잘라 보고 잘린 면은 어떤 모양이 되는지 살펴봅시다.

제3장 측정·기하　　191

2 정육면체의 단면　정육면체를 한 면의 대각선을 포함하는 평면으로 자를 때, 단면이 어떤 도형이 되는지
살펴봅시다.

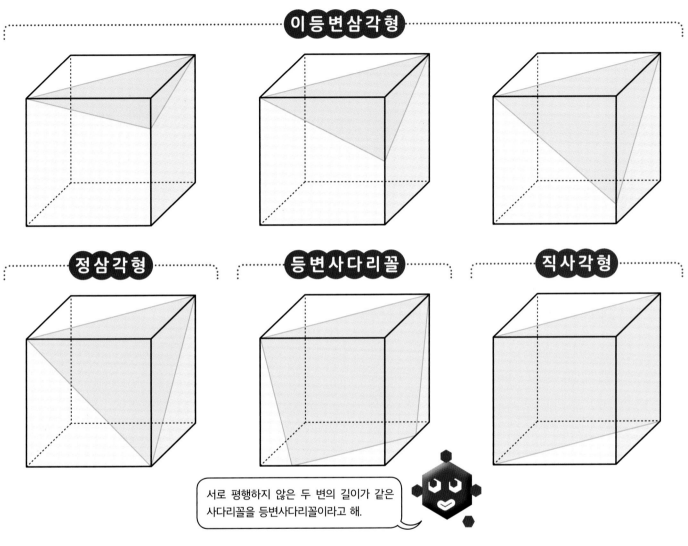

이등변삼각형

정삼각형　　등변사다리꼴　　직사각형

서로 평행하지 않은 두 변의 길이가 같은
사다리꼴을 등변사다리꼴이라고 해.

정육면체를 다른 방법으로 자를 때에는 단면이 어떤 도형이 되는지 살펴봅시다.

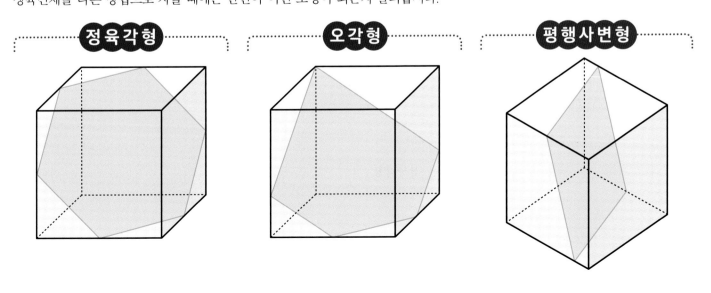

정육각형　　오각형　　평행사변형

90 정다면체의 단면 초중고

1 정다면체

정다면체는 각 면이 모두 합동인 정다각형 146 페이지 **이고, 각 꼭짓점에 모여 있는 면의 개수가 모두 같은 다면체입니다.**

정다면체는 정사면체, 정육면체, 정팔면체, 정십이면체, 정이십면체의 다섯 종류밖에 없습니다.

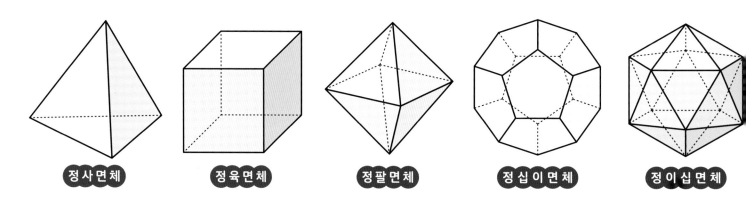

정 사 면 체   정 육 면 체   정 팔 면 체   정 십 이 면 체   정 이 십 면 체

2 정다면체의 단면

정다면체에는 흥미로운 성질이 있습니다. 단면의 관점에서 다섯 종류의 정다면체 사이의 관계를 생각해 봅시다.

정십이면체는 각 면이 정오각형으로 구성되어 있습니다.
이 정오각형의 대각선을 몇 개 그린 다음 그 대각선을 따라서
정십이면체를 자르면 정육면체가 됩니다.

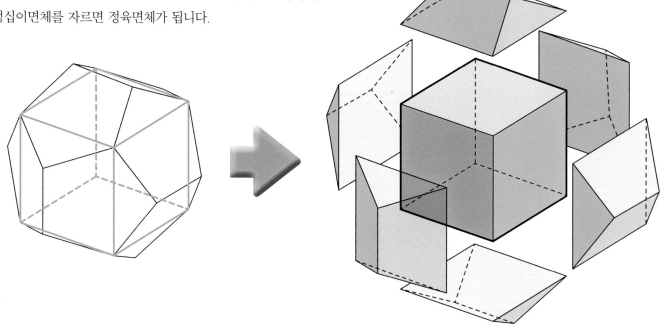

다섯 종류의 정다면체 중에서 어떤 정다면체를 자르면 다른 정다면체가 되는 경우가 있습니다.
이러한 예를 살펴봅시다.

제3장 측정·기하　　193

이렇게 해서 만들어진 정육면체는 각 면이 정사각형으로 구성되어 있습니다.

이번에는 정사각형의 대각선을 그린 다음 그 대각선을 따라서 정육면체를 자릅니다.

그러면 정사면체가 나옵니다.

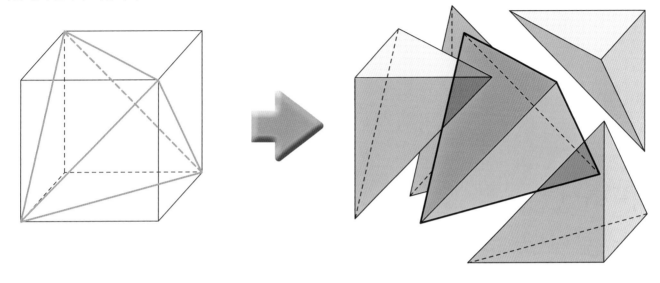

정사면체는 각 면이 정삼각형으로 구성되어 있습니다.

이번에는 정삼각형의 중점 171 페이지 끼리 이은 다음 그 선을 따라서 정사면체를 자릅니다.

그러면 정팔면체가 나옵니다.

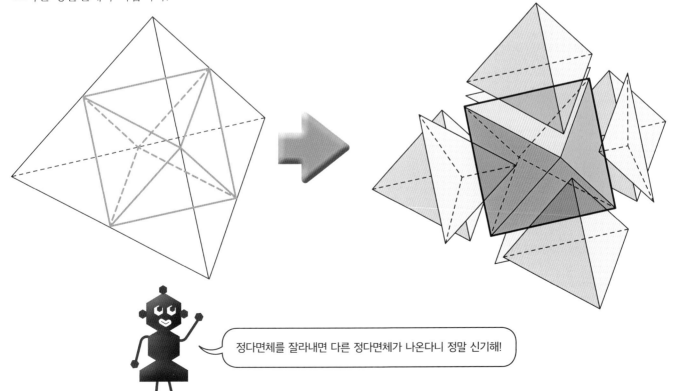

정다면체를 잘라내면 다른 정다면체가 나온다니 정말 신기해!

91 입체도형의 부피 초 중 고

1 직육면체와 정육면체의 부피

물체가 차지하는 공간의 양을 부피라고 합니다.

한 모서리가 1cm인 정육면체의 부피는 1cm^3 127 페이지 입니다.

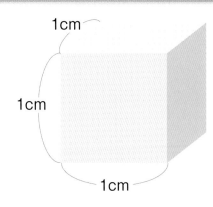

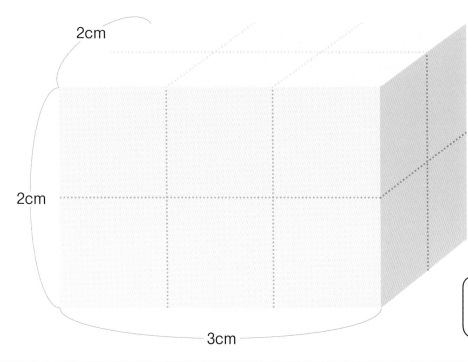

2cm

2cm

3cm

왼쪽 그림과 같은 직육면체의 부피를 구할 때에는 1cm^{3}의 정육면체가 몇 개인지 생각합니다.

가로에 3개, 세로에 2개가 있고 이를 2줄로 쌓은 것이므로 이 직육면체의 부피는

$$3 \times 2 \times 2 = 12(\text{cm}^3)$$

넓이의 단위는 ●^{2} 이었지?

부피의 단위는 ●^{3} 야.

직육면체, 정육면체의 부피

(직육면체의 부피)=(가로)×(세로)×(높이)

(정육면체의 부피)=(한 모서리의 길이)×(한 모서리의 길이)×(한 모서리의 길이)

구의 부피

구의 부피는 그 구가 딱 맞게 들어가는 원기둥의 부피의 $\frac{2}{3}$와 같습니다.

따라서 반지름이 r인 구의 부피 V는 다음과 같습니다.

$$V = \frac{4}{3}\pi r^3$$

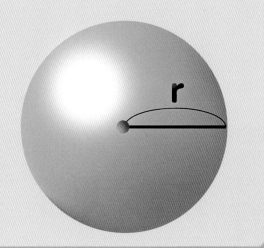

r

평면도형에서는 '넓이'를 구하여 그 양을 측정했습니다.
이번에는 '부피'를 구하여 입체도형의 양을 측정해 보겠습니다.

→ 134 ~ 137 페이지
평면도형의 넓이

제3장 측정·기하   195

2 여러 가지 입체도형의 부피

여러 가지 입체도형의 부피 공식을 알아봅시다.

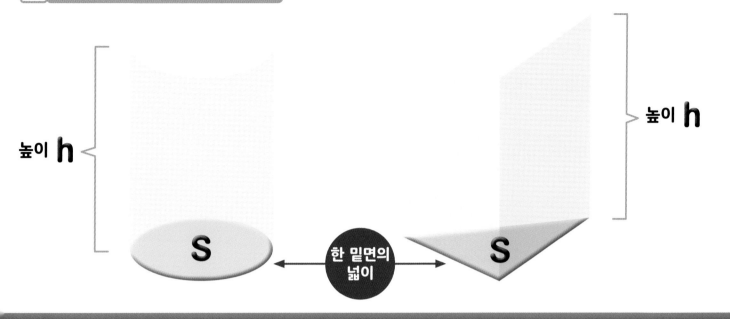

(기둥의 부피)=(한 밑면의 넓이)×(높이)

한 밑면의 넓이가 S, 높이가 h인 기둥의 부피 V는 $V=Sh$

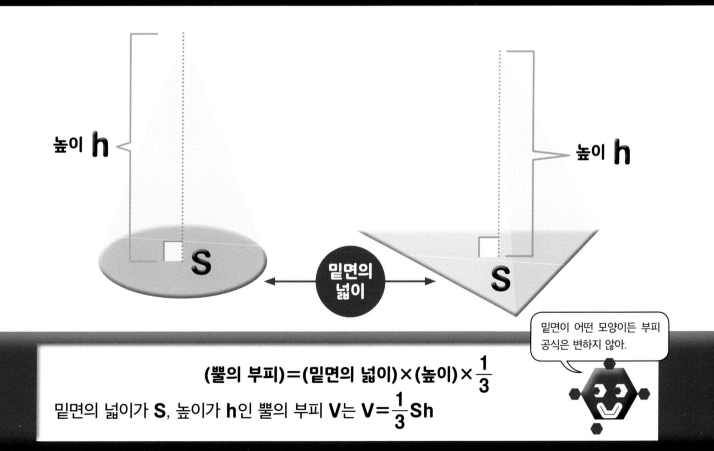

밑면이 어떤 모양이든 부피 공식은 변하지 않아.

(뿔의 부피)=(밑면의 넓이)×(높이)×$\frac{1}{3}$

밑면의 넓이가 S, 높이가 h인 뿔의 부피 V는 $V=\frac{1}{3}Sh$

1 각기둥과 원기둥의 겉넓이

입체도형에서 옆면의 넓이를 옆넓이, 겉면 전체의 넓이를 겉넓이라고 합니다.

겉넓이는 밑면의 넓이와 옆넓이의 합으로 구할 수 있습니다.

입체도형을 잘라서 펼친 전개도 184페이지 를 이용하여 겉넓이를 구해 봅시다.

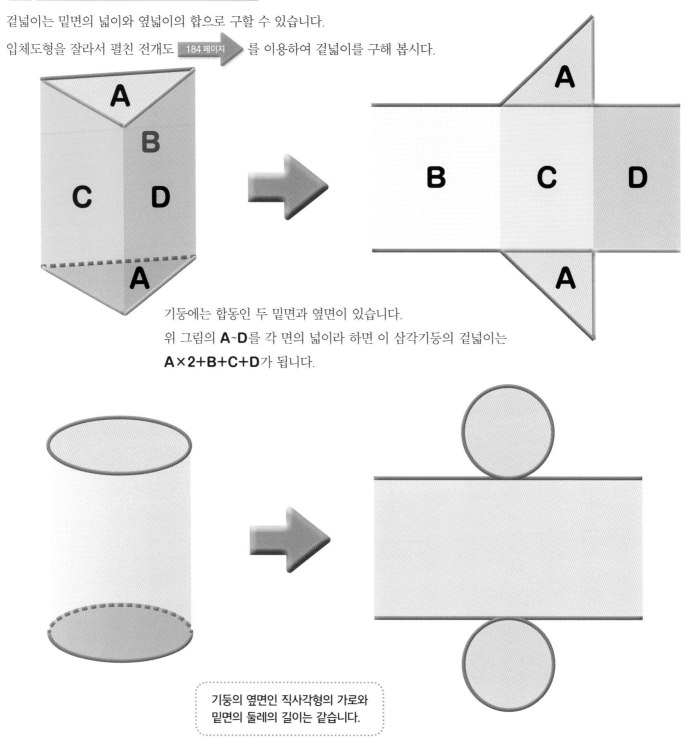

기둥에는 합동인 두 밑면과 옆면이 있습니다.

위 그림의 **A~D**를 각 면의 넓이라 하면 이 삼각기둥의 겉넓이는
A×2+B+C+D가 됩니다.

기둥의 옆면인 직사각형의 가로와
밑면의 둘레의 길이는 같습니다.

(기둥의 옆넓이)=(한 밑면의 둘레의 길이)×(높이)
(기둥의 겉넓이)=(한 밑면의 넓이)×2+(옆넓이)

입체도형에서 겉면 전체의 넓이를 겉넓이라고 합니다.
여러 가지 입체도형의 겉넓이를 구하는 방법을 살펴봅시다.

제3장 측정·기하　197

2 원뿔의 겉넓이

원뿔의 전개도에서 밑면은 원이고 옆면은 부채꼴입니다.

밑면의 반지름의 길이가 3cm이고, 모선 183 페이지 의 길이가 6cm인 원뿔의 겉넓이를 구해 봅시다.

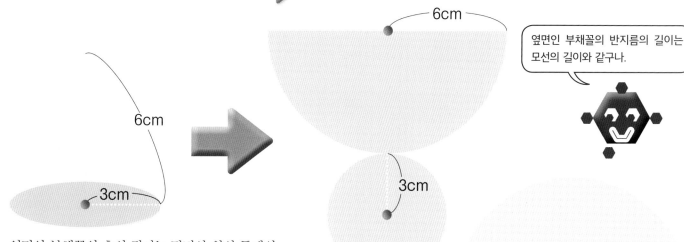

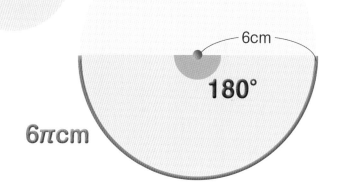

옆면인 부채꼴의 반지름의 길이는 모선의 길이와 같구나.

옆면인 부채꼴의 호의 길이는 밑면인 원의 둘레의 길이와 같습니다.

$2 \times 3 \times \pi = 6\pi$ (cm)

이 값은 반지름의 길이가 6cm인 원의 둘레의 길이의 $\frac{1}{2}$이므로 부채꼴의 중심각의 크기는 $180°$입니다.

옆넓이는 $\pi \times 6^2 \times \frac{180}{360} = 18\pi$ (cm^2)

밑면의 넓이는 $\pi \times 3^2 = 9\pi$ (cm^2)

겉넓이는 $18\pi + 9\pi = 27\pi$ (cm^2)

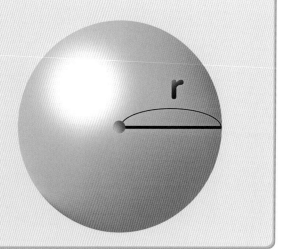

6πcm

180°

(뿔의 겉넓이)＝(밑면의 넓이)＋(옆넓이)

구의 겉넓이

반지름의 길이가 r인 구의 겉넓이 S는 다음과 같습니다.

$$S = 4\pi r^2$$

1 평면도형에서 닮음의 성질

닮은 두 평면도형의 넓이 사이에 어떤 관계가 있는지 살펴봅시다.

닮음비 $4 : 3$

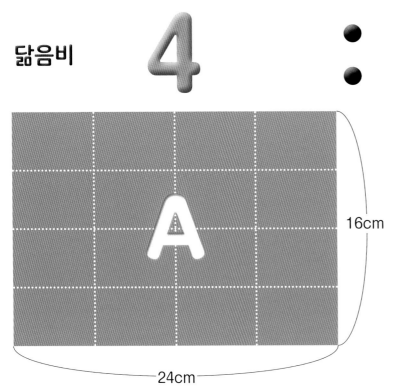

16cm

24cm

12cm

18cm

두 직사각형 **A**와 **B**는 서로 닮음이며 닮음비는 $4 : 3$ 입니다.
이 두 직사각형의 둘레의 길이의 비와 넓이의 비를 생각해 봅시다.

닮은 두 평면도형에서는 대응변의 길이의 비가 모두 같아.

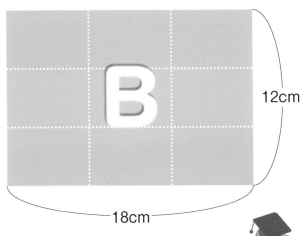

둘레의 길이의 비

A의 둘레의 길이…$2 \times (24 + 16) = 80$(cm)
B의 둘레의 길이…$2 \times (18 + 12) = 60$(cm)

➡ $80 : 60 = 4 : 3$

넓이의 비

A의 넓이…$24 \times 16 = 384$(cm^2)
B의 넓이…$18 \times 12 = 216$(cm^2)

➡ $384 : 216 = 16 : 9 = 4^2 : 3^2$

닮은 두 평면도형의 둘레의 길이와 넓이

두 평면도형이 서로 닮음이고

닮음비가 $m : n$ 일 때

둘레의 길이의 비는 $m : n$

넓이의 비는 $m^2 : n^2$

이 성질은 원이나 삼각형, 그 밖의 다른 다각형에서도 성립해.

닮은 도형은 평면도형뿐만 아니라 입체도형에도 존재합니다.
이번에는 닮은 평면도형과 닮은 입체도형의 성질을 알아보겠습니다.

➡ 174 페이지
도형의 닮음

2 입체도형에서 닮음의 성질

평면과 마찬가지로 공간에서도 도형을 일정한 비율로 확대하거나 축소하면 닮은 입체도형이 만들어집니다.
닮은 두 입체도형의 겉넓이와 부피는 어떤 관계가 있을지 살펴봅시다.

닮음비

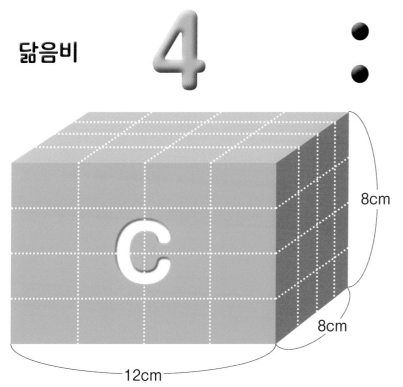

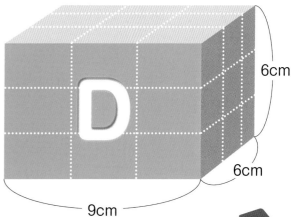

두 직육면체 C와 D는 서로 닮음이며 닮음비가 4:3입니다.
이 두 직육면체의 겉넓이의 비와 부피의 비를 생각해 봅시다.

겉넓이의 비

C의 한 밑면의 넓이…$12 \times 8 = 96 \text{(cm}^2)$
C의 옆넓이…$2 \times (12+8) \times 8 = 320 \text{(cm}^2)$
C의 겉넓이…$96 \times 2 + 320 = 512 \text{(cm}^2)$
D의 한 밑면의 넓이…$9 \times 6 = 54 \text{(cm}^2)$
D의 옆넓이…$2 \times (9+6) \times 6 = 180 \text{(cm}^2)$
D의 겉넓이…$54 \times 2 + 180 = 288 \text{(cm}^2)$

➡ $512 : 288 = 16 : 9 = 4^2 : 3^2$

부피의 비

C의 부피…$12 \times 8 \times 8 = 768 \text{(cm}^3)$
D의 부피…$9 \times 6 \times 6 = 324 \text{(cm}^3)$

➡ $768 : 324 = 64 : 27 = 4^3 : 3^3$

닮은 두 입체도형에서는 모서리의 길이의 비가 모두 같아.

닮은 두 입체도형의 겉넓이와 부피

두 입체도형이 서로 닮음이고

닮음비가 $m : n$ 일 때

겉넓이의 비는 $m^2 : n^2$

부피의 비는 $m^3 : n^3$

넓이는 2차원에서의 양이니까 닮음비의 제곱, 부피는 3차원에서의 양이니까 닮음비의 세제곱이야.

1 벡터

크기와 방향을 함께 가지는 양을 벡터라고 합니다.
예를 들어 힘은 크기와 그것이 작용하는 방향이 있으므로 벡터라고 볼 수 있습니다.

벡터는 선분에 화살표를 붙여서 나타내고, 선분의 길이와 화살표의 방향으로 각각 벡터의 크기와 벡터의 방향을 나타냅니다.
이때 화살표의 시작을 **시점**, 화살표의 끝을 **종점**이라 합니다.

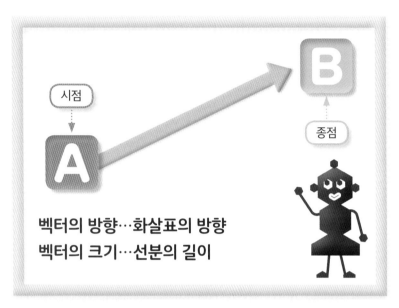

시점

종점

벡터의 방향⋯화살표의 방향
벡터의 크기⋯선분의 길이

방향이 점 A에서 점 B를 향하고 크기가 선분 AB의 길이와 같은 벡터를 오른쪽과 같이 나타냅니다.

시점 종점

$\overrightarrow{AB}$의 크기는 절댓값 기호를 사용하여 $|\overrightarrow{AB}|$와 같이 나타냅니다.

벡터를 한 문자로 나타낼 때에는 $\vec{a}, \vec{b}, \vec{c}$ 처럼 쓰기도 해.

두 벡터의 크기와 방향이 각각 같을 때, 두 벡터는 같다고 합니다.

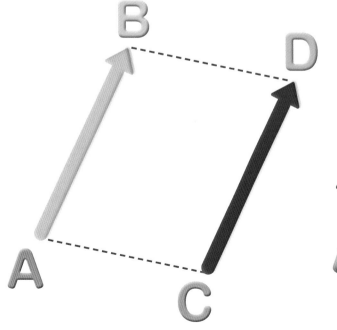

왼쪽 그림과 같이 네 점 A, B, C, D를 이었을 때 만들어지는 도형이 평행사변형이면 $\overrightarrow{AB}$와 $\overrightarrow{CD}$의 크기와 방향은 각각 같습니다. $\overrightarrow{AB}$와 $\overrightarrow{CD}$가 같을 때, 다음과 같이 나타냅니다.

$$\overrightarrow{AB} = \overrightarrow{CD}$$

초속 5m인 바람과 초속 10m인 바람의 합의 세기는 반드시 초속 15m인 바람의 세기와 같다고 할 수 없습니다. 바람이 여러 방향에서 불어오거나 서로 반대 방향에서 불 수도 있기 때문입니다. 이와 같이 크기와 방향으로 결정되는 양에 대하여 생각해 봅시다.

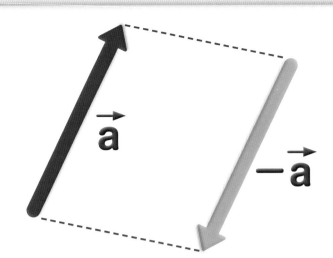

$\vec{a}$와 크기가 같고 방향이 반대인 벡터를 기호로 $-\vec{a}$와 같이 나타냅니다.

또, 크기가 0인 벡터를 **영벡터**라 하며 기호로 $\vec{0}$와 같이 나타냅니다. 영벡터는 시점과 종점이 일치하며 방향을 갖지 않는 특수한 벡터입니다.

② 벡터의 덧셈과 뺄셈

어떤 지점에서 북쪽으로 3km를 가고, 이어서 동쪽으로 4km를 가면 출발점으로부터 얼마나 멀리 떨어진 곳에 있게 되는지 그림으로 알아봅시다.

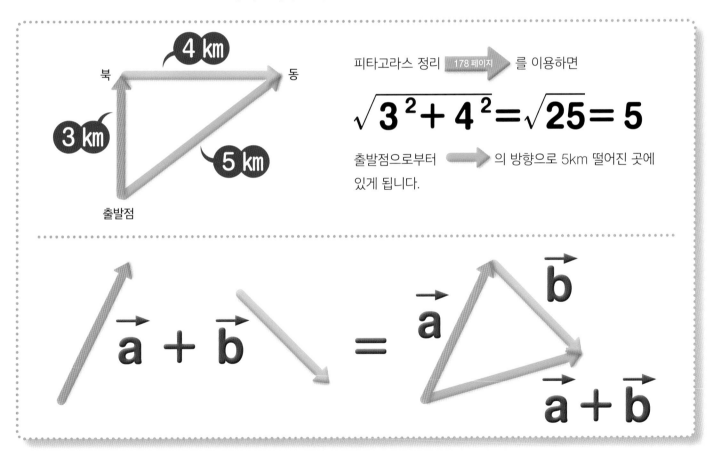

피타고라스 정리 ▶ 178 페이지 를 이용하면

$$\sqrt{3^2 + 4^2} = \sqrt{25} = 5$$

출발점으로부터 ▶ 의 방향으로 5km 떨어진 곳에 있게 됩니다.

위 그림에서 빨간색 벡터와 파란색 벡터를 합하면 초록색 벡터가 됩니다.

즉, $\vec{a}$의 종점에 $\vec{b}$의 시점을 맞췄을 때, $\vec{a}$의 시점에서 $\vec{b}$의 종점으로 향하는 벡터가 $\vec{a}$, $\vec{b}$의 합입니다.

$\vec{a}$에서 $\vec{b}$를 뺀 차는 $\vec{a}-\vec{b}$와 같이 나타내고 $\vec{a}+(-\vec{b})$, 즉 $\vec{a}$와 $-\vec{b}$의 합으로 생각하여 구합니다.

이처럼 벡터끼리 덧셈과 뺄셈이 가능합니다.

제 4 장
확률과 통계

1 통계의 뜻

통계란 어떤 집단의 성질이나 경향을 명확히 알고 싶을 때, 그 집단에서 일어나는 현상을 조사하여 수치화한 자료를 말합니다.

자료는 정보를 의미합니다. 어떤 경향을 파악하고 싶을 때 자료를 모아서 수치화하면 누가 봐도 고개를 끄덕일만한 결과를 얻을 수 있습니다. 따라서 통계를 이용하지 않는 분야나 직업은 없다고 해도 과언이 아닙니다.

자료의 정리

❶ **자료를 모은다.**

결과를 내고 싶은 주제에 대한 자료를 수집합니다. 수집한 자료가 많을수록 결과의 신뢰도는 높아집니다.

수집 방법은 다음과 같습니다.

- 실험 또는 관찰
- 설문 조사

❷ **자료를 분석한다.**

수집한 자료를 보고 어떤 성질이나 경향이 있는지 생각합니다.

수집한 자료나 대상이 부족할 때엔 다음 내용을 고민해 볼 수 있습니다.

- 다른 환경에서 실험 또는 관찰을 추가로 해야 할까?
- 설문 조사를 한 장소나 연령 등의 조사 대상이 한쪽으로 치우친 것이 아닐까?

❸ **자료를 표와 그래프로 나타낸다.**

모은 자료를 알아보기 쉽게 만들 필요가 있습니다. 그저 결과를 늘어놓기만 해서는 자료가 갖고 있는 경향과 의미를 파악하기 쉽지 않기 때문입니다. 즉, 자료를 정리해서 표나 그래프, 그림으로 그리면 한층 이해하기 쉬워집니다. 또한 자료의 용도에 맞게 적절한 그래프로 나타내는 것이 좋습니다.

자료를 금방 이해할 수 있는 표나 그래프는 이런 준비 과정을 거쳐서 만들어지는구나.

자료의 특성에 맞게 알맞은 그래프를 선택하는 것도 중요해.

자료의 양이 많을 때 그냥 보아서는 자료의 의미를 파악하기 어렵습니다.
이렇듯 자료를 이해하기 쉽게 보여 주는 것이 통계의 힘입니다.

2 자료의 표현

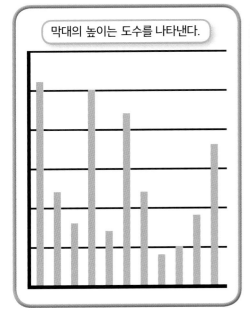

막대의 높이는 도수를 나타낸다.

막대그래프

수량을 한눈에 비교할 수 있습니다.

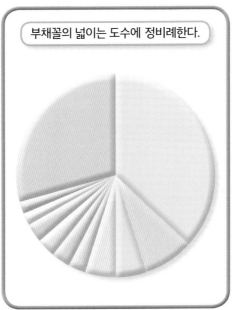

부채꼴의 넓이는 도수에 정비례한다.

원그래프

전체에서 각 항목이 차지하는 비율을 나타냅니다.

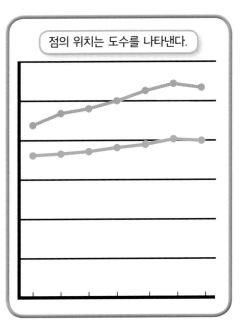

점의 위치는 도수를 나타낸다.

꺾은선그래프

변하는 모양과 정도를 쉽게 알 수 있습니다.

방사형그래프

여러 자료를 동시에 비교할 수 있습니다.

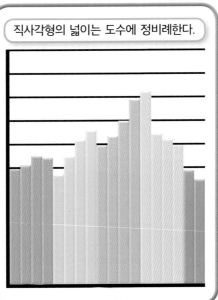

직사각형의 넓이는 도수에 정비례한다.

히스토그램

자료의 분포 상태를 파악하기 쉽습니다.

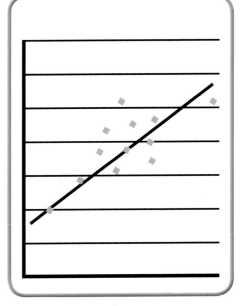

산점도

두 자료의 상관관계를 파악할 수 있습니다.

1 막대그래프를 그리는 방법

초등학교 2학년 학생 100명과 6학년 학생 100명이 선택한 방과 후 학습 교실을 조사하여 오른쪽과 같은 표로 정리했습니다. 이 결과를 한눈에 알 수 있도록 **막대그래프**로 나타내 봅시다.

방과 후 학습 교실		(단위 : 명)
수업	2학년	6학년
과학	27	31
영어	12	24
수학	8	35
주산	25	20
수영	7	12
축구	22	11
요리	12	4
미술	4	5
방송댄스	5	4
기타	9	13
선택한 곳 없음	18	16

(2학년, 6학년 학생 각각 100명 응답, 둘 이상 선택 가능)

단순히 자료를 모으는 것만으로는 그 자료가 무엇을 의미하는지 알기 어렵습니다. 이때 자료를 정리해서 그래프나 표로 나타내면 결과를 한눈에 파악할 수 있습니다.
그래프는 자료의 특징을 직관적으로 전할 때 매우 효과적인 도구입니다. 특히 막대그래프는 가로축에서 자료를 분류하고, 세로축에 각 항목의 크기를 나타낸 그래프입니다. 수량의 많고 적음을 한눈에 비교하고 싶을 때 막대그래프를 사용합니다.

2 여러 가지 막대그래프 어떤 정보를 나타낼 것인지에 따라 막대그래프를 그리는 방식이 달라집니다.

❶은 '기타'와 '선택한 곳 없음'을 제외하고 2학년 학생이 많이 선택한 학습 교실을 순서대로 나열한 막대그래프이고,

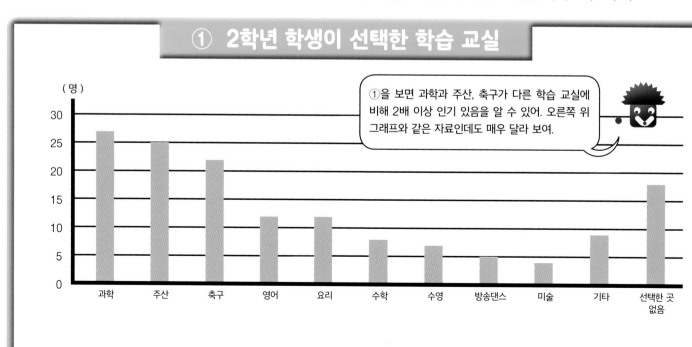

❶ 2학년 학생이 선택한 학습 교실

①을 보면 과학과 주산, 축구가 다른 학습 교실에 비해 2배 이상 인기 있음을 알 수 있어. 오른쪽 위 그래프와 같은 자료인데도 매우 달라 보여.

자료를 알기 쉽고 직관적으로 보여 주는 방법으로 어떤 것들이 있을까요?
막대그래프는 자료를 그림으로 나타내는 방법 중 하나입니다.

➡ 204 페이지
통계의 뜻

제4장 **확률과 통계** **207**

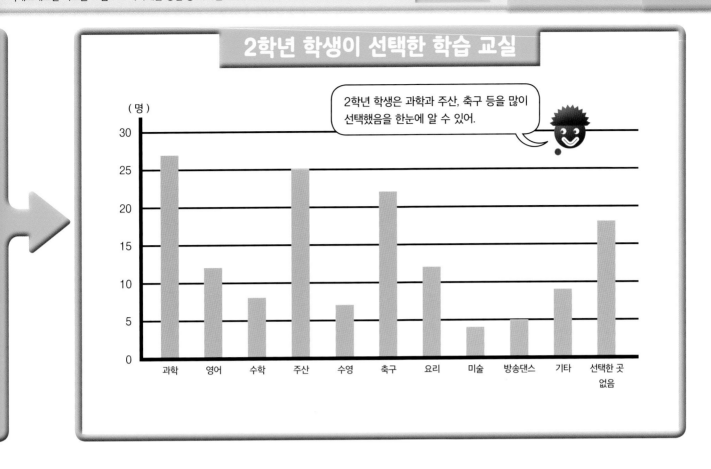

❷는 각 학습 교실을 선택한 2학년과 6학년 학생 수를 같이 나타낸 막대그래프입니다.

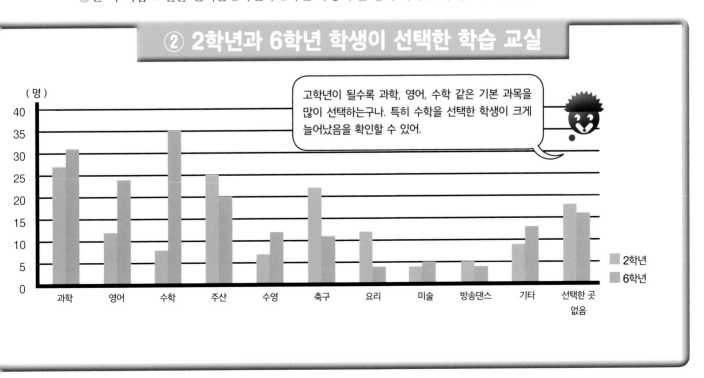

1 원그래프를 그리는 방법

전체에 대한 각 부분의 비율을 원 모양으로 나타낸 그래프를 원그래프라고 합니다.

부채꼴 152 페이지 의 중심각의 크기는 부채꼴의 넓이에 정비례하기 때문에 원그래프는 각 항목의 비율을 시각적으로 파악할 때 유용합니다.

다음 자료를 그래프로 나타내 봅시다.

수산물 어획량 (2015년)	(단위 : t)
중국	79389445
인도네시아	22214661
인도	10100057
베트남	6207514
미국	5471416
페루	4929850
일본	4656708
러시아	4617068
필리핀	4503102
노르웨이	3821979
방글라데시	3684245
대한민국	3333308
기타	46492585
전 세계	199741129

수산물 어획량 (2015년)	(단위 : %)
중국	39.7
인도네시아	11.1
인도	5.1
베트남	3.1
미국	2.8
페루	2.5
일본	2.3
러시아	2.3
필리핀	2.3
노르웨이	1.9
방글라데시	1.9
대한민국	1.7
기타	23.3
전 세계	100.0

통계청(2015)

값이 너무 커서 알아보기가 힘들어…….

전체를 100%로 놓고 각 나라의 비율(%)을 구하면 자료를 파악하기 훨씬 수월합니다.

자료의 비율을 나타내는 그래프로 원그래프가 있습니다. 원그래프로 나타내면 어느 정도의 비율을 차지하고 있는지 한눈에 알 수 있습니다. 원그래프에 관해 살펴봅시다.

➡ 204 페이지 통계의 뜻

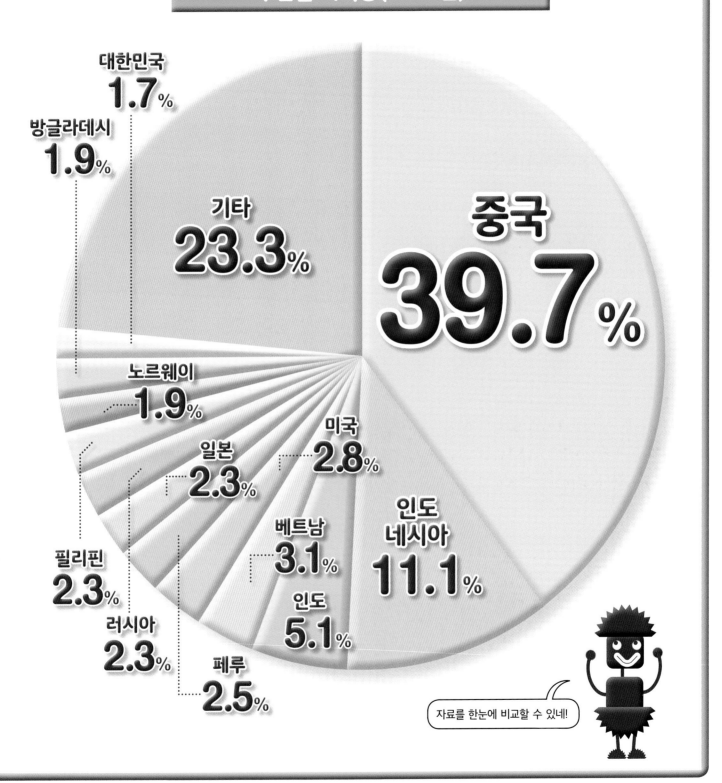

수산물 어획량(2015년)

- 대한민국 **1.7**%
- 방글라데시 **1.9**%
- 기타 **23.3**%
- 중국 **39.7**%
- 노르웨이 **1.9**%
- 일본 **2.3**%
- 미국 **2.8**%
- 베트남 **3.1**%
- 인도네시아 **11.1**%
- 인도 **5.1**%
- 필리핀 **2.3**%
- 러시아 **2.3**%
- 페루 **2.5**%

자료를 한눈에 비교할 수 있네!

원그래프의 특징 · 넓이를 비교하여 전체에 대한 부분의 비율을 한눈에 알 수 있습니다.

98 꺾은선그래프

1 꺾은선그래프를 그리는 방법

연속적으로 변화하는 양을 점으로 찍고 그 점들을 선분으로 연결하여 나타낸 그래프를 꺾은선그래프라고 합니다.

시간에 따라 수량이 변화하는 모양과 정도를 나타내고 싶을 때 꺾은선그래프를 활용하는 것이 효과적입니다. 꺾은선그래프는 2개 이상의 항목을 같이 표시할 수 있기 때문에 여러 자료의 특징을 동시에 이해할 수 있습니다.

5월 3일과 6일 날씨와 기온 (단위 : ℃)		
시각(시)	3일(맑음)	6일(비)
오전 6	19.4	17.2
7	20.1	17.5
8	21.2	17.9
9	21.9	18.1
10	23.4	18.3
11	24.0	18.6
오후 12	25.0	19.1
1	26.3	19.5
2	27.2	20.2
3	26.7	20.0
4	25.3	19.7
5	24.1	19.3
6	22.8	18.8
7	21.5	18.6
8	19.1	18.4

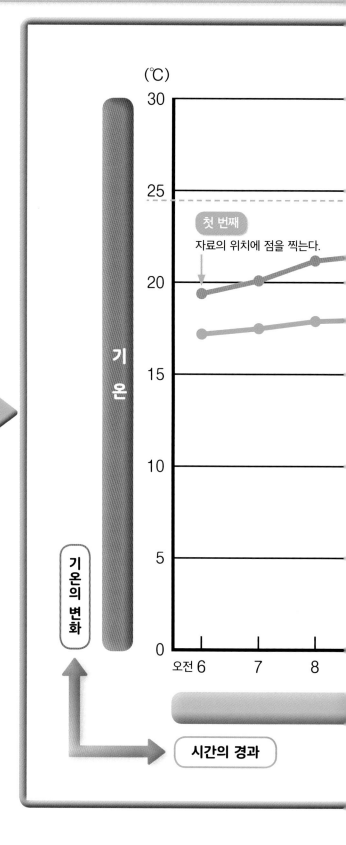

그래프를 보면 맑은 날과 비 내리는 날의 기온 차는 오후 12~3시에 특히 크다는 것을 알 수 있어.

5월 3일과 6일 날씨와 기온

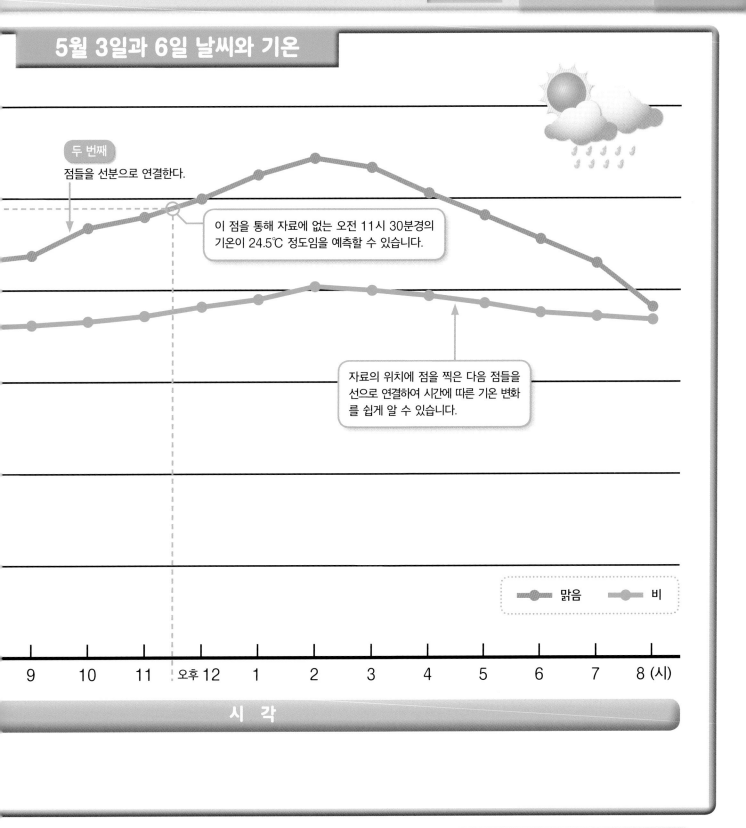

두 번째
점들을 선분으로 연결한다.

이 점을 통해 자료에 없는 오전 11시 30분경의 기온이 24.5℃ 정도임을 예측할 수 있습니다.

자료의 위치에 점을 찍은 다음 점들을 선으로 연결하여 시간에 따른 기온 변화를 쉽게 알 수 있습니다.

맑음　비

9　10　11　오후 12　1　2　3　4　5　6　7　8 (시)

시 각

꺾은선그래프의 특징 ・시간에 따라 연속적으로 변화하는 모양을 나타낼 때 편리합니다.
・2개 이상의 자료의 변화를 동시에 파악하며 비교할 수 있습니다.

1 방사형 그래프를 그리는 방법

자료를 항목별로 묶어서 비교하는 방법으로 방사형 그래프가 있습니다.

방사형 그래프는 심리 검사 결과 등과 같이 하나의 대상에 대해 여러 항목의 수량을 나타내어 각 항목들 사이의 균형과 특징을 살펴볼 때 사용합니다.

	A식당	B식당
가격의 저렴함	6	9
메뉴 종류	8	6
서비스	8	5
위생	8	6
맛	7	8

A식당과 B식당을 5개 항목별로 조사하여 점수를 매기고 위 표에 정리했습니다.

방사형 그래프는 꼭짓점의 개수가 항목의 수와 같은 정다각형 모양입니다. 꼭짓점이 각각의 항목에 대응하고, 중심과 꼭짓점을 선분으로 연결한 다음 중심을 0으로 놓고 눈금을 정합니다. 값이 클수록 바깥쪽으로 퍼지고, 작을수록 중심으로 모입니다. 또한 각 항목의 값의 균형이 잡혀 있을수록 정다각형에 가까운 모양이 됩니다.

시험 점수

다음 그래프와 같이 시험 점수를 방사형 그래프로 나타내면 장점과 약점을 잘 알 수 있고, 앞으로 해결해야 할 과제 등이 명확해집니다.

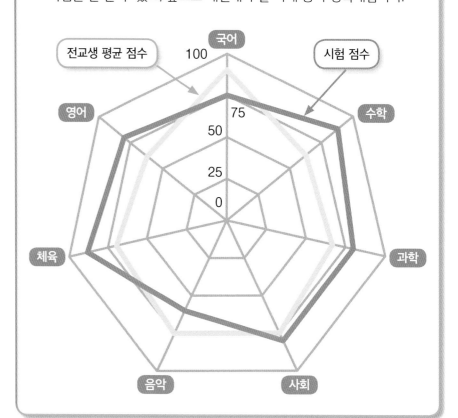

방사형 그래프를 이용한 A식당과 B식당의 비교

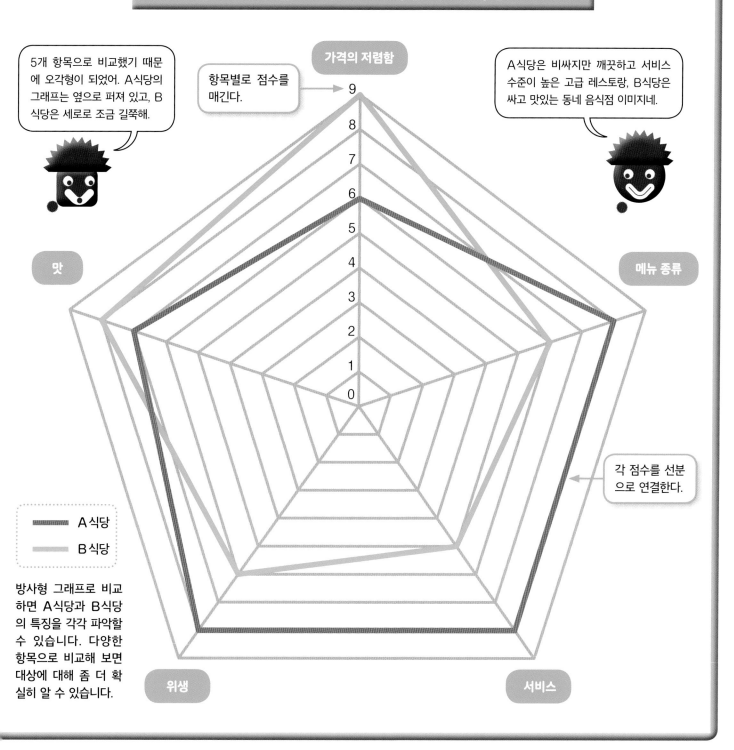

5개 항목으로 비교했기 때문에 오각형이 되었어. A식당의 그래프는 옆으로 퍼져 있고, B식당은 세로로 조금 길쭉해.

항목별로 점수를 매긴다.

A식당은 비싸지만 깨끗하고 서비스 수준이 높은 고급 레스토랑, B식당은 싸고 맛있는 동네 음식점 이미지네.

각 점수를 선분으로 연결한다.

가격의 저렴함

메뉴 종류

맛

위생

서비스

A식당

B식당

방사형 그래프로 비교하면 A식당과 B식당의 특징을 각각 파악할 수 있습니다. 다양한 항목으로 비교해 보면 대상에 대해 좀 더 확실히 알 수 있습니다.

방사형 그래프의 특징
· 자료를 항목별로 평가할 수 있습니다.
· 각 자료의 특징이 잘 보입니다.
· 다각형의 넓이로 자료의 우수성을 파악할 수 있습니다.

100 도수분포표와 히스토그램

1 도수분포표

다음 표는 A시의 인구를 나이대별로 나타낸 것입니다. 이와 같이 주어진 자료를 몇 개의 구간으로 나누고, 각 구간에 속하는 도수를 조사하여 나타낸 표를 **도수분포표**라고 합니다.

이 구간을 **계급**이라고 하며 구간의 크기를 **계급의 크기**, 각 계급에 속하는 자료의 개수를 그 계급의 **도수**라고 합니다.

A시의 인구(천 명) [계급의 크기 : 5세]

나이(세)	0 이상 ~ 5 미만	5 이상 ~ 10 미만	10 이상 ~ 15 미만	15 이상 ~ 20 미만	20 이상 ~ 25 미만	25 이상 ~ 30 미만	30 이상 ~ 35 미만	35 이상 ~ 40 미만	40 이상 ~ 45 미만	45 이상 ~ 50 미만	50 이상 ~ 55 미만	55 이상 ~ 60 미만	60 이상 ~ 65 미만	65 이상 ~ 70 미만	70 이상 ~ 75 미만	75 이상 ~ 80 미만	80 이상 ~ 85 미만	85 이상
인구(명)	50	52	57	56	47	57	66	71	63	68	76	88	92	69	66	63	49	45

합계
1135

2 히스토그램

가로가 계급의 크기, 세로가 도수인 직사각형을 차례대로 그려서 도수분포표를 나타낸 그래프를 **히스토그램**이라고 합니다.

히스토그램은 막대그래프 206 페이지 와 비슷하지만 직사각형의 넓이가 각 계급의 도수에 정비례한다는 차이점이 있습니다.

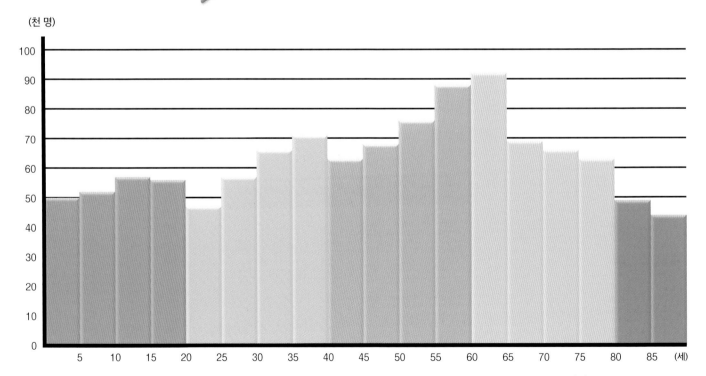

단위가 천 명이니까 A시의 총인구는 약 113만 5000명이구나.

도수분포표의 계급의 크기에 따라 히스토그램의 모양이 많이 달라집니다.

왼쪽 그래프는 계급의 크기를 5세, 오른쪽 그래프는 계급의 크기를 10세로 한 것입니다.
같은 자료이지만 히스토그램으로 나타내면 매우 다른 모습이 됩니다.

A시의 인구(천 명) [계급의 크기 : 10세]

나이(세)	0 이상 ~ 10 미만	10 이상 ~ 20 미만	20 이상 ~ 30 미만	30 이상 ~ 40 미만	40 이상 ~ 50 미만	50 이상 ~ 60 미만	60 이상 ~ 70 미만	70 이상 ~ 80 미만	80 이상
인구(명)	102	113	104	137	131	164	161	129	94

합계
1135

같은 자료로 만들었는데도 왼쪽과 오른쪽 그래프가 너무 달라 보여요.

계급의 크기에 따라 히스토그램 모양이 달라져. 특히 두 그래프에서 60~70세 부분을 비교해 보면 전혀 같은 자료라는 생각이 안 들 거야.

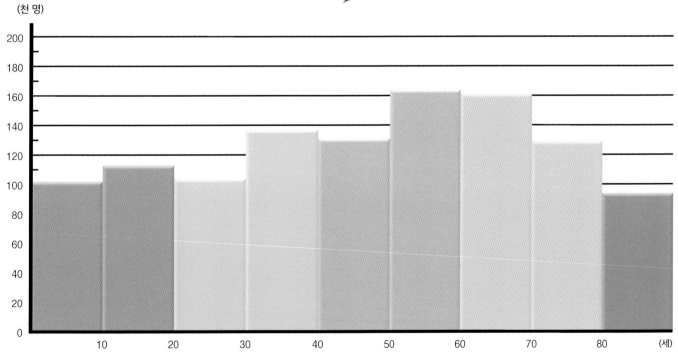

　히스토그램의 특징　• 계급의 크기를 조절하여 강조할 부분을 더 잘 보이게 할 수 있습니다.
　　　　　　　　　　　　• 직사각형의 넓이가 각 계급의 도수에 정비례합니다.

101 전수조사와 표본조사

1 자료 수집과 정리

정보를 제공하기 위해서는 먼저 자료를 모아서 정리해야 합니다.

다음은 자료 수집 방법입니다.

· 실험이나 관찰을 한다. · 설문 조사를 한다.

실험 · 관찰

1 실험 · 관찰의 조건

어떤 조건에서 실험, 관찰을 하는지가 가장 중요합니다. 서로 다른 조건이었다면 얻은 결과들을 정확하게 비교할 수 없기 때문입니다.

예를 들어 50m 달리기 기록을 재는데 하루는 날씨가 맑아서 운동장 상태가 좋았고, 하루는 비가 내려서 운동장이 질척했다면 맑은 날의 기록이 더 좋을 수밖에 없습니다.

그러므로 실험·관찰을 할 때는 여러 조건을 고려하여 그 조건들을 통일시킬 필요가 있습니다.

> 시간, 온도, 날씨 등이 실험·관찰의 조건이 될 수 있어.

2 실험 오차

같은 실험을 해도 매번 똑같은 자료가 나온다는 보장은 없습니다. 즉, 같은 조건에서 실험을 했다고 생각했지만 사실은 작은 차이가 있었기 때문에 결과가 다르게 나온 것입니다.

실험을 할 때에는 조건을 통제하는 것과 동시에 큰 오차가 발생했을 경우 그 원인이 무엇인지 조사하는 것도 중요합니다.

설문 조사

1 전수조사와 표본조사

조사 대상이 되는 집단 전체를 **모집단**이라고 합니다.

설문 조사의 경우 모집단이 크면 집단 전체를 조사하는 데 시간이 많이 걸립니다. 그래서 전체를 조사하는 대신 일부분만 조사하여 집단 전체가 가진 특징을 추측할 때가 있습니다. 이러한 조사 방법을 **표본조사**라고 합니다.

한편 조사 대상이 되는 집단 전체를 빠짐없이 조사하는 것을 **전수조사**라고 합니다.

2 표본조사 방법

조사를 위해 모집단에서 뽑은 일부분을 **표본**이라고 합니다. 표본조사를 할 때, 한쪽으로 치우치지 않도록 표본을 추출할 필요가 있습니다. 이렇게 표본을 추출하는 것을 **임의추출**이라고 합니다.

임의추출할 때에는 난수 주사위나 난수표, 컴퓨터 소프트웨어 등을 사용할 수 있습니다.

이번에는 통계를 위해 필요한 자료를 모으는 방법과 수집할 때 주의할 점, 모은 자료를 정리하는 방법을 생각해 보겠습니다.

제4장 확률과 통계　　217

표로 정리하기

조사한 결과를 집계하여 항목별로 그 자료를 정리합니다.

종이비행기를 5번 날렸을 때의 비행 거리(m)					
종류	첫 번째	두 번째	세 번째	네 번째	다섯 번째
A	3.10	3.25	3.00	3.20	3.00
B	3.50	3.45	3.55	3.47	4.50
C	4.10	4.00	4.30	4.15	4.20

218 페이지

3학년 수학 시험 점수(점)						
1반	2반	3반	4반	5반	6반	7반
4	14	19	29	17	42	15
54	24	7	14	24	2	6
35	17	98	5	84	25	3
47	72	8	3	32	22	20
52	34	17	8	34	25	24
64	38	69	11	16	7	56
19	6	41	7	29	25	22
16	68	14	41	33	64	13
8	15	52	28	94	53	37
55	48	19	6	28	38	55
28	35	3	14	35	13	46
79	42	33	28	64	19	32
46	89	5	24	21	13	12
34	4	8	4	73	24	11
19	13	79	42	40	23	49

이 자료는 218~219페이지에서 사용할 거야. 그래프로 어떻게 정리하는지 잘 살펴보자.

219 페이지

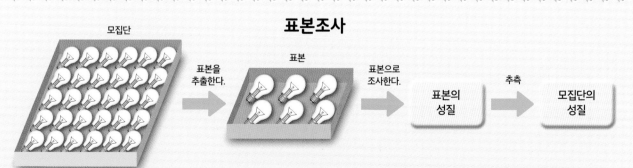

모집단　　표본조사　　표본

표본을 추출한다.　　표본으로 조사한다.　　표본의 성질　　추측　　모집단의 성질

예를 들어 공장에서 대량으로 생산한 전구의 품질을 검사할 때, 전체 중에서 전구 몇 개를 임의로 선택하여 그 품질을 검사합니다.

1 대푯값 자료 전체를 대표하는 값을 대푯값이라고 합니다.
대푯값을 기준으로 자료를 판단하는 경우가 많습니다.

대푯값에는 여러 가지가 있습니다.

다음 자료 217 페이지 에서 몇 가지 대푯값을 구해 봅시다.

종이비행기를 5번 날렸을 때의 비행 거리(m)				
첫 번째	두 번째	세 번째	네 번째	다섯 번째
3.10	3.25	3.00	3.20	3.00

1 평균 139 페이지

평균은 자료 전체의 값의 합을 총 도수로 나눈 값이고, 다음과 같이 구할 수 있습니다.

$$(평균) = \frac{(자료\ 값의\ 합)}{(자료의\ 수)}$$

따라서 종이비행기의 비행 거리의 평균은

비행 거리의 합

$$\frac{3.10 + 3.25 + 3.00 + 3.20 + 3.00}{5} = 3.11 \text{(m)}$$

총 횟수

2 중앙값

자료를 작은 값부터 크기순으로 나열할 때, 중앙에 위치한 값을 **중앙값**이라고 합니다.

종이비행기의 비행 거리를 작은 값부터 크기순으로 나열하면

3.00, 3.00, 3.10, 3.20, 3.25

즉, 중앙값은 3.10m입니다.

자료의 개수가 짝수일 때의 중앙값

자료의 개수가 짝수이면 2개의 값이 중앙에 있게 됩니다. 따라서 이 두 값의 평균, 즉 두 수의 합을 2로 나눈 값을 중앙값으로 합니다.

홀수일 때
중앙값

짝수일 때
이 두 값의
평균이 중앙값

조사나 실험으로 얻은 자료에 대하여 적절한 대푯값을 기준으로 하면 그 자료가 어떤 의미를 지니는지 알 수 있습니다.
이번에는 여러 가지 대푯값의 특징을 자세히 살펴보겠습니다.

제4장 **확률과 통계** **219**

③ 최빈값

자료에서 가장 많이 나타나는 값을 **최빈값**이라고 합니다.

종이비행기의 비행 거리를 작은 값부터 크기순으로 나열하면

3.00 , **3.00** , **3.10, 3.20, 3.25**

따라서 최빈값은 3.00m입니다.

3개의 대푯값 — 최빈값의 활용

종이비행기 자료와 같이 자료의 개수가 적으면 최빈값이 자료 전체의 의미를 제대로 반영하지 않을 수 있습니다.

이번에는 다음 자료 217 페이지 의 대푯값을 살펴보겠습니다.

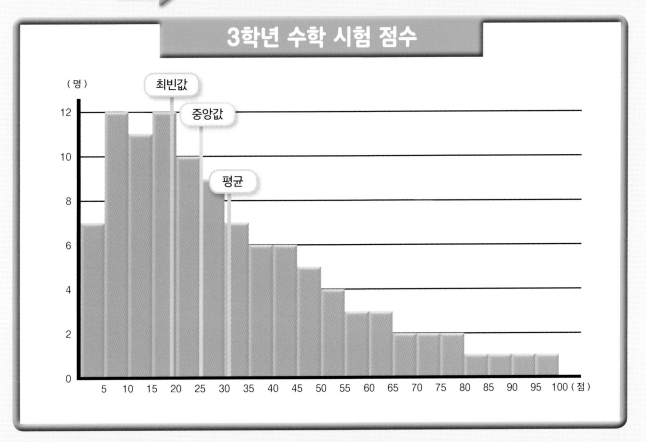

점수가 낮은 학생이 많은 것으로 보아 아마도 매우 어려운 시험이었을 것입니다. 하지만 높은 점수를 받은 일부 학생들 덕분에 평균은 비교적 높은 점수가 되었습니다.

이와 같이 평균은 극단적인 값에 영향을 많이 받습니다. 이 경우 중앙값과 최빈값이 자료의 특징을 더 잘 나타내는 대푯 값이라고 할 수 있습니다.

최빈값을 영어로 mode(모드)라고 하는데, 이 단어는 '유행'이라는 뜻도 가집니다. 많은 인구가 모집단인 경우에는 최빈 값(mode)을 '그 시대의 유행'이라고 해석할 수도 있겠습니다.

1 분산과 편차

수학	80	40	70	60	70	80	50	100	40	50
영어	65	70	75	75	65	70	60	70	75	65

위 표는 어느 학급의 수학, 영어 시험 점수와 평균을 나타낸 것입니다.

학생 A는 수학, 영어 점수가 모두 90점입니다.
이때 전체 학생과 비교하면 학생 A는 수학과 영어 중 어떤 과목을 상대적으로 더 잘한 편인지 알아봅시다.

두 과목 시험 점수의 평균은 모두 60점 후반입니다.
하지만 점수가 흩어져 있는 정도는 매우 다릅니다.
이때 자료가 흩어진 정도를 하나의 수로 나타낸 값을 **산포도**라고 합니다.

다음은 수학, 영어 시험 점수를 도수분포표  로 정리한 것입니다.

214 페이지

영어 점수는 60~80점에 몰려 있고, 낮은 점수 또는 높은 점수를 받은 학생이 적어.

수학

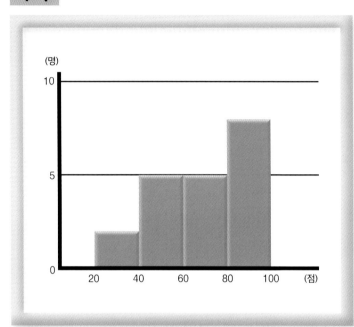

영어

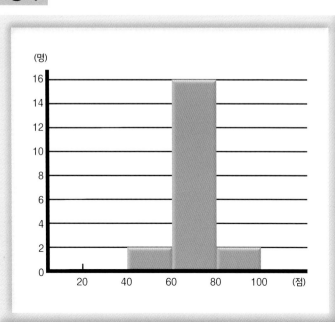

수학 점수 (점)	0이상 ~ 20미만	20이상 ~ 40미만	40이상 ~ 60미만	60이상 ~ 80미만	80이상 ~ 100미만	합계
학생 수 (명)	0	2	5	5	8	20

영어 점수 (점)	0이상 ~ 20미만	20이상 ~ 40미만	40이상 ~ 60미만	60이상 ~ 80미만	80이상 ~ 100미만	합계
학생 수 (명)	0	0	2	16	2	20

						학생 A 점수				평균
35	90	70	30	50	80	90	95	75	85	**67**
65	70	50	85	55	65	90	65	75	70	**69**

두 과목의 시험 점수를 히스토그램 [214 페이지 →] 으로 나타내면 수학은 좌우로 넓게 흩어져 있음을 알 수 있습니다. 한편 영어는 60점 이상 80점 미만인 계급에 많이 몰려 있음을 알 수 있습니다.

이때 각 자료의 값에서 평균을 뺀 값을 편차라고 합니다. 또한 편차의 제곱의 평균을 분산이라고 합니다.

분산과 표준편차는 평균을 중심으로 자료의 분포 상태를 보여 주는 대표적인 산포도입니다.

수학 시험 점수의 분산은

$$\{(\underbrace{80 - \boxed{67}}_{\text{편차}})^2 + (40 - \boxed{67})^2 + \cdots$$

$$+ (85 - \boxed{67})^2\} \div \underset{\text{학생 수}}{20} = \underset{\text{분산}}{431}$$

분산의 음이 아닌 제곱근, 즉 분산에 근호 ($\sqrt{}$)를 씌운 것을 **표준편차**라고 합니다.

수학 시험 점수의 표준편차는 $\sqrt{431} \fallingdotseq$ **20.8**(점)입니다.

같은 방법으로 계산하면 영어 시험 점수의 분산은 79, 표준편차는 약 8.9점이 됩니다.

수학 시험 점수의 표준편차가 더 크므로 수학 시험을 잘 본 학생들의 점수와 못 본 학생들의 점수 차이가 크다고 할 수 있습니다.

> 표준편차를 비교하면 수학 시험이 영어 시험보다 좀 더 어려웠다고 할 수 있어. 즉, 학생 A는 수학을 상대적으로 더 잘 본 거야.

분산, 표준편차와 자료의 분포 상태

분산 또는 표준편차가 작을수록 자료가 평균을 중심으로 몰려 있음을 뜻하고, 분산 또는 표준편차가 클수록 자료가 평균으로부터 넓게 흩어져 있음을 뜻합니다.

수학, 영어 시험 점수의 분산은 각각 431, 79이므로 영어 시험 점수가 수학 시험 점수보다 평균을 중심으로 가까이 몰려 있음을 알 수 있습니다. 이는 각각의 히스토그램을 통해 이미 파악한 사실입니다.

1 산점도

쌍으로 주어진 두 종류의 자료에 대하여 각 자료의 값을 좌표평면 위에 점으로 나타낸 그래프를 산점도라고 합니다.
점의 위치를 통해 두 자료 사이에 어떤 상관관계가 있는지 파악할 수 있습니다.

키와 몸무게(6학년 1반)

키(cm)	142	147	137	144	150	141	140	147	146	152
몸무게(kg)	38	42	34	38	42	38	36	43	42	46
키(cm)	142	146	151	146	144	149	144	145	146	150
몸무게(kg)	36	45	43	38	42	38	33	40	40	44

양의 상관관계

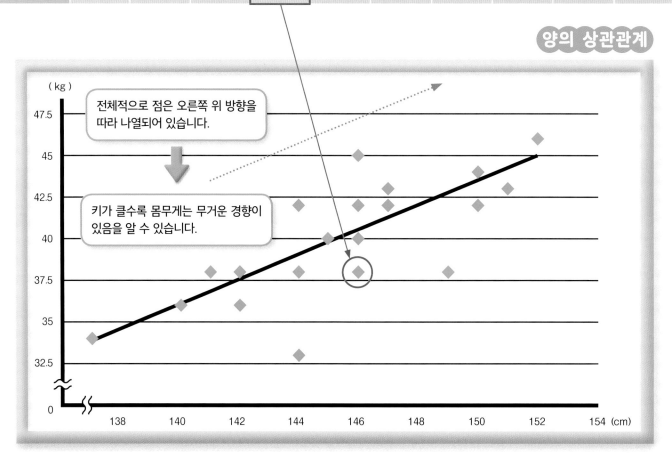

전체적으로 점은 오른쪽 위 방향을 따라 나열되어 있습니다.

키가 클수록 몸무게는 무거운 경향이 있음을 알 수 있습니다.

최적선

위 그림과 같이 두 자료의 관계를 쉽게 알 수 있도록 산점도에 직선을 그려 넣을 때가 있습니다.
이 직선을 최적선이라 하고, 이 직선과 가까운 점은 자료의 전체적인 경향에 좀 더 가까운 값이라고 할 수 있습니다.

두 종류의 자료가 어떤 관계가 있을 때, 산점도는 그 관계를 나타내는 그래프 중 하나입니다.
산점도는 자료의 값을 점의 위치로 보여 줌으로써 그 관계를 명확히 해 줍니다.

산점도에서 점의 분포가 오른쪽 위를 향하면 **양의 상관관계**가 있다고 합니다. 이 경우 두 자료 중 한쪽 값이 증가하면 나머지 한쪽 값도 증가한다고 볼 수 있습니다.

한쪽 값이 증가하면 나머지 한쪽 값이 감소하는 경향이 있을 때에는 **음의 상관관계**가 있다고 합니다. 이 경우 산점도에서 점의 분포는 오른쪽 아래를 향합니다. 반면 두 자료가 서로 아무 관계가 없을 때에는 **상관관계가 없다**고 합니다.

주민의 나이와 50m 달리기의 평균 기록 음의 상관관계

나이(세)	6	7	8	9	10	11	12	13	14	15	16	17	18	19
평균 기록(초)	11.68	10.71	10.18	9.67	9.33	8.89	8.52	7.91	7.56	7.55	7.45	7.29	7.51	7.39

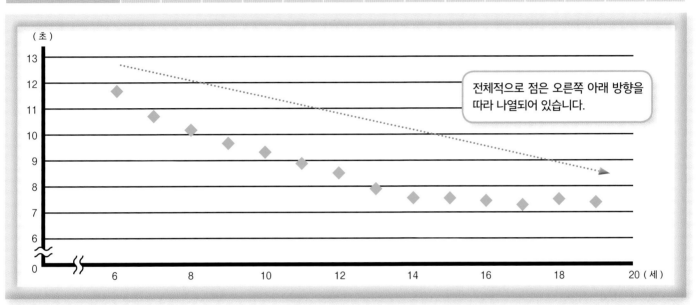

전체적으로 점은 오른쪽 아래 방향을 따라 나열되어 있습니다.

키와 수학 시험 점수 상관관계 없음

키(cm)	142	147	137	144	150	141	140	147	146	152	142	146	151	146	144	149	144	145	146	150
점수(점)	90	60	85	90	50	55	95	75	80	45	85	90	95	85	100	75	60	40	100	80

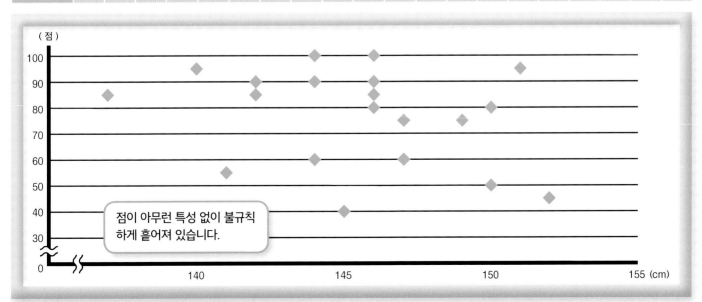

점이 아무런 특성 없이 불규칙하게 흩어져 있습니다.

1 벚꽃의 개화 시기 예상

Step 1 예상하려는 장소를 결정한다.

봄에 오면 활짝 핀 벚꽃을 보러 가고 싶어. 벚꽃이 언제쯤 필지 알 수 있으면 좋을텐데.

자료만 있으면 서울에서 벚꽃이 언제 필지 예상할 수 있어.

정말요?! 어떻게요?

Step 2 벚꽃의 개화 시기에 많은 영향을 끼칠 만한 자료를 선택한다.

꽃이 피는 데 영향을 주는 것은 무엇일까?

음, 강수량 아닐까요?

기온이요!

강수량도 중요하지만 이번에는 3월의 평균 기온과 벚꽃 개화일의 관계를 살펴보자.

3월의 평균 기온은…….

날씨누리 홈페이지에서 찾을 수 있어.

Step 3 영향을 끼친다고 생각한 자료를 모은다.

다음은 1989~2017년의 서울의 벚꽃 개화일과 그 해 3월의 평균 기온을 조사하여 정리한 것입니다.

기상청

연도	1989	1990	1991	1992	1993	1994	1995	1996	1997	1998
3월 평균 기온(℃)	6.1	7.2	4.9	7.6	6.0	4.0	6.0	4.9	6.8	7.3
개화일	4/6	4/6	4/11	4/2	4/15	4/8	4/13	4/20	4/8	4/3

연도	1999	2000	2001	2002	2003	2004	2005	2006	2007	2008
3월 평균 기온(℃)	6.7	6.3	5.0	7.6	6.5	6.3	4.1	5.2	6.1	7.3
개화일	4/8	4/10	4/10	4/2	4/5	4/5	4/12	4/10	4/3	4/6

연도	2009	2010	2011	2012	2013	2014	2015	2016	2017	
3월 평균 기온(℃)	6.0	4.3	3.6	5.1	5.1	7.9	6.3	7.0	6.3	
개화일	4/6	4/12	4/13	4/15	4/15	3/28	4/3	4/2		

2017년의 벚꽃 개화일을 알고 싶어.

3, 4월에는 벚꽃이 언제 피는지에 대한 뉴스를 자주 보게 됩니다. 벚꽃의 개화 시기를 예상하는 시기가 오면 봄이 왔음을 몸소 느끼게 됩니다. 이번에는 자료를 수집하여 벚꽃 개화일을 예상해 봅시다.

제4장 확률과 통계　225

Step 4 산점도 222 페이지 를 그린다.

3월 평균 기온을 x℃, 개화일을 4월 y일로 놓고, 주어진 자료에 대응하는 점 (x, y)를 좌표평면 위에 나타냅니다.
(3월 28일은 y를 −3으로 놓습니다.)

표의 수치를 점(벚꽃)으로 찍어 보면 이렇게 돼. 분홍색 직선은 자료의 경향을 나타내는 최적선이야.

통계 프로그램을 이용하면 분홍색 직선의 방정식이 $y = -3.1523x + 26.9852$임을 알 수 있단다.

Step 5 최적선을 이용하여 값을 해석한다.

2017년의 벚꽃 개화일은 4월 7일이었을 것으로 예상할 수 있습니다.

2017년의 평균 기온이 6.3℃이니까……
그래프에서 6.3과 대응하는 수는 7이야!

2017년 서울에선 4월 7일에 벚꽃이 피었군요!

※ 2017년 서울시의 실제 벚꽃 개화일은 4월 6일이었습니다. 거의 적중했네요!

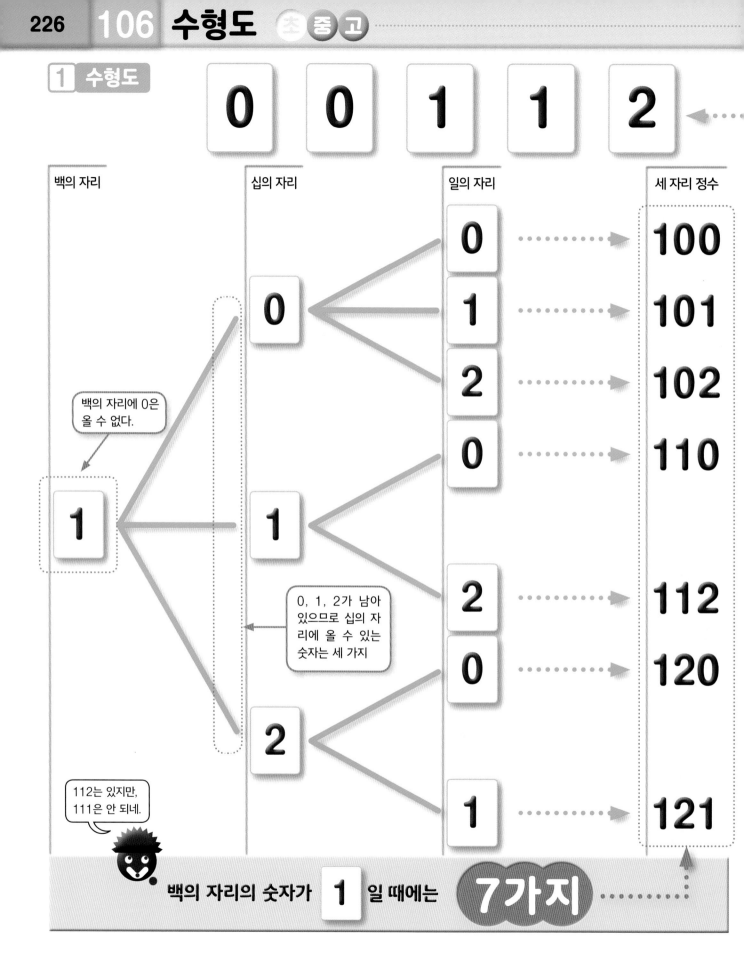

왼쪽 그림과 같은 카드 5장이 있습니다.
이 중 3장을 골라서 세 자리 자연수를 만들 때, 모두 몇 가지의 자연수를 만들 수 있는지 구해 봅시다.

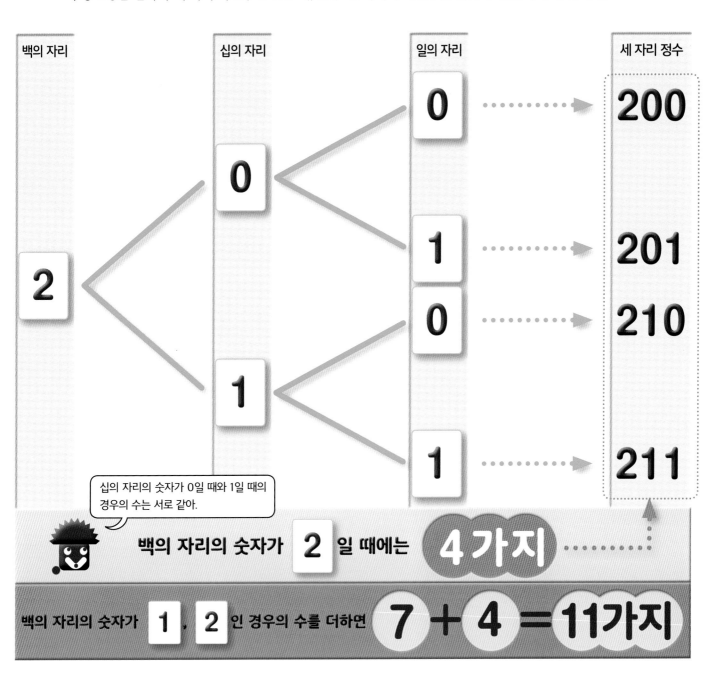

백의 자리　　십의 자리　　일의 자리　　세 자리 정수

십의 자리의 숫자가 0일 때와 1일 때의 경우의 수는 서로 같아.

백의 자리의 숫자가 **2** 일 때에는 **4가지**

백의 자리의 숫자가 **1**, **2** 인 경우의 수를 더하면 **7 + 4 = 11가지**

이와 같은 그림을 **수형도**라고 합니다. 수형도는 '빠짐없이, 중복되지 않게' 셀 수 있어서 경우의 수를 구할 때 단순하면서 매우 효과적인 방법입니다. 또한 백의 자리의 숫자가 2일 때 각 십의 자리의 숫자에 대하여 경우의 수가 같음을 알게 된 것처럼 수형도를 통해 일련의 규칙성을 찾게 될 수도 있습니다.

107 경우의 수 초 중 고

1 곱의 법칙

서로 다른 두 주사위를 동시에 던질 때 나오는 경우는 모두 몇 가지인지 생각해 봅시다.

주사위는 1부터 6까지 총 6개의 면이 있습니다.

주사위를 던질 때 나오는 두 눈의 수를 다음 표와 같이 순서쌍으로 나타냈습니다.

표를 통해 주사위 2개를 던질 때 나오는 경우는 모두 36가지임을 알 수 있습니다.

	●	⚁	⚂	⚃	⚄	⚅
●	(1,1)	(1,2)	(1,3)	(1,4)	(1,5)	(1,6)
⚁	(2,1)	(2,2)	(2,3)	(2,4)	(2,5)	(2,6)
⚂	(3,1)	(3,2)	(3,3)	(3,4)	(3,5)	(3,6)
⚃	(4,1)	(4,2)	(4,3)	(4,4)	(4,5)	(4,6)
⚄	(5,1)	(5,2)	(5,3)	(5,4)	(5,5)	(5,6)
⚅	(6,1)	(6,2)	(6,3)	(6,4)	(6,5)	(6,6)

주황색 주사위를 던질 때 나오는 눈의 수는 모두 6가지이고, 그 각각의 경우에 대하여 초록색 주사위를 던질 때 나오는 눈의 수는 6가지씩 있으므로 구하는 경우의 수는 6×6=36과 같이 계산할 수 있습니다.

이와 같이 동시에 일어나는 두 사건에 대한 경우의 수를 구하는 방법을 **곱의 법칙**이라고 합니다.

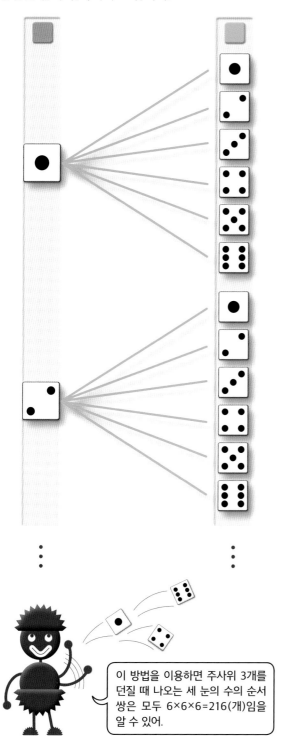

이 방법을 이용하면 주사위 3개를 던질 때 나오는 세 눈의 수의 순서쌍은 모두 6×6×6=216(개)임을 알 수 있어.

2 합의 법칙

서로 다른 두 주사위를 던질 때 나온 두 눈의 수의 합이 7 또는 8이 되는 경우는 모두 몇 가지인지 구해 봅시다.

주사위 2개를 던질 때 나온 두 눈의 수의 합을 이와 같은 표로 나타낼 수도 있습니다.

두 눈의 수의 합을 나타낸 표

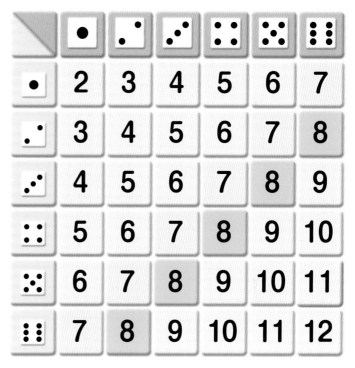

위 표의 노란색 부분을 세면 두 눈의 수의 합이 7인 경우의 수는 6이고, 초록색 부분을 세면 두 눈의 합이 8인 경우의 수는 5입니다.

따라서 구하는 경우의 수는 6+5=11입니다.

이와 같이 동시에 일어나지 않는 두 사건에 대한 경우의 수를 구하는 방법을 **합의 법칙**이라고 합니다.

각각의 경우의 수를 구한 다음 더한 것이구나.

1 순열

10명의 선수 중에서 이어달리기의 제1주자, 제2주자, 제3주자, 제4주자를 뽑을 때, 달리는 순서까지 고려하여 주자를 정하는 방법은 모두 몇 가지인지 구해 봅시다.

제1주자로 가능한 선수는 10명, 제2주자로 가능한 선수는 제1주자로 뽑힌 선수를 제외하고 9명입니다. 같은 방법으로 제3주자, 제4주자로 가능한 명 수를 구한 다음 모두 곱하면 주자를 정하는 방법의 수를 알 수 있습니다.

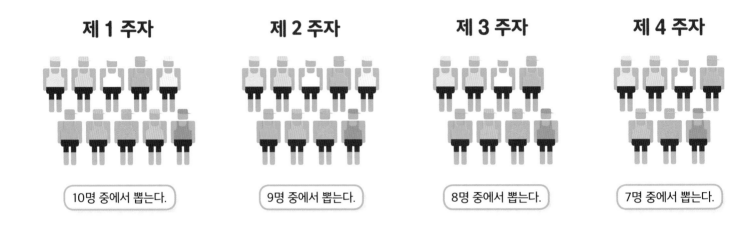

제 1 주자	제 2 주자	제 3 주자	제 4 주자
10명 중에서 뽑는다.	9명 중에서 뽑는다.	8명 중에서 뽑는다.	7명 중에서 뽑는다.

10명 중에서 **4**명을 선택하여 나열하는 경우의 수는 기호로 $_{10}P_4$와 같이 나타내며 다음과 같이 계산합니다.

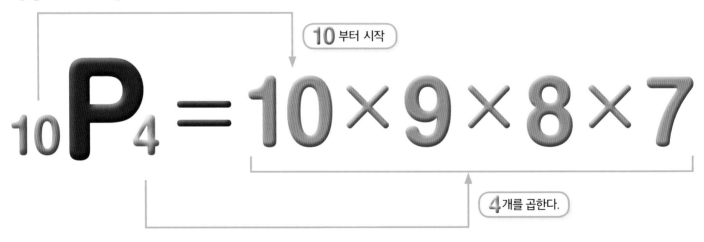

10 부터 시작

$$_{10}P_4 = 10 \times 9 \times 8 \times 7$$

4개를 곱한다.

$$= 5040$$

순열

서로 다른 물건들 중에서 몇 개를 택하여 배열할 때, 그 순서를 고려하여 배열하는 것을 **순열**이라고 합니다.
일반적으로 서로 다른 n개에서 r개를 택하여 일렬로 배열하는 순열의 수를 $_nP_r$와 같이 나타냅니다.

$_nP_r$

몇 개의 물건에 대하여 순서를 고려하면서 배열할 때와 순서를 생각하지 않고 택하는 경우의 수를 각각 생각해 봅시다.

10명의 선수가 모두 이어달리기에 참가할 때, 달리는 순서를 생각하며 선수를 선택하는 경우의 수는

$$_{10}P_{10} = 10 \times 9 \times 8 \times 7 \times 6 \times 5 \times 4 \times 3 \times 2 \times 1 = 3628800$$

이처럼 1부터 10까지의 자연수의 곱을 10의 **계승**이라 하고, 기호로 10!과 같이 나타냅니다.

$_nP_n$은 1부터 n까지의 자연수의 곱이므로 n의 계승과 같고 n!과 같이 나타냅니다.

계승의 예

$1! = 1$
$2! = 2 \times 1 = 2$
$3! = 3 \times 2 \times 1 = 6$
$4! = 4 \times 3 \times 2 \times 1 = 24$
$5! = 5 \times 4 \times 3 \times 2 \times 1 = 120$

$6! = 6 \times 5 \times 4 \times 3 \times 2 \times 1 = 720$
$7! = 7 \times 6 \times 5 \times 4 \times 3 \times 2 \times 1 = 5040$
$8! = 8 \times 7 \times 6 \times 5 \times 4 \times 3 \times 2 \times 1 = 40320$
$9! = 9 \times 8 \times 7 \times 6 \times 5 \times 4 \times 3 \times 2 \times 1 = 362880$

2 조합

이번에는 10명의 선수 중에서 달리는 순서를 생각하지 않고 주자 4명을 선택하는 경우의 수를 구해 봅시다.

10명 중에서 순서를 생각하지 않고 **4**명을 선택하는 경우의 수는 기호로 $_{10}C_4$와 같이 나타내며 다음과 같이 계산합니다.

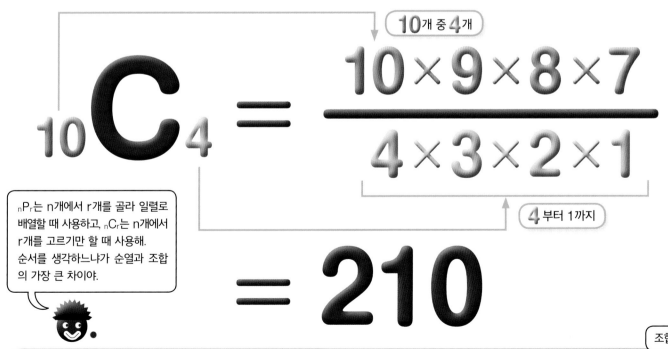

10개 중 4개

$$_{10}C_4 = \frac{10 \times 9 \times 8 \times 7}{4 \times 3 \times 2 \times 1}$$

4 부터 1까지

$_nP_r$는 n개에서 r개를 골라 일렬로 배열할 때 사용하고, $_nC_r$는 n개에서 r개를 고르기만 할 때 사용해. 순서를 생각하느냐가 순열과 조합의 가장 큰 차이야.

$$= 210$$

조합

서로 다른 물건들 중에서 순서를 생각하지 않고 몇 개를 택하여 고른 것을 **조합**이라고 합니다.
서로 다른 n개의 물건에서 순서를 생각하지 않고 r개를 택하는 조합의 수를 $_nC_r$와 같이 나타냅니다.

$_nC_r$

1 확률

사건 A가 일어날 **확률**이란 사건 A가 일어날 가능성을 말합니다.

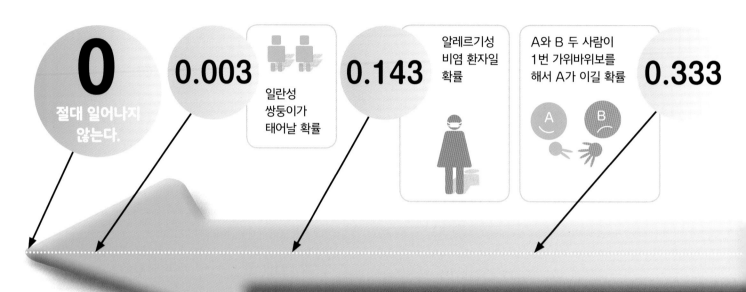

0
절대 일어나지 않는다.

0.003
일란성 쌍둥이가 태어날 확률

0.143
알레르기성 비염 환자일 확률

0.333
A와 B 두 사람이 1번 가위바위보를 해서 A가 이길 확률

2 수학적 확률과 통계적 확률

일어날 것이라고 예측하는 것과 실제로 일어나는 것 사이에 차이가 있을 수 있습니다.

우리는 주사위를 던질 때 나온 눈의 수가 1일 확률은 $\frac{1}{6}$이라고 알고 있습니다.

하지만 주사위를 던져서 1의 눈이 나오면 이기는 게임을 할 때, 주사위를 6회만 던지면 반드시 이 게임에서 이긴다고 말할 수 있을까요?

오른쪽 표는 실제로 주사위를 던져서 1의 눈이 나온 횟수를 조사한 것입니다.

던진 횟수 A	1의 눈이 나온 횟수 B	1의 눈이 나오는 상대도수 $\frac{B}{A}$
50	7	0.140
100	13	0.130
200	32	0.160
400	70	0.175
600	89	0.148
800	125	0.156
1000	165	0.165
1200	202	0.168
1400	239	0.171
1600	269	0.168
1800	299	0.166
2000	334	0.167

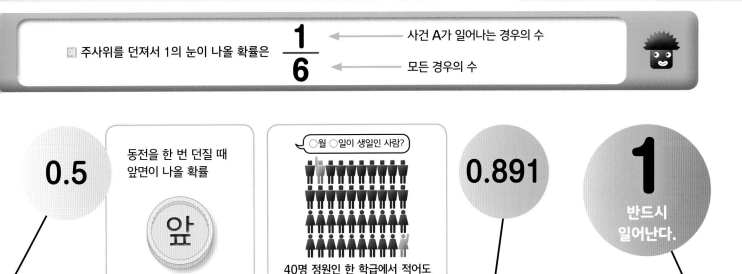

예 주사위를 던져서 1의 눈이 나올 확률은 $\dfrac{1}{6}$　←── 사건 A가 일어나는 경우의 수

←── 모든 경우의 수

0.5

동전을 한 번 던질 때 앞면이 나올 확률

앞

○월 ○일이 생일인 사람?

40명 정원인 한 학급에서 적어도 2명의 생일이 같을 확률

0.891

1 반드시 일어난다.

확률이 $\dfrac{1}{6}$이라는 것은 여러 번의 시행을 반복하여 얻어지는 상대도수가 $\dfrac{1}{6}$에 가깝다는 뜻입니다.
일어날 것으로 예측하는 확률이지만 실제로 일어날 확률과 차이가 있을 때도 많습니다.

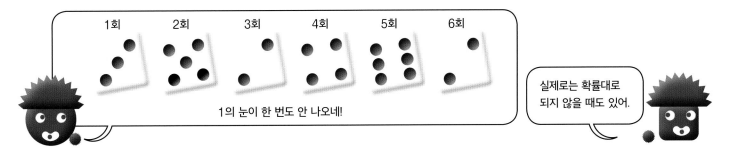

1회　　2회　　3회　　4회　　5회　　6회

1의 눈이 한 번도 안 나오네!

실제로는 확률대로 되지 않을 때도 있어.

통계적 확률

과거의 통계를 바탕으로 판단하는 확률을 **통계적 확률**이라고 합니다.

한편 $\dfrac{(어떤\ 사건이\ 일어나는\ 경우의\ 수)}{(모든\ 경우의\ 수)}$ 와 같이 정의된 확률을 **수학적 확률**이라고 합니다.

질병관리본부에 따르면 우리나라 국민 중 각 혈액형이 차지하는 대략적인 비율은 A형이 34%, O형이 27%, B형이 27%, AB형이 12%라고 합니다. 이는 하나의 통계적 확률이라고 할 수 있습니다.

1 독립사건의 곱셈정리

동전 1개와 주사위 1개를 던질 때, 동전은 앞면이 나오고 주사위는 3의 눈이 나올 확률을 구해 봅시다.

동전을 던지는 시행과 주사위를 던지는 시행은 서로의 결과에 영향을 주지 않습니다. 이와 같이 두 사건이 일어날 확률에 서로 영향을 주지 않을 때, 두 사건을 서로 **독립**이라고 합니다.

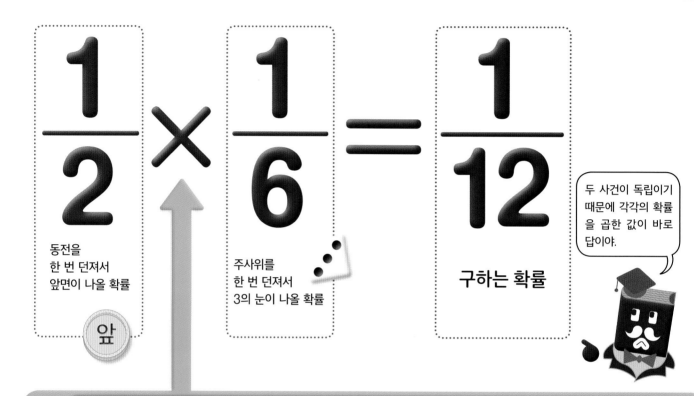

동전을
한 번 던져서
앞면이 나올 확률

앞

주사위를
한 번 던져서
3의 눈이 나올 확률

구하는 확률

두 사건이 독립이기 때문에 각각의 확률을 곱한 값이 바로 답이야.

앞면이 나올 확률과 3의 눈이 나올 확률을 곱하여 두 사건이 동시에 일어날 확률을 구합니다. 이와 같은 내용을 **독립사건의 곱셈정리**라고 합니다.

수형도 226 페이지 를 그려서 확률을 구할 수도 있습니다.

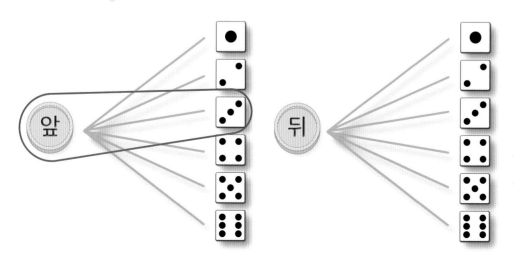

동전을 한 번 던져서 어떤 면이 나오든지 주사위를 던져서 나오는 눈의 수는 각각 6가지입니다.

즉, 모두 12가지를 생각할 수 있으므로 구하는 확률은 $\frac{1}{12}$ 입니다.

2 어떤 사건이 일어나지 않을 확률

1부터 100까지의 수가 각각 하나씩 적힌 카드 100장 중에서 1장을 뽑을 때, 7의 배수가 아닌 수가 적힌 카드를 뽑을 확률을 생각해 봅시다.

1부터 100까지의 수 중에서 7의 배수가 아닌 수는 1부터 100까지의 수에서 7의 배수를 제외한 수입니다.

100장의 카드 중 7의 배수가 적힌 카드는

$7 \times 1 = 7$,　$7 \times 2 = 14$,　$7 \times 3 = 21$,　$7 \times 4 = 28$,　$\cdots$,　$7 \times 14 = 98$

이므로 모두 14장입니다.

카드 100장 중에서 1장을 뽑을 때,
7의 배수가 적힌 카드를 뽑을 확률은

$$\frac{14}{100} = \frac{7}{50}$$

이므로 구하는 확률은

$$1 - \frac{7}{50} = \frac{43}{50}$$

| 임의의 카드를 뽑을 확률 | − | 7의 배수가 적힌 카드를 뽑을 확률 | = | 7의 배수가 아닌 수가 적힌 카드를 뽑을 확률 |

> 반대의 경우를 생각해서 답을 빠르게 구할 때도 있구나.

(사건 A가 일어나지 않을 확률)=1−(사건 A가 일어날 확률)

위 내용을 그림으로 나타내면 다음과 같습니다. 이때 사건 A가 일어나지 않는 사건을 A의 **여사건**이라고 합니다.

일어날 수 있는 모든 경우

사건 A가 일어나지 않는 경우

사건 A가 일어나는 경우

1 가위바위보와 확률

A와 B가 가위바위보를 한 번 할 때, A가 이길 확률에 대해 생각해 봅시다.

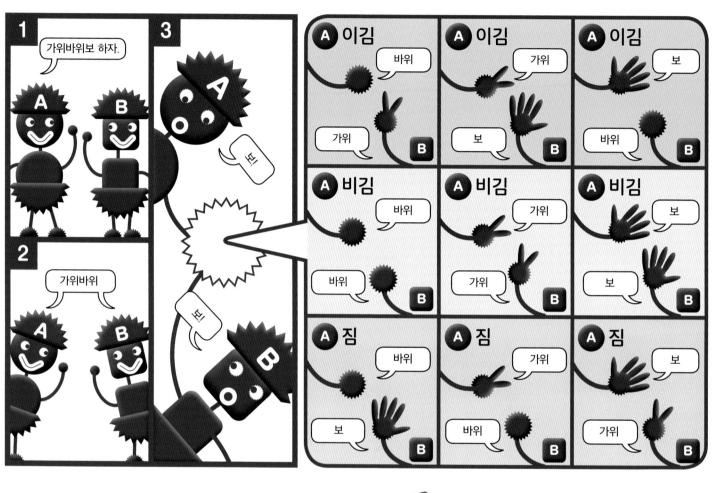

A가 가위, 바위, 보를 내서 이기는 경우의 수

$$\frac{3}{3 \times 3} = \frac{1}{3}$$

A, B가 내는 경우의 수는 각각 3이므로
모든 경우의 수는 3×3=9

이길 확률, 비길 확률, 질 확률이 모두 $\frac{1}{3}$이야.

세 명이 가위바위보를 한 번 할 때, A가 이길 확률과 오직 A만 이길 확률은 각각 얼마일까? 241 페이지

가위바위보 하자. 좋아. 하자.

2 기댓값

다음 그림은 1000장이 발행된 어떤 응모권의 당첨금과 당첨 응모권 수입니다.

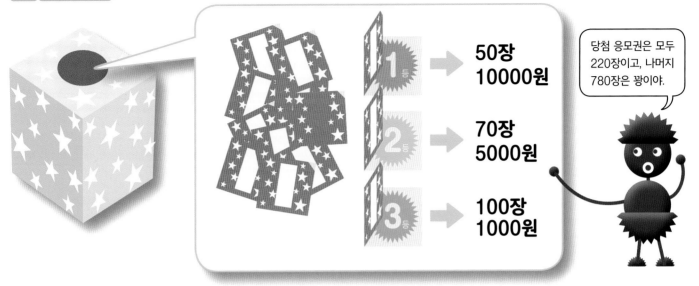

당첨 응모권은 모두 220장이고, 나머지 780장은 꽝이야.

등수	응모권 수 (장)	당첨금 (원)	확률
1등	50	10000	$\frac{1}{20}$
2등	70	5000	$\frac{7}{100}$
3등	100	1000	$\frac{1}{10}$
꽝	780	0	$\frac{39}{50}$

사건에서 손해와 이익을 생각할 때 **기댓값**의 개념을 이용하는 경우가 있습니다. 기댓값은 **(얻을 수 있는 값)×(각 경우의 확률)을 모두 더한 값**입니다.

즉, 이 응모권의 기댓값은

$$10000 \times \frac{1}{20} + 5000 \times \frac{7}{100} + 1000 \times \frac{1}{10} + 0 \times \frac{39}{50}$$
$$= 950(원)$$

수학적으로는 기대할 수 있는 당첨금이 950원이구나. 실제로는 꽝일 때가 많지만…….

복권의 환급률

일반적으로 복권의 환급률은 약 50%입니다. 이는 복권 당첨 금액의 기댓값이 복권을 구입한 금액의 50% 정도밖에 안 된다는 뜻입니다. 이렇게 보면 복권 발행처가 많은 이익을 낸다고 생각할 수 있지만 복권으로 인한 수익은 여러 공익을 위해 쓰입니다.

게다가 복권은 평범한 삶에서는 만지기 힘든 큰돈을 손에 넣을 수 있는 기회이기도 하지요.

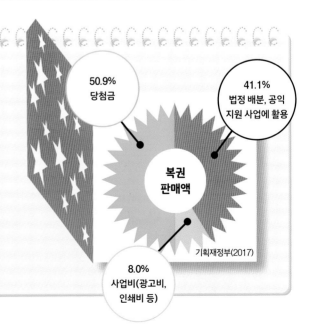

50.9% 당첨금

41.1% 법정 배분, 공익 지원 사업에 활용

복권 판매액

8.0% 사업비(광고비, 인쇄비 등)

기획재정부(2017)

학습정리

연산기호

+ 더하기, 플러스
− 빼기, 마이너스
× 곱하기
÷ 나누기

식의 기호

= 등호
>, < 부등호
≥, ≤ 등호가 있는 부등호

계산 법칙

교환법칙
$$A+B=B+A$$
$$A×B=B×A$$
결합법칙
$$(A+B)+C=A+(B+C)$$
$$(A×B)×C=A×(B×C)$$
분배법칙
$$A×(B+C)=A×B+A×C$$
$$(A+B)×C=A×C+B×C$$

비율

(비율)=(비교하는 양)÷(기준량)

지수법칙

m, n이 정수일 때
$$a^m×a^n=a^{m+n}, \quad a^m÷a^n=a^{m-n}$$
$$(a^m)^n=a^{mn}$$
$$(ab)^m=a^m b^m$$

평균

(평균)=(전체의 합)÷(개수)

속력

(속력)=(거리)÷(시간)
(거리)=(속력)×(시간)
(시간)=(거리)÷(속력)

곱셈 공식

$$(x+a)(x+b)=x^2+(a+b)x+ab$$
$$(x+a)^2=x^2+2ax+a^2$$
$$(x-a)^2=x^2-2ax+a^2$$
$$(x+a)(x-a)=x^2-a^2$$

인수분해 공식

$$x^2+(a+b)x+ab=(x+a)(x+b)$$
$$x^2+2ax+a^2=(x+a)^2$$
$$x^2-2ax+a^2=(x-a)^2$$
$$x^2-a^2=(x+a)(x-a)$$

등식의 성질

1 등식의 양변에 같은 수를 더하여도 등식은 성립한다. A=B이면
$$A+C=B+C$$

2 등식의 양변에서 같은 수를 빼어도 등식은 성립한다. A=B이면
$$A-C=B-C$$

3 등식의 양변에 같은 수를 곱하여도 등식은 성립한다. A=B이면
$$A×C=B×C$$

4 등식의 양변을 0이 아닌 같은 수로 나누어도 등식은 성립한다. A=B이면
$$A÷C=B÷C \ (C≠0)$$

101페이지
부등식의 성질

1 양변에 같은 수를 더하거나 빼어도 부등호의 방향은 바뀌지 않는다. A<B이면
$$A+C<B+C,$$
$$A-C<B-C$$

2 양변에 같은 양수를 곱하거나 양변을 같은 양수로 나누어도 부등호의 방향은 바뀌지 않는다. A<B, C>0이면
$$AC<BC, \quad \frac{A}{C}<\frac{B}{C}$$

3 양변에 같은 음수를 곱하거나 양변을 같은 음수로 나누면 부등호의 방향은 바뀐다. A<B, C<0이면
$$AC>BC, \quad \frac{A}{C}>\frac{B}{C}$$

111페이지
이차방정식의 근의 공식

이차방정식 $ax^2+bx+c=0$의 해는
$$x=\frac{-b\pm\sqrt{b^2-4ac}}{2a}$$

85 · 117페이지
로그의 성질

$a>0$, $a\neq1$, $M>0$, $N>0$이고, p가 실수일 때
$$\log_a MN=\log_a M+\log_a N$$
$$\log_a \frac{M}{N}=\log_a M-\log_a N$$
$$\log_a M^p=p\log_a M$$

풀이

38페이지

1 계산기 놀이

467로 계산기 놀이를 해 보자. 일의 자리 숫자와 백의 자리 숫자를 서로 바꾼 수는 764이다.
$$764-467=(700-400)+(60-60)+(4-7)$$
$$=100\times(7-4)+0+(4-7)$$

$4-7$을 계산할 때, 십의 자리 숫자에서 10을 받아내림 하면
$$100\times(7-4)+0+(4-7)$$
$$=100\times(7-4-1)+90+(10+4-7) \quad \cdots①$$

①의 일의 자리 숫자와 백의 자리 숫자를 서로 바꾼 수는
$$100\times(10+4-7)+90+(7-4-1) \quad \cdots②$$

①+②를 하면
$$100\times(7-4-1) \ +90 \ +(10+4-7)$$
$$+ \ 100\times(10+4-7)+90 \ +(7-4-1)$$
$$\overline{100\times(10-1) \ \ +180+(10-1) \quad \cdots③}$$

마지막으로 남은 수는 처음 수인 467과 전혀 관계가 없어 보인다.

다른 수로 이 과정을 거쳐도 결과는 항상 다음과 같다.
$$100\times(10-1)+180+(10-1)$$
$$=100\times9+180+9=1089$$

2 신기한 계산

$1 \times 8 + 1 = 9$
$12 \times 8 + 2 = 98$
$123 \times 8 + 3 = 987$
$1234 \times 8 + 4 = 9876$
$12345 \times 8 + 5 = 98765$
$123456 \times 8 + 6 = 987654$
$1234567 \times 8 + 7 = 9876543$
$12345678 \times 8 + 8 = 98765432$
$123456789 \times 8 + 9 = 987654321$

평면도형의 넓이 134~137페이지

(직사각형의 넓이)=(가로)×(세로)

세로 / 가로

(정사각형의 넓이)=(한 변)×(한 변)

한 변 / 한 변

(평행사변형의 넓이)=(밑변)×(높이)

높이 / 높이 / 밑변

(삼각형의 넓이)=(밑변)×(높이)÷2

높이 / 밑변

(사다리꼴의 넓이)
={(윗변+아랫변)}×(높이)÷2

윗변 / 높이 / 높이 / 아랫변

(마름모의 넓이)
=(한 대각선의 길이)×(다른 대각선의 길이)÷2

대각선 / 대각선

원주의 길이와 원의 넓이 148~151페이지

(원주의 길이)=(지름)×π
(원의 넓이)=(반지름)×(반지름)×π

원주의 길이를 ℓ, 원의 넓이를 S, 반지름의 길이를 r라 하면

$$\ell = 2\pi r$$
$$S = \pi r^2$$

부채꼴의 호의 길이와 넓이 153페이지

(부채꼴의 호의 길이)=(원주)×$\dfrac{(중심각)}{360°}$

부채꼴의 호의 길이를 ℓ,
반지름의 길이를 r,
중심각을 a°라 하면

$$\ell = 2\pi r \times \frac{a}{360}$$

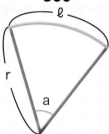

(부채꼴의 넓이)=(원의 넓이)×$\dfrac{(중심각)}{360°}$

부채꼴의 넓이를 S,
반지름의 길이를 r,
중심각을 a°라 하면

$$\ell = \pi r^2 \times \frac{a}{360}$$

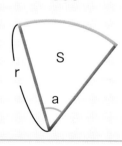

입체도형의 부피와 겉넓이 194~197페이지

(직육면체의 부피)=(가로)×(세로)×(높이)

(정육면체의 부피)=(한 변)×(한 변)×(한 변)

(기둥의 부피)=(한 밑면의 넓이)×(높이)

(뿔의 부피)=(밑면의 넓이)×(높이)×$\dfrac{1}{3}$

(기둥의 옆넓이)
=(밑면의 둘레의 길이)×(높이)

(기둥의 겉넓이)=(한 밑면의 넓이)×2＋(옆넓이)

(뿔과 겉넓이)=(밑면의 넓이)＋(옆넓이)

닮은 도형의 넓이와 부피 198페이지

두 평면도형이 서로 닮음이고 닮음비가 m : n일 때

둘레의 길이의 비는 **m : n**

넓이의 비는 $m^2 : n^2$

두 입체도형이 서로 닮음이고 닮음비가 m : n일 때

겉넓이의 비는 $m^2 : n^2$

부피의 비는 $m^3 : n^3$

맞꼭지각의 성질 158페이지

맞꼭지각의 크기는 서로 같다.

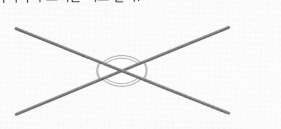

평행선의 성질 159페이지

서로 평행한 두 직선과 한 직선이 만날 때,

1 동위각의 크기는 서로 같다.

2 엇각의 크기는 서로 같다.

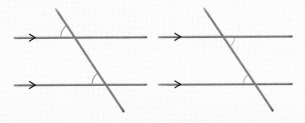

다각형의 내각의 크기의 합 160페이지

(n각형의 내각의 크기의 합)=180°×(n−2)

다각형의 외각의 크기의 합 161페이지

다각형의 외각의 크기의 합은 360°이다.

풀이 236페이지

1 가위바위보와 확률

A, B, C가 가위바위보를 할 때, A가 바위로 이길 경우
B, C가 내는 모양은 다음 그림과 같이 모두 3가지이다.

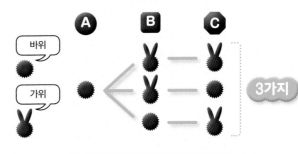

A가 가위, 바위, 보로 이기는
경우는 각각 3가지

$$\frac{3 \times 3}{3 \times 3 \times 3} = \frac{1}{3}$$

A, B, C가 낼 수 있는 모양은 각각 3가지이므로
모든 경우의 수는 3×3×3

따라서 A가 이길 확률은 $\frac{1}{3}$ 이다.

A가 바위를 내서 오직 A만 이길 때 B, C가 내는 모양
은 다음 그림과 같이 1가지이다.

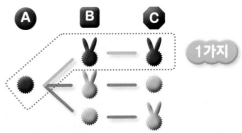

따라서 오직 A만 이길 확률은

$$\frac{1 \times 3}{3 \times 3 \times 3} = \frac{1}{9}$$

이 된다.

242

삼각형의 합동조건 163페이지

다음의 각 경우에 두 삼각형은 합동이다.

1 세 대응변의 길이가 각각 같다.

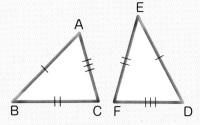

2 두 대응변의 길이가 각각 같고, 그 끼인각의 크기가 같다.

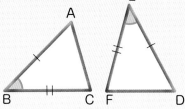

3 한 대응변의 길이가 같고, 그 양 끝각의 크기가 같다.

직각삼각형의 합동조건 163페이지

다음의 각 경우에 두 직각삼각형은 합동이다.

1 빗변의 길이와 한 예각의 크기가 각각 같다.

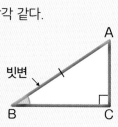

2 빗변의 길이와 다른 한 변의 길이가 각각 같다.

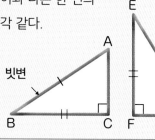

삼각형의 닮음조건 175페이지

두 삼각형은 다음의 각 경우에 닮은 도형이다.

1 세 쌍의 대응변의 길이의 비가 모두 같다.

$$a : a' = b : b' = c : c'$$

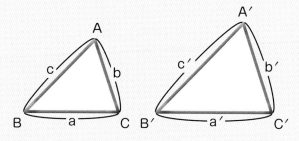

2 두 쌍의 대응변의 길이의 비와 그 끼인각의 크기가 각각 같다.

$$a : a' = c : c', \angle B = \angle B'$$

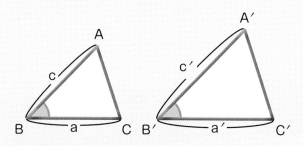

3 두 쌍의 대응각의 크기가 각각 같다.

$$\angle B = \angle B', \angle C = \angle C'$$

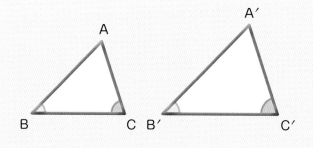

원주각의 성질
154페이지

한 호에 대한 원주각의 크기는 일정하다. 그 호에 대한 중심각의 크기의 $\frac{1}{2}$이다.

원주각과 호의 길이
156페이지

한 원에서 길이가 같은 호에 대한 원주각의 크기는 같다. 또 크기가 같은 원주각에 대한 호의 길이는 같다.

삼각형에서 평행선과 선분의 길이의 비 (1)
176페이지

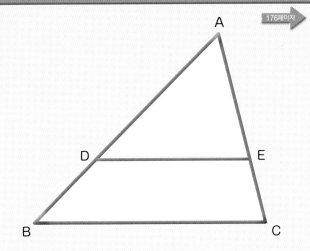

△ABC의 두 변 AB, AC 위의 점을 각각 D, E라 할 때

1 $\overline{DE} /\!/ \overline{BC}$이면

$\overline{AD} : \overline{AB} = \overline{AE} : \overline{AC} = \overline{DE} : \overline{BC}$

2 $\overline{AD} : \overline{AB} = \overline{AE} : \overline{AC}$이면

$\overline{DE} /\!/ \overline{BC}$

삼각형에서 평행선과 선분의 길이의 비 (2)
176페이지

△ABC의 두 변 AB, AC 위의 점을 각각 D, E라 할 때

1 $\overline{DE} /\!/ \overline{BC}$이면

$\overline{AD} : \overline{DB} = \overline{AE} : \overline{EC}$

2 $\overline{AD} : \overline{DB} = \overline{AE} : \overline{EC}$이면

$\overline{DE} /\!/ \overline{BC}$

평행선 사이에 있는 선분의 길이의 비
176페이지

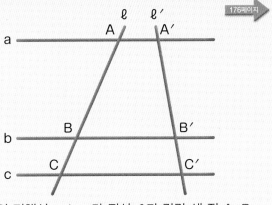

3개의 평행선 a, b, c가 직선 ℓ과 각각 세 점 A, B, C에서 만나고, 직선 ℓ'과 각각 세 점 A′, B′, C′에서 만나면

$$\overline{AB} : \overline{BC} = \overline{A'B'} : \overline{B'C'}$$

중점 연결 정리
177페이지

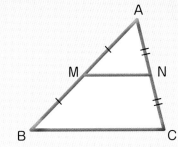

△ABC의 두 변 AB, AC의 중점을 각각 M, N이라 할 때

$$\overline{MN} /\!/ \overline{BC}, \ \overline{MN} = \frac{1}{2}\overline{BC}$$

피타고라스 정리
178페이지

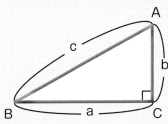

직각삼각형의 직각을 낀 두 변의 길이를 각각 a, b라 하고 빗변의 길이를 c라 하면

$$a^2 + b^2 = c^2$$

교과연계표

- 초, 중 고등 교육과정 중에서 해당 주제와 가장 연관성이 높은 학습 내용을 연계 표시하였습니다.
- 초, 중 고등 교과 중 개념이 여러 번 등장할 경우 그 개념의 비중이 높으면서도, 해당 개념이 시작되는 보다 낮은 학년을 기준으로 초, 중 고 정보를 표기하였습니다.

제1장 수와 연산

1	수	100까지의 수	초 1-2
		네 자리 수	초 2-2
2	수학기호	덧셈과 뺄셈	초 1-1
		곱셈	초 2-1
		나눗셈	초 3-1
3	덧셈과 뺄셈	덧셈과 뺄셈	초 1-1
4	곱셈	곱셈구구	초 2-2
5	나눗셈	나눗셈	초 3-2
6	계산 방법	덧셈과 뺄셈	초 2-1
		곱셈, 나눗셈	초 3-2
7	계산 법칙	정수와 유리수	중 1-1
8	빠른 계산 방법	곱셈	초 3-2
9	정수	정수와 유리수	중 1-1
10	정수의 연산	정수와 유리수	중 1-1
11	수열	등차수열과 등비수열	고 수학 I
12	피보나치수열	수학적 귀납법	고 수학 I
13	자연수의 합(1)	덧셈과 뺄셈	초 3-1
14	자연수의 합(2)	소인수분해	중 1-1
		수열의 합	고 수학 I
15	계산기	혼합 계산	초 5-1
16	어림하기	어림하기	초 5-1
17	배수와 약수	약수와 배수	초 5-1
18	소인수분해	약수와 배수	초 5-1
		소인수분해	중 1-1
19	생활 속의 소수	약수와 배수	초 5-1
		소인수분해	중 1-1
20	분수(1)	분수	초 3-2
21	분수(2)	분수	초 3-2
		약분과 통분, 분수의 덧셈과 뺄셈, 분수의 곱셈	초 5-1
		분수의 나눗셈	초 6-1

22	소수	소수의 덧셈과 뺄셈	초 4-2
		소수의 곱셈	초 5-2
		소수의 나눗셈	초 6-1
23	분수와 소수	소수의 곱셈	초 5-2
24	비와 비율	비와 비율	초 6-1
25	백분율	비와 비율	초 6-1
26	생활 속의 비율	비와 비율	초 6-1
27	생활 속의 비례식	비례식과 비례배분	초 6-2
28	이진법	-	-
29	제곱근	제곱근과 실수	중 3-1
30	수 체계	유리수와 순환소수	중 2-1
		제곱근과 실수	중 3-1
31	생활 속의 황금비	비례식과 비례배분	초 6-2
		이차방정식	중 3-1
32	생활 속의 금강비	비례식과 비례배분	초 6-2
		제곱근과 실수	중 3-1
33	복소수	복소수와 이차방정식	고 고등수학

제2장 문자와 식 · 함수

34	문자와 식	문자와 식	중 1-1
35	곱셈 공식과 인수분해	다항식의 계산	중 2-1
		인수분해	중 3-1
36	지수	소인수분해	중 1-1
		단항식의 계산	중 2-1
		지수와 로그	고 수학 I
37	로그	지수와 로그	고 수학 I
38	좌표평면	좌표평면과 그래프	중 1-1
39	정비례	정비례와 반비례	중 1-1
		일차함수와 그 그래프	중 2-1
40	생활 속의 정비례	정비례와 반비례	중 1-1
41	반비례	정비례와 반비례	중 1-1
42	여러 가지 함수	함수	고 고등수학
43	일차함수	일차함수와 그 그래프	중 2-1
44	일차방정식	일차방정식의 풀이	중 1-1

제3장　측정 · 기하

86	전개도	직육면체	초 5-1
		각기둥과 각뿔	초 6-1
		원기둥, 원뿔, 구	초 6-2
87	투영도	공간도형	기하
88	다면체	각기둥과 각뿔	초 6-1
		입체도형의 성질	중 1-2
89	입체도형의 단면	입체도형의 성질	중 1-2
		공간도형	기하
90	정다면체의 단면	입체도형의 성질	중 1-2
		공간도형	기하
91	입체도형의 부피	직육면체의 겉넓이와 부피	초 6-1
		입체도형의 성질	중 1-2
92	입체도형의 겉넓이	직육면체의 겉넓이와 부피	초 6-1
		원기둥, 원뿔, 구	초 6-2
		입체도형의 성질	중 1-2
93	닮은 도형의 넓이와 부피	닮음의 활용	중 2-2
94	벡터	벡터의 연산	기하

제4장 확률과 통계

95	통계의 뜻	표와 그래프	초 2-2
		자료의 정리	초 3-2
		자료의 정리	중 1-2
96	막대그래프	막대그래프	초 4-1
97	원그래프	비율 그래프	초 6-2
98	꺾은선그래프	꺾은선그래프	초 4-2
99	방사형 그래프	-	-
100	도수분포표와 히스토그램	자료의 정리	중 1-2
101	전수조사와 표본조사	통계적 추정	확률과 통계
102	대푯값	대푯값과 산포도	중 3-2
103	산포도	대푯값과 산포도	중 3-2
104	상관관계	상관관계	중 3-2
105	생활 속의 통계	상관관계	중 3-2
		통계적 추정	확률과 통계
106	수형도	확률과 그 기본 성질	중 2-2
		경우의 수	고등수학

107	경우의 수	확률과 그 기본 성질	중 2-2
		경우의 수	고등수학
108	순열과 조합	순열과 조합	고등수학
109	확률	확률과 그 기본 성질	중 2-2
		확률의 뜻과 활용	확률과 통계
110	여러 가지 확률	확률의 뜻과 활용	중 2-2
		조건부확률	확률과 통계
111	생활 속의 확률	확률과 그 기본 성질	중 2-2
		확률분포	확률과 통계

「초 / 중 / 고등 수학 개념 대백과」에 담은 마음

초등학교, 중학교 수학뿐 아니라 고등학교 수학의 일부 내용까지 포함하고 있는 이 책은 '문제 푸는 책'이 아닙니다. '수학을 눈으로 보고 이해했으면 좋겠다'라는 마음을 담아서 만든 '수학의 원리를 탐구하는 그림책'입니다. 처음부터 순서대로 읽어도 좋고, 관심 있는 부분부터 읽어도 좋습니다. 다채로운 그림을 즐기면서 수학의 세계에 빠져들기를 바라는 마음으로 이 책을 썼습니다.

이 책의 특징은 다음과 같습니다.

 친숙한 그림과 도표 등을 이용해 눈으로 보며 수학을 직관적으로 이해할 수 있도록 만들었습니다.

 수학이 성립되는 과정을 중시하며 주제를 선정했습니다.

 실생활에서 활용되는 수학을 구체적인 상황과 함께 소개했습니다.

그림 등을 이용해서 수, 기호, 문자가 지닌 의미를 알기 쉽게 설명했으므로 자신이 수학에 소질이 없다, 수학이 싫다고 생각하는 분들에게 이 책은 새로운 세계를 열어 줄 것입니다. 그로써 독자 여러분이 '아름다움', '간결함', '명확함' 같은 수학의 장점을 느끼고 조금 더 일상생활과 수학을 연관 지어 생각하게 된다면 매우 행복할 것 같습니다.

그림, 조각 같은 예술 작품이나 동식물의 아름다운 모습에 자신도 모르게 마음을 빼앗길 때가 있을 것입니다. 왜 아름답다고 느끼는 것일까요? 그 배경에는 수학이 숨어 있는지도 모릅니다. 아름답다고 느끼는 예술 작품이나 건축물을 수학의 눈으로 바라보면 1 : 1.6, 즉 황금비가 성립하는 경우가 많습니다. 또한 식물의 잎과 가지의 구성에는 피보나치 수라는 신기함, 기능미를 겸비한 수가 숨어 있습니다. 이와 같이 수학의 눈으로 사물을 바라보면 이 세상의 구조를 이해할 수 있게 될 때도 있으며, 그럴 때마다 나도 모르게 '수학은 참 아름답고 대단하구나'라고 감탄하게 됩니다. 이러한 경험을 어렸을 때 했느냐 하지 못했느냐가 수학을 좋아하는 사람과 싫어하는 사람의 차이일 수도 있습니다.

　0부터 9까지의 숫자와 +나 - 같은 기호는 수학에서 쓰는 용어입니다. 사물의 대소를 비교할 때 여러분은 어떻게 합니까? 직접 비교할 수도 있겠지만, 수를 사용하면 좀 더 간단하게 비교할 수 있습니다. 수로 나타냄으로써 계산이 가능해지고, 어느 쪽이 얼마나 더 큰지도 알 수 있기 때문입니다. 또 아무리 큰 수라도 숫자를 이용하면 얼마든지 나타낼 수 있고, 소수점을 쓰면 아무리 작은 수라도 나타낼 수 있습니다.

　커피를 마실 때 '나는 각설탕 2개만 넣어 줘'라고 말하고, 8500원짜리 물건을 살 때는 '1만 원을 내면 1500원을 거슬러 받겠구나'라고 생각합니다. 수와 기호 덕분에 무엇인가를 간결하게 나타내거나 그 의미를 정확하게 전할 수 있는 것입니다. 이 책에도 이러한 기본적인 수·연산의 중요성이 설명되어 있습니다.

　평상시에 우리는 여러 가지 판단을 하는데, 그때마다 무의식중에 수학을 사용하곤 합니다. 이를테면 외출할 때 목적지까지 도착하는 데 시간이 얼마나 걸릴지 생각한다면 무의식중에 비례를 이용해서 이 속도로 간다면 앞으로 몇 분 후에 도착할지 유추하게 됩니다. 이 책을 읽은 여러분은 우리가 그 밖에도 여러 가지 상황에서 수학을 이용해 판단하고 있음을 알 수 있을 것입니다.

　수학은 새로운 세계를 만들어낼 수도 있습니다. 정사각형의 대각선의 길이를 수로 나타내고 싶은데 분수로는 나타낼 수 없으니까 무리수 $\sqrt{2}$ 를 만들어 냈습니다. 이렇듯 수학의 세계는 자유롭게 새로운 것을 창조하고, 그것이 기존 규칙을 따르는지 음미하죠.

　이 책을 읽은 여러분은 틀림없이 새로운 세계로 뛰어드는 즐거움을 맛보았을 것입니다.

　물건 값을 계산할 때 이외에는 수학을 사용하지 않는 분, 수식이나 문자식을 보면 머리가 지끈거리는 분이 많을지도 모르겠습니다. 중학교 때 이후로는 수학과 담을 쌓고 살았다는 어른도 있을 것입니다. 그런 분들이 이 책을 통해 수학의 가능성을 느끼고 조금이라도 수학과 친해진다면 그보다 기쁜 일은 없을 것입니다.

야마나시 대학 교수　**나카무라 다카시**

ㅇ

ㅈ

원고 투고

키출판사는 저자와 함께 성장하길 원합니다. 사회에 유익이 되고, 독자에게 도움이 되는 원고가 준비되신 분은 망설이지 말고 Key의 문을 두드려 보세요. Key와 함께 성장할 수 있습니다.

company@keymedia.co.kr

초/중/고등 개념과 원리, 실생활 활용까지 √밝아진다!

수학 개념 대백과

발행	2022년 9월 20일 초판 4쇄 발행
감수	야마나시 대학 교수 **나카무라 다카시**(中村享史)
저자	야마나시 대학 준교수 **시미즈 히로유키**(清水宏幸)
	야마나시 현 호쿠토 시립 고료 중·고등학교 교사 **신카이 다히로**(新海大博)
	도쿄 학예 대학 교육학부 준교수 **세이노 다쓰히코**(清野辰彦)
	도코하 대학 교육학부 준교수 **하야카와 겐**(早川健)
	야마나시 현립 중앙 고등학교 교장 **야마모토 히데키**(山本英樹)
역자	김정환
펴낸이	김기중
펴낸곳	㈜키출판사
등록	1980년 3월 19일(제16−32호)
주소	(06258) 서울시 강남구 강남대로 292, 5층
전화	1644−8808
팩스	(02) 733−1595

정가 21,000원

ISBN 979−11−88808−34−2 (56410)

잘못 만들어진 책은 구입처에서 바꿔 드립니다.

Kodomomo Otonamo Tanoshikuyomeru Sansuu & Suugaku Visual Zukan

© Gakken Education Publishing 2014

First published in Japan 2014 by Gakken Education Publishing., Ltd., Tokyo

Korean translation rights arranged with Gakken Plus Co., Ltd. through Imprima Korea Agency

---

역자 김정환

건국대학교 토목공학과를 졸업하고 일본외국어전문학교 일한통번역과를 수료했다. 21세기가 시작되던 해에 우연히 서점에서 발견한 책 한 권에 흥미를 느끼고 번역의 세계에 발을 들여, 현재 번역 에이전시 엔터스코리아 출판기획 및 일본어 전문 번역가로 활동하고 있다. 경력이 쌓일수록 번역의 오묘함과 어려움을 느끼면서 항상 다음 책에서는 더 나은 번역, 자신에게 부끄럽지 않은 번역을 할 수 있도록 노력 중이다. 공대 출신의 번역가로서 공대의 특징인 논리성을 살리면서 번역에 필요한 문과의 감성을 접목하는 것이 목표다. 야구를 좋아해 한때 imbcsports.com에서 일본 야구 칼럼을 연재하기도 했다. 역서로는 『초초 재미있어서 밤새 읽는 수학 이야기』, 『수학 홀릭 페르마의 마지막 정리』, 『아빠가 가르쳐주는 수학』, 『엄마와 함께 보는 저학년 수학』, 『골 때리는 수학 문제』, 『위대한 수학자들』 등 다수가 있다.